Über dieses Buch Wie es die Ausschreibung verlangte, schickte H. W. Katz 1937 das Manuskript zu seinem Roman ›Die Fischmanns‹ anonym zum Wettbewerb des »Schutzverbandes Deutscher Schriftsteller im Exil« nach Paris. Wenige Wochen später hatte er den Heinrich-Heine-Preis gewonnen, vor neunundsiebzig Mitbewerbern. In der Jury saßen namhafte Exilautoren, darunter Anna Seghers. Im Folgejahr erschien der Roman in deutscher Version bei Allert de Lange/Amsterdam und auf Englisch bei Viking Press in New York, bei Constable in London und auf Polnisch bei Fruchtman in Warschau. Das Kritiker-Echo war jeweils überwältigend. Katz erzählt in seinem Roman die Geschichte einer ostjüdischen Familie, die ums Überleben kämpft. Drei Generationen erleben in Galizien, im zaristischen Rußland, in Polen immer wieder Pogrome, Verfolgung, Mord, dann die Greuel des Ersten Weltkriegs. Die Fischmanns aus Strody am Flusse Stryj werden Flüchtlinge, die nach vielen Irrfahrten Zuflucht in einer kleinen Stadt in Sachsen finden. Der junge Vater Jossel und seine beiden Söhne überleben den Krieg, seine Frau und seine Eltern liegen in fremder Erde. Im Deutschen Reich immerhin herrschten Toleranz, Aufgeklärtheit und Respekt für Mitmenschen – so hatten die Juden im Osten aus ihren zerlesenen Klassikerausgaben von Goethe und Lessing herausgelesen ... Die Nazis standen noch bevor. Lion Feuchtwanger schrieb damals zu diesem Roman: »Katz sieht die Dinge poetisch. Bei allen Irritationen ist das Leben für ihn ein farbiges Märchen, das an seinen besten Stellen an die Könnerschaft und Weisheit von Christian Andersen erinnert.« Bruno Frank nannte das Werk »ein aufregendes und unvergeßliches Dokument. Jede kleine Einzelheit hat den Wert eines ewigen Symbols, jede der handelnden Personen ist einzigartig und unverwechselbar.« H. W. Katz hat für diese Ausgabe der ›Fischmanns‹ – es ist die erste in der Bundesrepublik – ein Nachwort geschrieben.

Der Autor H(enry) W(illiam) Katz wurde am 31. Dezember 1906 im Galizien der Österreichisch-Ungarischen Monarchie geboren, verbrachte seine Kindheit und Jugend in Thüringen; schrieb Reportagen und Kurzgeschichten unter anderem für das *Berliner Tagblatt* und die *Leipziger Volkszeitung*; 1932 jüngstes Redaktionsmitglied in der angesehenen liberalen Berliner Wochenzeitung *Welt am Montag*; 1933 bis 1937 untergetaucht in Frankreich, schlug sich mit Gelegenheitsarbeiten durch, schrieb in dieser Zeit die beiden Romane ›Die Fischmanns‹ und ›Schloßgasse 21‹; 1939/40 Soldat in der französischen Armee (»Croix de Guerre«); nach der Demobilisierung von der Vichy-Polizei verhaftet; schließlich mit Frau und Tochter in New York; dort erst Arbeiter in einer Maschinenfabrik, dann Vorarbeiter, später Direktor; lebt jetzt als Pensionär in Florida.

H. W. Katz

Die Fischmanns

Roman

Fischer
Taschenbuch
Verlag

Verboten und verbrannt / Exil
Lektorat: Ulrich Walberer

Ungekürzte Ausgabe
Veröffentlicht im Fischer Taschenbuch Verlag GmbH
Frankfurt am Main, August 1985

Umschlaggestaltung: Max Bartholl
Gesamtherstellung: Clausen & Bosse, Leck
Printed in Germany
1080-ISBN-3-596-25955-X

res de la

n wird,

rables«

»Tant qu'il y aura sur la terre ignorance et misère, des li
nature de celui-ci pourront ne pas être inutiles.«

»Solange es auf der Erde Unwissenheit und Elend geb
werden Bücher dieser Art nicht unnütz sein können.«

Victor Hugo, »Les Mis

Auf einem Leiterwagen

Mitten in meine Kindheit brach ein Tag ein, mit dem mein bewußtes Leben begann. Noch heute klingt mir das Echo dieses Tages wie zerreißender Trommelwirbel in meinem Herzen. Wenn ich zurückdenke, brennt mir die Kehle, ich muß trocken schlucken, und dann steigt ein seltsames Schuldgefühl in mir auf, ich weiß nicht einmal recht weshalb. Vielleicht, weil ich mir heute sage, daß ein solcher Tag von jedem Menschen besonderen Mut verlangt, und ich damals gar nicht wußte, noch nicht wissen konnte, was das ist: Mut. Denn ich war erst sieben Jahre alt.

So endete meine erste Kindheit, und so begann mein Leben: ich flüchtete.

Ich durchlebe noch jetzt, nach mehr als zwanzig Jahren, jede Phase dieses denkwürdigen Tages.

Ich hockte in einem wackligen Leiterwagen, der in allen Fugen ächzte und krächzte und der mit Bündeln und Säcken vollgestopft war. Neben mir saßen eng aneinandergepreßt: meine Mutter, mein jüngerer Bruder, die Großeltern und außerdem zwei mir fremde Männer mit langen Bärten und schwarzen Schafpelzkappen. Der Kutscher, ein Bauer mit Joppe und erdfarbenen Hosen, die in schmutzigen Stiefeln staken, lief schnalzend und »Hüh«-rufend nebenher.

Es wird sehr früh am Morgen gewesen sein, denn ich erinnere mich, daß die Welt um uns herum sich erst mühsam von der Finsternis befreien mußte. Man hatte mich schlafend in den Wagen gebracht. Nun sah ich vor und neben uns einen starken Nebel, der sich nach und nach auflöste. Die Räder des Gefährtes knirschten wie vor Kälte und Müdigkeit.

Ich wußte, daß die letzten Soldaten die Nacht vorher das Städtchen geräumt hatten. Leer und tot lagen die Gassen da. Wir fuhren davon und ließen zerschmetterte Fensterscheiben, eine gesprengte Brücke und ein verlassenes Gotteshaus zurück. Die beiden bärtigen Fremden, die mit uns auf dem Wagenboden – zwei aufgelegte hüpfende Planken – kauerten, bejammerten irgendeine Frau, eine ihrer Verwandten, die nicht hatte mitkommen wollen. Als hätte sich dies alles erst gestern abgespielt, so höre ich jetzt noch die zwei Unbekannten neben mir keifend von der Zurückgebliebenen sprechen.

»Ein verrücktes Weib. Weil sie an kranken Füßen leidet, weigert sie sich mitzukommen. Wozu ist sie geblieben, wozu? Wen will sie hüten? Was will sie hüten? Die leere Stadt? Den Friedhof?«

Dies alles sprachen sie nicht etwa in einem Atem. Mit wutgefüllten Pausen zwischen den oft abgehackten, schrillen, ingrimmigen Feststellungen unterhielten sie sich – und auf jiddisch. Denn wir waren Juden, sehr junge und sehr alte Juden, und alle auf der Flucht. Nur der Bauer, der Besitzer des Fuhrwerkes, war kein Jude.

»Panje Bauer«, sagte mein Großvater fast zärtlich, in einem Gemisch von Polnisch und Ruthenisch. »Meinst du, daß dein Pferd es schafft? Ist es nicht zu weit bis zur nächsten Stadt? Und werden sie uns nicht vielleicht doch noch unterwegs überholen? Und, Panje Bauer, was meinst du, was uns geschehen würde, wenn sie uns, Gottbehüte, dennoch überholen, he? Werden sie uns, Gottbehüte, das Genick umdrehen, sag!«

Statt eine Antwort zu geben, schnalzte der Bauer kräftiger, höhnischer, hinterlistiger als bisher. Dazu ließ er die Peitsche hart durch die Luft pfeifen und pustete verächtlich die Lampe aus, die am rollenden Wagen hing.

»Panje Bauer«, begann der Großvater immer wieder, noch zärtlicher, noch besorgter. »Panje Bauer, was meinst du ...«

»Was stellste solch' kindische Fragen!« unterbrach ihn zornig die Großmutter, sie sprach ungeniert und jiddisch. »Siehste nich', daß er ein Rosche is'? Die Zunge soll ihm verdorren. Und beide Hände – aber erst, wenn wir am Ziele sind«, setzte sie vorsichtig hinzu.

Und immer wieder schüttelten die fremden Männer Kopf und Hände, grollend, giftig, kleinlich schroff:

»Hat man jemals Ähnliches gehört? Weil sie kranke Füße hat, wollte sie nicht mit! ... Eine Verrückte!«

Indem ich dies niederschreibe, erlebe ich noch einmal jene Stunden auf dem polternden Leiterwagen. Ich bin wieder das in Decken und zwischen Säcken verstaute Kind, und wie damals sehe ich vor und hinter uns noch viele andere Fuhrwerke rollen, ächzend, krächzend und gezogen von meist alten Gäulen.

Frierend sehe ich den Nebel fliehen, Juden fliehen, und vor uns streicht ein herbstlicher Wind über die unendliche Landstraße.

Ich bin Flüchtling. Mit sieben Jahren.

Damit beginnt eigentlich erst mein Leben.

Strody am Flusse Stryj

So jung war ich, als ich das Land verließ, in dem ich zur Welt kam. Trotzdem sehe ich, wenn ich die Augen schließe, alles so, als hätte ich dort hundert und mehr Jahre verbracht.

Endlos waren die Ebenen, kurz war der Frühling, auf den Äckern dampften Misthaufen, säuerlicher Kuhmist.

Der Sommer war trocken und dürr, und ich hörte dumpfe Einschläge. Es donnerte oft, und es schlug oft ein, denn die Blitzableiter waren hier noch ebensowenig bekannt wie das elektrische Licht, das Gas, das Kino. Dafür duftete der Weizen und der Hafer scharf und durchdringend. Und die langgestreckten, tiefgedüngten Felder wetteiferten mit dem Gestank der Fische, der Zwiebeln und der Bettelei aus den kleinen Städten.

Es gab damals viele kleine Städte in diesem Land. Die Wege, die in sie hineinführten, waren ungepflasterte, schmale, löchrige Streifen. Wenn der Regen troff, und dies war besonders oft im Herbst der Fall, glich die Landschaft einem lehmigen Morast. In den Gräben faulte eine trübe, stinkende Brühe.

Damals war es mir unbekannt, aber heute weiß ich, daß es außer diesen gepflasterten Wegen auch einige gute Straßen gab, die sich in diesem windigen Zipfel Europas wie peinlich sauber gehaltene schöne Teppiche in einem verwilderten Ziegenstall ausnahmen. Diese breiten, mit grauen und festen Decken versehenen Fahrbahnen waren nicht aus Liebe zu den hier wohnenden Polen, Ruthenen oder gar Juden angelegt worden. Der einzige Grund für ihre Errichtung war ein militärtechnischer. In schnurgerader Linie führten sie nach dem Osten. Dort lag das große, mächtige Zarenreich, der gefürchtete russische Bär.

Unweit der Grenze gab es lange Jahre vor dem großen Krieg den kleinen Ort Strody. Dort wurde ich geboren. Ich habe oft und lange darüber nachgedacht, ob mein Leben eine andere Wendung genommen hätte, wenn mein Geburtsort nicht Strody gewesen wäre. Heute glaube ich, daß es ganz gleich ist, wo ich, der Jude, zur Welt kam. Daß ich als Jude geboren wurde, war bestimmender für mein Leben. Denn man verfolgt nicht nur die Juden aus Strody.

Alles in diesem Städtchen war gelblich und fleckig: der Tag, die Häuserwände, die Menschen. Besonders seltsam berührten mich das Kommen und Gehen der Nacht, und ich erschrecke heute noch, wenn ich an die Nächte in Strody denke, die gleich dunklen Geheimnissen in die winkligen Gassen einfielen und aus den Gesichtern der Menschen bleiche Masken machten.

Vielleicht noch grausiger war das Erlöschen der Finsternis. Einige Male habe ich diesen Wechsel von Tag und Nacht gesehen, immer dann, wenn ich krank im Bett lag und furchtsam durch die vorhanglosen Scheiben starrte. Ich war als Kind oft krank. Mit der Zeit nahm in meiner Phantasie die abziehende schwarze Stille die furchterregende Gestalt eines Lahmen an, der davonhumpelt und spurlos zwischen den harten Schollen der erkalteten Äcker verschwindet. Der Himmel hing dazu ewig schief über die leicht gekrümmte Flur, auf der dieses kleine Städtchen Strody lag, Strody am Flusse Stryj.

Eine Abwechslung brachten die wöchentlichen Markttage. Da kamen die Bauern und ihre Weiber von weither. Die Bäuerinnen hockten sich mitten auf den weiten Platz hin, auf den bloßen und staubigen Boden. Bäuerinnen hatten dort damals in der Regel drei Röcke an, außerdem einen wollenen Unterrock. Von den bauschigen Hosen aus dickem Barchent soll man vielleicht besser nicht erzählen. Jedenfalls spürten sie nie die Kälte des Bodens. Sie saßen da und knabberten ihre gelben, gekochten Maiskolben ab. Zur Abwechslung kauten sie manchmal flache, getrocknete Sonnenblumenkerne, die nach kräftigem Öl schmeckten. Die Bündel, die zusammengeknüpften, hatten sie neben sich. Grell leuchteten die bunten, geblumten Kopftücher.

Die Männer dieser hockenden Bäuerinnen standen an ihre kleinen Pferde oder Karren gelehnt und blickten verträumt und schweigend in die sie umgebende Welt. Die hieß Strody. So sehe ich diese Männer noch: vorstehende Backenknochen, feste Schnurrbärte, und die widerspenstigen Haare hängen ihnen nach unten, Stirne und Brauen verdeckend.

Aus dem verträumten Blick eines solchen Bauern konnte schnell ein feindseliger, verkniffener, hassender Blick werden. Wenn ein Jude vorbeikam, einer, der weder kaufen noch verkaufen wollte, der nur vorbeikam, dann fiel es hinterlistig und zischend über ihn her:

»Jude, noch immer nicht verreckt, he?«

»Noch nicht, Panje Bauer«, sagte der Jude. Lachte verlegen. Machte einen Bogen. Einen großen.

»Verdammtes Hundsblut!« keiften die Bäuerinnen und schossen einen Mund voll nasser Maiskörner hinter dem Juden her.

Der dachte enteilend: »Sollen sie nur schimpfen. Die Hauptsache ist, sie fangen keine Schlägerei an. Solange Kaiser Franz Joseph in Wien noch lebt ...«

Die Bauern grunzten ingrimmig: »Wie ein Wolf schleicht er fort! Mit eingekniffenem Schwanz!«

»Puhhh!«

Der Speichel vermischte sich mit dem Dreck, aus dem der Platz bestand.

Zweimal in der Woche war Markt. Da kamen die Bauern und der Jude zusammen. Da spuckten die Bauern aus, und der Jude machte seinen Bogen. Die einen gewöhnten sich ans Spucken, und der andere an sein nervöses Lachen, an sein ausgerutschtes Lachen. Der Jude wußte nie, wann so ein gefährlicher Bauer seine handgreifliche Gefährlichkeit zeigen wollte. Er lernte stillschweigend, wie man Verhöhnungen hinunterschluckt. Mancher Jude war gar gezwungen, sein ängstliches Herz festzuhalten, damit es ihm nicht aus dem Halse hüpfe. Einer erhielt einen furchtsamen Blick, dem anderen schüttelte ein Dauerschreck das ganze Leben lang innen seine Glieder.

Die meisten Juden lernten, wie man ein unbeteiligtes Gesicht macht, wenn man einen Tritt ins Gesäß bekommt. Wie man lächelt, selbst wenn das Herz blutet. Wie man lacht, selbst wenn das Blut hämmert und kocht.

Irgendeinen Knacks hatten alle Juden in Strody weg, denn man lebt nicht ungestraft in einem solchen Ort. Manche hatten sogar ganz verrückte Einfälle. Sie träumten, daß es wenigstens ihren Kindern einst besser gehen würde.

Die kluge Malke träumte diesen Traum für ihren Sohn Jossel. Diese Malke war meine Großmutter, ihr Sohn Jossel mein Vater. Es gab in Strody viele Träumer. Es gab viele Malkes und viele Jossels.

Es wurden mir viele Geschichten aus dem Strodyer Leben meines Großvaters Leib Fischmann, meiner Großmutter Malke und meines Vaters Jossel erzählt. Manche hörten sich rührend an, manche waren unglaublich schön, manche ebenso roh und gemein, daß man weinen konnte, manche wiederum waren zum Brüllen heiter, doch die meisten vereinigten in sich alle diese Elemente – und unwahrscheinlich erschien mir keine, sonst hätte ich sie nicht niedergeschrieben.

Die meisten dieser Geschichten wurden mir als Kind erzählt. Wenn ich früh zu Bett ging und die Mutter mir und meinem Bruder »als Belohnung dafür« die Welt in und um Strody schilderte und uns dabei die erfrorenen Füße mit Frostsalbe einrieb. Oder nachmittags, wenn sie etwas nähte und uns um sich haben wollte, denn sie mag wohl gespürt haben, daß sie sehr bald sterben würde. Oft auch hörte ich eine bezeichnende Einzelheit, wenn sie uns schalt. Und vieles erfuhr ich erst später vom Vater, der aber nie freiwillig »sein Leben preisgeben« wollte, wie er das nannte. Der nur dann von sich sprach, wenn er verbittert war, und ich gestehe, daß ich vor Freude zitterte, wenn er es war, denn anders war er kaum zum Sprechen und zum Erzählen zu bewegen. Und vieles las ich in Briefen, die meine Mutter geschrieben und erhalten hatte, und die ich viele Jahre nach ihrem Tode durchsah. So entstand der Roman meiner Herkunft, bei dem meine Phantasie wohl die Form, aber keineswegs die Tatsachen zu beeinflussen hatte. Denn unser Leben ist an sich bewegt genug gewesen.

Mein Großvater Leib Fischmann war kein Gutsbesitzer, er besaß weder Wälder, noch Diener, noch Viehherden. Ich kann also nicht mit den prahlerischen Ergüssen einer hohen Abstammung dienen, bei der sich dann nie recht aufklären läßt, ob die Besitzungen der reichen Großeltern väterlicherseits oder mütterlicherseits in die Ehe gebracht wurden. Leib Fischmann war nur ein einfacher Schankwirt, der »Balabos« eines kleinen Gasthofes in Strody. Aber er war nicht arm. Eher konnte man das Haus der Fischmanns ein wohlhabendes Haus nennen. Jedenfalls lernte ich in den ersten Jahren meines Lebens »Armut« nicht kennen. Erst viel später sollte ich die Gefühle des Hungers und des Abgerissenseins empfinden. In Strody aber war vieles vorhanden: ein Haus, ein Hof, Geflügel, Ziegen, ein Garten, Äcker, der Gasthof. Sicherlich also litten wir keine Not, doch besteht kein Grund, aus Versorgtsein einen Reichtum zu machen. Die Fischmanns genossen, soviel ich verstand, weit und breit ein allgemeines Ansehen. Kam ein »Maggid«, ein wandernder Rabbi, von auswärts nach Strody, dann stieg er bei uns ab. Draußen scharrten die Pferde seines Wagens mit ihren Hufen im Schlamm oder im Schnee, je nach der Jahreszeit. Der Kutscher saß in der Schenke und trank Branntwein, der hohe Gast aber saß mit uns am Tisch und aß die ersten und die besten Stücke einer besonders reichlichen Mahlzeit. Bevor er wieder wegfuhr, segnete er uns Kinder, wofür wir ihm die Hand küssen mußten, und hauchte wohl auch einige durchlöcherte Münzen an, die uns dann die strahlende Mutter als Talisman um den Hals hängte ...

Doch halt, meine Phantasie läuft der Erzählung weit voraus. Was also die Fischmanns angeht, so waren sie galizische Kleinstadtjuden, die von Sabbatausgang bis Freitagnachmittag an Juden, Polen und Ruthenen grüne Heringe, Branntwein, saure Gurken, kochend heißen Tee (mit Zitrone) verkauften und außerdem vier Zimmer zu vermieten hatten, davon eines mit Balkon und Vorhängen vor den Balkontürscheiben. In Strody gab es nur einen Balkon, und der befand sich am Hause meines Großvaters. Also hätte ich ja eigentlich auch Grund, auf »etwas« stolz zu sein.

Ein Jahr vor meiner Geburt trug sich Folgendes zu:

Leib Fischmann befand sich ganz allein in der Schenke, denn es war schon spät am Abend, und es brannte nur noch die Petroleumlampe über dem Schanktisch. Es läßt sich nicht mit aller Bestimmtheit sagen, was er tat, aber ich habe ihn in Erinnerung als den »Mann hinter der Theke«, der, mit philosophischer Ruhe und vollkommen bei der Sache, mehrere Heringsschwänze pro Tag vertilgte und dann den entstandenen Durst mit einem »Gläselchen« (wie er die Gläser nannte, wenn *er* sie benutzte) löschte. Sicherlich tat er an jenem fraglichen Abend das Gleiche und wischte sich hierauf die nach Heringen und Schnaps riechenden Finger an seinem Rock ab, der schon beinahe so lang wie ein schwarzer Mantel war und wie ein gebohnerter Fußboden glänzte.

Da kam noch ein später Gast, den wohl das einsame Licht von draußen angelockt haben mochte. Es war ein reichlich seltsamer Gast, denn er stolperte auf eine sonderbare Art in die Schenke hinein. Er kam nämlich nicht, wie man es sonst zu tun pflegt, mit seiner Vorderfront zuerst herein, also mit seinem Gesicht, mit Brust und Bauch, sondern er stelzte quer durch die Tür, mit weitgespreizten Beinen.

Es entwickelte sich zwischen dem Gast und dem Wirt ein kurzes, sehr zweckbetontes Gespräch.

»Jude, dein Strody ist ein langweiliges Nest«, schimpfte der Gast.

»Panje Bauer, das ist vielleicht richtig«, sagte der alte Leib schlau.

»Wenn die Marischka, eure Hure, nicht wäre ...«

»Panje Bauer, das ist sicher richtig.«

Der Gast saß zweizentnerschwer vor seinem Tisch.

»Bring mir Slibowitz, eine ganze Flasche, aber rasch, Jude!«

»Jawohl, Herr«, sagte der alte Leib flink und höflich.

Brummend stieß der Gast den feuchten Schnurrbart an den Glasrand.

»Das Maul der Marischka«, nörgelte er, »das ist angenehmer. Und was bei ihr darunter ist, noch mehr!«

»Das ist vielleicht richtig.«

Beim vierten Glase fragte der Dahockende: »Wer hat Heringstonnen? Ich brauche eine. Für den Grafen persönlich. Wo schickst du mich hin, du!«

»Geh zur Riwke Singer, sie steht den ganzen Tag auf dem Markt«, sagte Leib. »Sie ist eine arme Frau, eine fleißige Frau, ihr Mann ist sehr krank, er hat es mit der Lunge, man muß ihr helfen.«

Beim achten Glas brummte der Gast: »Hat sie wirklich 'ne Heringstonne, diese Marischka, wo hat sie die versteckt, dieses Schwein, dieses Hürchen ...«

»Sie heißt Riwke Singer«, sagte Leib und stellte die Flasche weg. »Sicherlich hat sie, was du brauchst.«

Der Gast hatte nicht aus gewöhnlichen Schnapsgläsern getrunken, sondern aus Teegläsern. Er begann zu protestieren, gegen die große Petroleumlampe mit dem grünen Schirm.

»Was guckste mich so an, Mond ...«

Auf der Tischplatte lag Marischka. In einer Heringstonne. Nackt. Splitternackt. Mit fünf Gulden in der Hand ...

»Marischka, Heringstönnchen, komm, Marisch ...«

Der alte Leib schloß die Tür hinter ihm.

Von diesem Gast erhielt Jossel Fischmann, der Sohn des Leib, am Tage darauf auf dem Markte in Strody so fürchterliche Prügel, daß er mehrere Tage im Bett liegen bleiben mußte. Außerdem trägt mein Vater seit damals eine Brille.

Diese Prügelei, der Grund dazu, die Mitwirkenden, die Folgen – dies alles ist so echtes Strody, daß ich diese Geschichte erzählen muß. Vieles davon erfuhr ich erst kürzlich in Paris, wo ich mich mit einem Manne traf, der einst in Strody lebte: mit dem Sohne des früher dort wirkenden jüdischen Arztes Nachum Spiegel, ein Bekannter der Fischmanns. Dieser Sohn, Mediziner wie sein Vater, ist jetzt Nachtconcierge einer großen Pariser Juwelenhandlung und gibt tagsüber Musikstunden, wenn er Schüler findet.

Der seltsame Gast in Fischmanns Schenke war Janek gewesen, ein Waldhüter des Grafen R., eines wirklichen Grafen, der an der russischen Grenze ausgedehnte Güter und Waldungen besaß.

Ich sehe diesen Janek ganz deutlich vor mir, ja ich spüre ihn fast körperlich. Und je länger ich ihn mir vorstelle, desto schneller verschwinden die Wände meines Zimmers, die wenigen Möbelstücke, die Bücher, die Lampe, das Papier, die Tinte, das Kratzen der Feder -- ich bin auf dem Wege nach Strody...

Janek, der Waldhüter

Eines Tages, an einem späten Nachmittag, es dunkelte bereits dort hinten, wo Himmel und Erde zusammenstoßen, um diese Zeit also kam Janek aus dem Wald. Er hatte einen weiten Weg vor sich. Eine Stunde und noch mehr mußte er laufen. Er trollte ganz allein dahin, er sprach laut vor sich her, er pfiff und sang. Anfangs machte es ihm noch Spaß, sich selbst auszureißen, wie ein Irrer davonzulaufen, sich nachzusetzen, geräuschlos durch die Büsche gleitend sich einzuholen. Aber bald wurde er dieses zu ruhigen Spieles müde, und er begann seinen Gesang hochzuschrauben auf ein fröhlich-grollendes Gebrüll.

Jenseits der dunklen Fluren lag Strody, darauf marschierte er schnurstracks zu. Die Bäume, rechts und links, hielten mit ihm Schritt. Der Himmel ließ schon Sterne mit ihm laufen. Der Wind änderte, ihm zuliebe, seine Richtung. Selbst der Mond, das alte Haus, marschierte mit. Hoih! mit Janek, dem lustigen, dem starken! Mit Janek, der Schenkel hat wie ein Bär! Mit Janek, der einen Stein hundert Meter weit werfen kann und auf sechzig Meter jedes Ziel trifft! Mit Janek, dem verschlagenen, der der lustigste, klügste, der stärkste aller Waldhüter ist! Mit Janek, der alle fünfzig Schritte dasselbe Lied schmetterte, lauter als der Wind in den Zweigen der Bäume, lauter noch als das wütende Hundegebell, das ihn aus den Dörfern verfolgte:

»Hör, mein Täubchen, laß herein mich! Ich bin's, Janek, dein Gemahl! Hör, mein Täubchen, mach hübsch leise! Sonst kommt, Liebchen, dein Ge-e-mahl!«

Hunde dienten dem Grafen R., und auch der Waldhüter Janek. Meilenweit konnte ein schweißiger Hund laufen, mit vorgestreckter Zunge, heiser fauchend, wenn er rotes Fleisch in der wehenden Luft witterte. Wenn ein Janek schon lange ohne Frau war, dann wurden seine Schenkel ungeduldig und naß, dann lief auch er meilenweit. Denn im Walde gibt es vielleicht Beeren, Bäume und Schlangen, aber keine Weiber wachsen im Walde, zum Teufel!

Er wollte wieder einmal, dieser Janek, in Strody sein, oben auf der Straße, die zum Flusse führt, und dort die kitzligen Mädchen hören, die feucht und jung vom Strome herauflachen! Er mußte wieder einmal auf einem warmen Frauenzimmer liegen, auf der dicken Marischka, die eine große Kundschaft hat, und die sich, wie alle sagen, viel Geld gespart hat, dieses Weibsbild, und heute so reich ist wie der Graf persönlich! Bald wird er bei ihr sein, in ihrem Hause, das gleich am Ortseingang liegt, auf der rechten Seite, bald ...!

»Hör, mein Täubchen, laß herein mich!« brüllte er barsch. Die Bäume brüllten fauchend mit. In den schwitzenden Händen, die breit wie Kohlenschaufeln waren, hielt er einen dicken Stock, einen neuen. Es war ihm verdammt heiß geworden beim Marschieren, beim Singen. Er öffnete den festen Pelz mit einem Ruck! Die drei klebrigen Westen! Das nasse Hemd!

»Laß herein mich!« brüllte er schrill. Die stampfenden Beine stießen tiefe Löcher in die Landstraße (die keine war), sie bewegten sich vorwärts wie blinde, unförmige Masten. Ein wuchtiger Kerl schaukelte auf diesen Masten, ein schwerer, breitschultriger, ein Streithammel, ein Krakeeler. »Ich bin's, Janek, dein Gemaaahl ...!«

Mitmarschierte der frische Wind, mitzusingen versuchte der finstere Wald, stärker jedoch waren die Lungen, die starken, des Janek. Halb demütig, halb tückisch, schmetterte er gegen den klaren Nachthimmel: »Laß herein mich!« Der Mond versteckte sich schnell hinter einer Wolke, als er die rotbehaarte Brust und die muskulösen Schlüsselbeine erblickte. Er sah, vor Neid erblassend, tief unter sich den mächtigen Leib, der trompetend vorwärtsstelzte, zur Marischka, nach Strody.

Endlich stand Janek vor dem Haus, das er fast noch überragte. Eine niedrige Bude war dieses Haus der Marischka, ganz ohne Stockwerk. Schön leuchtete im Dunkeln der frische weiße Kalk. Tief herunter hing das im Mondlicht silbern glitzernde Strohdach. Es verbeugte sich vor Janek wie der Rücken eines Knechtes vor dem Grafen. Wie es sich gehört.

Janek war jetzt der Graf. Auf seinen dicken, festen Stock gestützt, so stand er da. Er wartete, stirnrunzelnd und horchend, einige Minuten. Er schwitzte dabei wie ein gebrühtes Schwein, wie ein gebrühtes Schwein im Kessel. Er blies, keuchte, schnaufte. Er schöpfte Luft in dicken, langen, heftigen Zügen. Wie eine von den verrückten, neumodischen Maschinen zum Dreschen, von denen ihm Stanislas kürzlich erzählt hatte. Richtige Maschinen, die schnaufen wie ein Mensch, haha! Die hundertmal so groß sind wie ein Janek, hatte er gesagt. Und hundertmal soviel arbeiten, hatte er gesagt, dieser Aufschneider! Ein guter Witz, das! Dieser Stanislas ist ein witziger Kopf, fürwahr! Eine Maschine zum Dreschen! Und was machen wir mit unseren Knechten, Panje Stanislas, he? Und mit unseren Dreschflegeln, he? Bald wird er kommen und von einer Maschine zum Wachsen erzählen, haha! Ein übergeschnappter Kerl, dieser Stanislas!

Der spöttelnde »Graf« schritt befehlend auf die Tür zu, auf die dunkle, verriegelte. Er schlug hart mit dem Stock gegen die verschmierten Bretter.

»Bum – Bum – –!!«

Nichts rührte sich.

Der Mond unterbrach neugierig seinen Lauf und hielt den Atem an.

Der Wind hatte jetzt ganz schwache Lungen, ganz schwache wie ein kleines Kind.

Die Landstraße leuchtete um die Ecke, und von weitem schnaufte der Hügel, aber es klang, als kichere einer.

Da hörte der horchende Janek auf, der mächtige Graf zu sein. Jetzt hieben seine Fäuste.

»Marischka«, flüsterte er, »Marischka . . .!«

Ein schönes Flüstern. Seine Stimme war so stark wie ein Sturm, der aus den östlichen Steppen anrast.

Endlich wurde drin eine Tür aufgestoßen, ein bellendes Schimpfen rollte durch die kleine Bude, und lautes Gelächter antwortete, fett und begütigend. Dann flog eine zweite Tür auf.

Bautz! Janek prallte zurück, die zweite Tür war die, vor der er stand.

»Marisch . . .«, gurgelte Janek heiß.

»Was ist das für eine neue Art!« zischte die. »Mitten in der Nacht? Was ist los?«

»Ich brauche eine Heringstonne«, stammelte Janek, eingeschüchtert, weinerlich, der große starke Janek. »Eine Tonne, für den Grafen, auf dem Markt in Strody . . .«

»Ist hier der Markt?« stieß Marischka hervor und wollte die Tür zuschmeißen. »Ich habe keine Tonnen zu verkaufen!«

Da war Janeks Fuß blitzschnell in der Tür.

»Vorher will ich zu dir, mein Bäumchen!«

»Hast du Geld?«

Janek seufzte. »Über fünf Gulden, habe lange gespart, alles für dich, für die heutige Nacht ...«

»Was ist los da draußen? Soll ich dich holen kommen!« schrie eine Männerstimme.

Marischka bog sich vor Lachen. »Ich komme ja schon! Ich bin ja schon da!«

Janek horchte blöde, glotzte blöde. Marischka tröstete ihn lächelnd: »Komm in zwei Stunden.«

Sie drückte sich an ihn heran, ihr Knie drang auf ihn ein. Laut seufzte Janek auf: »Nichts weiter hat sie an als einen Mantel, einen dünnen Mantel nur! Ach, die Raffinierte ...!«

»Küß mich, dummer Bauer, aber rasch, ich habe jetzt keine Zeit!«

Janek beugte sich hilflos nach vorn und schmierte der Dicken einen nassen Kuß auf die geschwollenen Lippen. Ein Schuß ging los bei Marischka. Der Schnurrbart Janeks, lang und dick, bedeckte ihr halbes Gesicht. Die Haare waren fest und stichelten.

»Schnell das Geld!« kicherte Marischka. »Und komm wieder, vergess' es nicht, in zwei Stunden!«

Mit gespreizten Beinen stelzte Janek durch die nächtlichen Gassen. Ein Wind spielte mit den rötlichen Brusthaaren, und in den Röhren sang das Blut.

»In zwei Stunden lieg ich bei der Dicken im Bett«, so sang das Blut. »Zwei volle Tage und zwei volle Nächte werde ich bei ihr liegen! Ich werde ihr schon was zeigen! Mich warten zu lassen! Na, sie wird schon sehen, wer der Janek ist! Sie wird schon sehen ...!!« Was das Blut sonst noch sang, soll man besser nicht erzählen, es ist schon so genug.

Er ging auf der Straße, die zum Flusse führte, aber es kicherten keine kitzligen Mädchen feucht und jung. Die Mädchen lagen längst in tiefem Schlaf. »Was ist doch dieses Strody für ein totes Nest! Wenn die Marischka nicht ...«

Beim Juden Leib Fischmann war noch Licht. Janek stolperte in die Schenke hinein ...

Wir wissen bereits, was sich drinnen in der Schenke abspielte, warten wir also, bis er wieder herauskommt. Es wird nicht allzulange dauern. Acht Gläser, nicht »Gläselchen« diesmal, sind für einen Janek keine außergewöhnliche Leistung. So einer verträgt Branntwein bis zu einer gewissen Grenze wie gewöhnliche Menschen Wasser. Wir werden gleich sehen, wie weit diese gewisse Grenze geht ...

An der frischen Luft wurde Janek wieder munter.

»Die werde ich jetzt umsonst haben, die ist schon bezahlt«, verriet er den schlafenden Gassen. Und so trug es ihn denn fröhlich zur Marischka.

Aber die machte nicht auf. Erst klopfte der Stock, dann hieben die kiloschweren Fäuste. Es klang wie ein Gewitter, wie kein schwaches Gewitter, solche Fäuste hatte Janek. Aber trotzdem blieb die Tür stumm.

Janek bettelte und winselte: »Mach auf, mein Täubchen, mach doch auf! Ich bin's, dein Jan!«

Janek schrie und tobte: »Verdammtes Schwein! Ich werde dich nackt durch die Dörfer schleifen!«

Janek flüsterte: »Hör, mein Täubchen, laß herein mich.« Ganz ohne Melodie, er flüsterte diesmal wirklich, nur die Worte.

Nichts half. Die Tür blieb stumm. Die Nacht flog witzelnd über das Haus. Im Garten dufteten Zwiebeln. Fad und wässerig.

»Wer wagt da zu lachen!!!«

(Nur ein Hund, Panje Janek, der heult, aber nicht lacht.)

Das Haus war tot. Die Tür blieb stumm. Janek setzte sich hin. Vor die weißleuchtende Kalkwand. In den duftenden Garten. Um zu überlegen.

Dumpf wühlte es in seinem heißen Hirn. Daß er schon die fünf Gulden bezahlt habe. Daß er der Geprellte sei. Daß er jetzt leer dasitze, ohne Geld und ohne Weib. Daß er etwas unternehmen werde. Aber was, was ...? Was ist eigentlich das Beste?

»So ein Frauenzimmer totquetschen, mit den Fäusten, wie eine faule Birne ...«

»Oder tottreten, mit den Schaftstiefeln, mit den schweren, wie eine Waldschlange ...«

»Oder vielleicht den Stock nehmen, den neuen, den dikken ...«

Bei der letzten Überlegung schlief er ein. Vor dem Haus. Mitten im Garten.

Kleine jüdische Welt

Da wäre zum Beispiel die Riwke Singer.

Statten wir ihr, die die Frau des Mendel Singer und Händlerin mit Heringstonnen ist, einen kurzen Besuch ab. Es lohnt sich, die Bekanntschaft dieser Frau zu machen, denn sie ist mehr als ihr einfacher Name verrät, und außerdem wird sie noch am heutigen Tage eine besondere Rolle zu spielen haben.

Wie riesenhafte Zungen leckten die Sonnenstrahlen über das morgendliche Strody. Sie taten nur einen kurzen Leck, schon mußte wieder gelebt werden.

Riwke Singer kroch aus ihrem Bett. Mendel, der Mann, blieb liegen, er schnarchte noch, laut, naß, rasselnd. Die noch schlaftrunkene Frau rieb sich im groben Leinenhemd nach und nach wach. Auf dem dicken blauen Unterrock drehten sich große weiße Kreise, und auf dem zerknitterten Kragenrand ihrer Bettjacke wand sich eine schmale Borte mit winzigen blauen Rosen, kreuz und quer, blaue Rosen.

Blau ... Es ist schon sehr lange her, fast sechzehn Jahre schon. Als sie damals an ihrer Aussteuer nähte, machte sie eine große und beglückende Entdeckung. Sie entdeckte, ganz für sich, ohne gewerbliche oder andere Nebengedanken, die blaue Farbe. Blau ist, so fand sie damals, immer schön, in der Wäsche, im Geschirr, im Tellermuster. Aber es ist schon lange her, fast sechzehn Jahre schon.

Inzwischen wurde sie geheiratet, vom Mendel Singer, damals ein braver junger Mann, einer, der nicht schlecht hätte verdienen können, genug für eine winzige Frau wie Riwke, aber leider erkrankte er bald nach der Heirat, lag wochenlang, monatelang, mit heißem Kopf, pfeifendem Atem, tiefliegenden Augenhöhlen.

»Ein Unglück für die arme Riwke, was wird sie mit dem Lungenkranken machen?« fragte die stets in solchen Fällen fragende Welt der Nachbarn, mitleidig, kopfschüttelnd, neugierig.

»Was ich machen werde, Leute?« entgegnete Riwke erstaunt. »Arbeiten werde ich, ganz einfach arbeiten ... Mach dir keine Sorgen, Mendele, schone dich, Mendele, bleibe liegen, Mendele, Gott wird schon helfen, Menditschku.«

Gott half. Später half auch Mechel, der ältere Sohn. Mendel aber blieb krank, hustete, spuckte, fieberte, im Sommer wie im Winter – und Riwke hatte keine Zeit, ihn zärtlich-traurig »Menditschku« zu rufen. Woher sollte sie Zeit nehmen? Sie rackerte sich ab für alle vier, denn sie war Mutter von zwei Söhnen. Es ist keine Kleinigkeit, vier Münder zu stopfen, und deshalb wohl kein Wunder, wenn Riwke sich heute nicht mehr mit der blauen Farbe beschäftigt. Es scheint fast, als sähe sie gar nicht mehr hin, nicht auf die Farbe, nicht auf die selbstgestickten Rosen. Ach, wie der Mensch vergeht – und nicht die Zeit, die ewig ist.

So steht es mit Riwke, die nur an das Heim denkt, an ihre drei, und daß es darauf ankommt, gesund zu sein und zu essen zu haben.

Jetzt rief sie der Markt im Städtchen Strody am Flusse Stryj, es riefen die Nudelbretter, die Heringstonnen, die Juden, die polnischen und ruthenischen Bauern aus den Dörfern.

»Steh auf, Mechel, schnell, steh auf«, flüsterte sie.

Dann belud sie ihren Wagen.

Die Räder knirschten und krächzten. Ein besonders trockenes Rad pfiff. Es pfiff sehr regelmäßig. Wenn es eine halbe Umdrehung gemacht hatte, stieß es einen grellen Ton aus, wie einen Klageschrei, manchesmal wie einen Spottruf.

»Schneller!« sagte Riwke.

Auf dem Karren standen zwei Heringstonnen, und auf einer Kiste lagen fünf Nudelbretter. Der Karren wackelte, schaukelte, humpelte auf der Dorfstraße. Die Deichsel war widerspenstig wie ein störrischer Bock. Der kleine Mechel wurde von ihr hin und her geworfen. Sie gab ihm Schläge in die Seiten, die verrückte Deichsel, rechts und links, noch und noch, ganz heimtückisch. Immer dann, wenn er nicht daran dachte, bekam er eins ab. Die Deichsel hatte sich mit dem pfeifenden Rad verschworen. Zwei saubere Kumpane, das kann man wohl sagen! Bekam Mechel einen Schlag, pfiff das hinterlistige Rad lachend. Riwke schob den Karren.

»Schneller!«

Ein Bauerngefährt ratterte an ihnen vorbei. Dreck flog hoch und ihnen an die Beine. Die dünne Peitsche knallte, und es knallten Flüche. Gleich um die Ecke war der Marktplatz.

Riwke schob jetzt noch kräftiger mit ihren kurzen Armen gegen die Rückenwand des Karrens. Eine Frau für die ganze Familie.

»Schneller!« sagte sie.

»Es geht nicht schneller«, jammerte der kleine Mechel. In diesem Augenblick erhielt er wieder einen Schlag von der Deichsel, in die linke Seite. »Hihi!« machte das Rad.

»Wenn man will, geht alles«, sagte Riwke.

»Hihi!« machte das Rad.

Nur fünf Bauernwagen standen auf dem Marktplatz.

»Es ist noch kein Mensch da«, kicherte Mechel boshaft.

»Besser als zu spät kommen«, sagte Riwke atemlos.

»Vielleicht kommt man immer noch zu früh, wenn man zu spät kommt«, sagte Mechel, denn er wollte recht behalten. Dieser Mechel war etwa vierzehn Jahre alt, aber von sehr kleiner Statur. Das sind die schlimmsten. Er gab dem Rad einen Fußtritt (endlich!), daß die Tonnen, die Bretter und die Wellhölzer in der Kiste wie Trunkene wackelten, wankten, zu fallen schienen.

»Mechel!« gellte Riwkes Stimme ängstlich.

Dann luden sie ab. Sie: seufzend, schwitzend, schimpfend. Der Sohn Mechel: widerwillig, stumm, ein tiefes finsteres Loch von Boshaftigkeit.

»Und außerdem bin ich noch müde«, sagte er unvermittelt, als alles auf dem Boden stand.

»Daß dich der Böse hole, Undankbarer!« schrie Riwke und drosch ihn mit einem Wellholz vom Platz. Mit einem funkelnagelneuen Wellholz.

»Ach!«

Der Markt

Die Feder kratzt leicht über die weißen Bogen, die sich mit fernen Landschaften, Häusern, seltsamen Menschen und Schicksalen bedecken ...

Kehren wir zu Janek zurück. Wir ließen ihn am Vorabend schlafend in einem Garten liegen, hart an der Landstraße. Dort rülpste er die ganze Nacht hindurch, wie eine Herde ausgewachsener, schwarzer Wildschweine.

Dieser Janek war ein einfacher Waldmensch, wie es Tausende gab um 1905 herum, mit schmutzigem Schafpelz und halbhohen Schaftstiefeln, mit Stoppeln wie Steckpflanzen im Gesicht und dickem Stock als dritten Arm. Ein großer lebendiger Fleischberg mit einem nicht sehr üppigen Gehirn war er, was aber nicht sein Verschulden ist, wohlgemerkt.

»Haha, so ein echter rechter Janek also«, freuen sich alle Nicht-Janeks.

»Haha, also ein Ruthene«, freuen sich die Polen.

»Haha, also ein Pole«, freuen sich die Ruthenen.

»Auf alle Fälle kein Jude«, sagt jeder Jude aus Ostgalizien.

An diesem Tage sollte dieser Janek noch etwas anstellen. Eben erwachte er, hob die Augen hoch, richtete sich auf, stellte sich auf die Beine, taumelte keineswegs, stand da wie ein Baum.

Dann setzte er sich wieder hin, blickte, so sitzend, um sich, mit schwerem Kopf, die Hose stand ihm offen.

»Wo bin ich«, grübelte er düster.

Er grübelte lange nach. »Unförmiger Janek, vor dir steht ein Haus, schön leuchtet in der Sonne seine frischgekalkte Wand, und du stinkst nach Branntwein ...« Da endlich begann er zu begreifen.

Hinter ihm, kühn aus der Erde wachsend, erhoben sich zwanzig hohe Sonnenblumen. Er stierte sie an, mißtrauisch, mit schweigendem Argwohn. Von oben herab starrten die Riesenaugen auf den glotzenden Janek. Sie wippten hin und her auf ihren dicken Stengeln, spöttisch und rätselhaft.

Es roch nach gedüngter Erde und nach faden, wässerigen Zwiebeln. Auf den Gräsern und in den Sträuchern perlte Tau. Ein scharfer Gestank kitzelte die dicht behaarten Nasenlöcher. Janek schnupperte, knurrte:

»Nach was stinkt es da, wer hat denn da zu stinken!«

Er begann zu spähen, ein Beleidigter, ein Gereizter. Seine Augen krochen in alle Winkel. »Wer hat denn da zu stinken, he?«

Hinter seinem Rücken faulte ein ganzer Haufen schimmeliger Gurken. Weiße Maden kugelten sich fett in dieser übelriechenden Masse.

»Weg da!« knurrte Janek und schob mit seinen Stiefeln den ganzen Berg fünf Meter zurück. »Weg da!«

Auf einmal packte ihn die Wut! Gegen die Marischka! Gegen diese Dirne! Gegen diese Hure des Teufels! Das ganze Geld hatte sie ihm abgenommen! Aber für was, für was?

Mit verdrehten Augen, die jetzt ganz weiß und regungslos in den Höhlen glühten, schrie er vor der Tür:

»Aufgemacht! Aufgemacht!! Damit ich dir den Hals umdrehen kann ...!!«

Aber die schlaue Marischka machte nicht auf.

Da stampfte Janek auf den Markt nach Strody.

Es ging noch einer auf den Markt, ein junger Mann, der eine blaue Uniform mit Klassenstreifen am Ärmel trug. Die Juden in Strody sagten:

»Aha, der Sohn des Doktor Nachum Spiegel. Er will sich hier die Zeit vertreiben, er führt ein schönes Leben, dieser Sohn, studiert in Lemberg, und der Vater kann zahlen. Guten Tag, Herr Student, Guten Tag, Herr Student, Guten Tag, Herr Student.«

Als er mir jenen Markttag beschrieb, dieser »Herr Student«, der heute in Paris lebt, erinnerte er sich, während er sprach, erstaunlicher Einzelheiten. Er gestand mir zunächst, daß er damals eigentlich noch gar kein Student gewesen sei, sondern erst Gymnasiast. Trotzdem. Für die strodyer Juden, die es lieben, einen der Ihren, der schon ein paar Sprossen der Lebensleiter erklommen, flugs, aus Freude am Bilde, noch ein wenig höher zu stellen, denn dann macht ihnen sein Herunterfallen mehr Vergnügen –, für diese Juden also war er schon der »Herr Student«. Für die Bauern aber war er ein żyd.

Der junge Spiegel also hatte Ferien und ging auf den Markt.

Was sonst hätte er in diesem Nest schon machen sollen? (Er sagt dies verächtlich, doch seine Augen reden eine andere Sprache. Wer von uns kennt nicht diesen inneren Riß, dieses Heimweh, das ein jeder von uns empfindet – und die Scham, es einzugestehen. Dürfen wir denn Sehnsucht nach einem Lande haben, das uns anspie ...?) Er guckte sich den Markt an, die Wolken am Himmel und auf der Erde die Strohhaufen. Rot leuchteten die Kopftücher der Bäuerinnen, und unter den Baumwollröcken trippelten braune und nackte Beine. Die Weiber rochen nach Stall und Frau, ihre Ärmel hatten sie aufgekrempelt.

Janek, der wütende Waldhüter Janek, kam gerade auf den Markt, als Jossel, der Sohn des Schankwirtes Leib Fischmann, bei der Riwke Singer stand.

Mit schweren, drohenden Schritten kam Janek an. Er sah gefährlich aus.

In diesem Augenblick verließ leider der Gendarm Róman den Marktplatz. Es war ein Zufall, wirklich nur ein Zufall, und er ging nicht etwa auf und davon aus Feigheit. Er hatte sich gestern mit faulen Fischen den Magen verdorben. Wie ein gejagter Verbrecher lief dieses groteske Gestell von einem Gendarm, dieser spindeldürre Róman, jetzt davon. Seine Beine schleiften unter seinem revoltierenden Bauch wie zwei krumme Türkensäbel, beinahe noch krummer. Wer ihn sah, blieb stehen, um zu lachen. »Ein schöner Gendarm!« Doch der hörte diese Rufe nicht. Er hatte es eilig. Unterwegs schon schnallte er das Koppel ab, lockerte verstohlen die Hosenträger, lief sehr schnell hinunter an den Fluß, hinter ein Gebüsch.

Dort hockte er sich stöhnend nieder.

Der »Herr Student« sah ihn vom Platze laufen und setzte sich sofort auch in Trab. »Vielleicht«, dachte er, »ist etwas passiert, irgend eine Sensation. Vielleicht«, sagte er sich, »hat man eine Leiche im Flusse gefunden, oder gar ein Liebespaar, das gemeinsam in den Tod gegangen ist. Oder«, kam ihm der Gedanke, »man hat Diebesgut im Gebüsch entdeckt. Oder«, glühte ein kicherndes Bild in seinem jugendlichen Gehirn, »vielleicht hat dieser alte Spitzbube Róman gar Eine in die Büsche am Fluß bestellt ...«

Als aber der »Student« sah, daß der hockende Gendarm nur die Hosen herunterließ, um allein zu bleiben, ging er zurück. Er war arg enttäuscht, der junge Mann, und fand, daß das Leben gar nicht kompliziert und überhaupt nicht mehr romantisch sei.

Indessen schritt Janek, böse glotzend, über den Markt und

suchte einen Anlaß, um Plänkeleien anzufangen. »Dieses verdammte Frauenzimmer, diese Marischka! Fünf Gulden! Die ganze Nacht in ihrem stinkigen Garten! Der verdammte Schnaps von dem Juden! Dieser verdammte žyd!«

So geradeaus stierend stolperte Janek über Strohhalme, brummte, fluchte, die Augen waren blutunterlaufen. »Diese Marischka! Dieser Jude! Fünf Gulden!«

Es war höchst sonderbar. Obwohl Janek keinen Menschen nach der Riwke Singer fragte (dieselbe Riwke, die vor sechzehn Jahren die blaue Farbe entdeckt hatte), kamen trotzdem beide zusammen. Er lief auf die Frau zu, als sei nur sie auf dem Markt, als habe nur sie Tonnen zu verkaufen, als hätten sie sich vorher verabredet. Jossel Fischmann sagte gerade, daß seine Hochzeit nun bestimmt in drei Wochen stattfinden werde, da schrie Janek dazwischen:

»Gib die Tonne her! Für den Grafen!«

»Zu Diensten, Panje«, sagte Riwke erfreut. »Sieben Gulden, das ist nicht viel. Eine neue Tonne, eine gute, sieben Gulden ist gar kein Geld für eine so große Tonne!«

Der breite Janek hatte plötzlich ein Gesicht wie ein Brett.

»Zwei Gulden«, knirschte er und setzte sich mit einem Hieb die Tonne in den Nacken.

»Sechs!« jammerte Riwke. »Fünf! Fünf Gulden! Keinen Heller weniger!«

Da erhielt sie einen Stoß vor die Brust, einen Schlag, einen Niederschlag. Sie lag plötzlich auf ihren Nudelbrettern, mit plattem Rücken, unbeweglich, stumm, mit schreckhaft geweiteten Augen. Auf einmal aber riß sie den Mund auf und begann zu kreischen, zu kläffen, haltlos, pausenlos:

»Mörder ...! Diebe ...! Mörder ...! Diebe ...! Mör ...!!«

Von allen Seiten kamen sie gestürzt. Rufe erschollen in allen Tonarten, in vielen Sprachen. »Wo ist der Mörder? Wo ein Dieb? Was ist das für eine Schlägerei? Ist das nicht Jossel, der Sohn vom Leib Fischmann? Was schlägt er sich herum? Und noch dazu mit einem Chlopp, mit einem Goy! Gewalt! Hilfe ...!!«

»Mörder ...«, schrie Riwke.

Jossel, am Boden liegend, keuchte verzweifelt.

»Judenbrut!« brüllte Janek mit verdrehten Augen. Ein Tier war das jetzt. Mit den Stiefeln trat er nach allen Seiten. »Judenbrut!«

»Gendarm! Wo ist der Gendarm?« gellte die Stimme der halbblinden Dwore, die mit Hefe handelte.

In großen Sprüngen lief der »Herr Student« hinunter an den Fluß.

Inzwischen hatten sich schon zwei Gruppen gebildet, einige Bauern auf der einen, ein paar jüdische Fleischerburschen auf der anderen Seite. »Was ist da los, he!« Bruch! da ist schon eine Schlägerei im Gange. Alles um die Tonne. Aber eine Sekunde später gibt es schon kein Kampfobjekt mehr. Die Tonnenteile liegen einzeln am Boden. Zerknickt sind sie, und die Reifen verbogen.

Der Markt war klein geworden, es gab nur noch den Kampfplatz. Janeks Augen rollten wie flüssiges Blei. Jetzt hatten sie auch einen wirklichen Grund, denn Janek sah nicht hübsch aus. Aus der Nase floß ihm sein dickes, warmes Blut. Es gerann sofort über dem festen Schnurrbart, den sie ihm geknickt hatten.

Und da stand Riwke. Sie rief nicht mehr »Mörder«. Sie sah, still schluchzend, die zersplitterten Reste der Tonne an. Die Nudelbretter hatte sie bereits in Sicherheit gebracht.

Jossel hatte sich als erster wieder erhoben. Als die Tonne auseinanderbarst, ließ er los, stand auf, staubte sich ab. Sein Gesicht war sehr weiß. »Wozu sich jetzt noch prügeln? Ohne Zweck sich herumschlagen? Nein.«

Jetzt waren andere mit Janek beschäftigt. Juden und Bauern. Es ging nicht mehr um eine Heringstonne, sondern um eine Schlägerei, die man schlichten wollte. Deswegen schlugen sie sich jetzt herum. Neun Männer wälzten sich auf dem Markt in Strody.

Da endlich kam der Gendarm. Er sah im allgemeinen ganz vorschriftsmäßig aus, nur der untere Rand seines bunten Rokkes war verdreckt. Er hatte beim Aufstehen nicht recht acht gegeben, er war zu plötzlich unterbrochen worden.

»Der Gendarm«, triumphierte Dwore, die sein Erscheinen als ihr persönliches Verdienst betrachtete. Sie hatte ja gerufen, ganz laut sogar.

Unsicher kam Róman auf die Menge zu. Spindeldürr und Türkensäbel. Janek schrie noch immer, schlug noch immer um sich. Die anderen Bauern ließen sich schneller beruhigen. Die Phlegmatischen unter den Juden beruhigten die Hitzigen, das dauerte schon wieder länger. Die Menge machte aufgeregt Platz und wartete gespannt und ängstlich der Dinge, die nun kommen würden.

Jossel fühlte, wie seine Schläfen bleischwer wurden. Eine

weiche Müdigkeit begann sich auf den Körper zu legen, er fror, ihm schwindelte, es flimmerte vor seinen Augen, als fielen am hellichten Tage Sterne vom Himmel.

»Was ist das? Bin ich krank?« dachte er taumelnd.

Er ging langsam nach Hause. Sie brachten ihn zu Bett.

Die Obrigkeit

Meine Großmutter Malke, die es liebte, auf höchst vernehmbare Art ihr Erschrecken zum Ausdruck zu bringen, mag an diesem Tage nicht nur einmal geschrien haben:

»Oh du Chamer! Oh du Esel von einem Sohn! Sag' ...! Gib mir Antwort! Wie kommt ein jüdischer Bräutigam dazu, sich herumzuschlagen! In drei Wochen soll die Hochzeit sein, und was machst du? Oh, du Garnichts von einem Sohn! Oh, du Tunichtgut von einem Sohn, oh!«

Und dann, ohne Übergang, mit plötzlichem Tränenfall:

»Mein liebes Bißchen, mein Liebling, mein Alles! Wo tut es dir denn weh? Sag' doch ein Wort, nur ein einziges Wort! Hörste denn nich', wer mit dir spricht? Deine Mamme, Jossele! Deine gute, liebe Mamme, Jossele! Jossele meins, oh!«

»Es ist nichts Ernstes«, beruhigte sie der Doktor Spiegel, der noch am gleichen Tage zu den Fischmanns kam. »Er wird nur diese Nacht etwas phantasieren. Aber haben Sie keine Angst.«

Trotzdem ging Doktor Spiegel sofort zum Bezirkshauptmann.

In der Kanzlei sehe ich derweilen den Gendarmen Róman sitzen und ein Protokoll »über eine stattgehabte Schlägerei« niederschreiben. Der strodyer Róman war nicht etwa weniger gewitzt als die Rómans aus anderen Orten und Ländern. Er erwähnte also besonders die rettende Besonnenheit des Gendarmen Róman. Seiner Besonnenheit – so schrieb der Gendarm Róman über den Gendarmen Róman – sei es zu verdanken, daß es nur bei einer stattgehabten Schlägerei geblieben sei und nicht weitere Folgen gezeitigt hätte. Er erlaube sich hinzuzufügen, daß man ja die Vorliebe der an der russischen Grenze wohnenden Bauern für Judenpogrome kenne. Ein Glück, wie gesagt, daß es einen Gendarmen Róman gäbe. Mit großen ungelenken Buchstaben setzte er sich unter das Protokoll. Es waren spindeldürre Buchstaben. Manche bogen sich wie Türkensäbel.

Da läuft nun um dieselbe Zeit dieser geschäftige Doktor Nachum Spiegel auf das größte strodyer Gebäude zu. Die Hände verbinden sich wie zu einem Gelübde auf der unteren Rückenpartie. Angriffslustig tänzelt der goldene Kneifer auf der dicklichen Nase, und auf dem gar nicht vorhandenen Bauche baumelt eine Goldkette, einst gekauft in Wien, wo er Student gewesen. So also geht er gegen den Bezirkshauptmann vor: der Hut sitzt ihm hinten im Genick, die weiße Stirn leuchtet klarer und weißer als der weiße Tag, gefährlich wie eine vergiftete Polemik hebt sich der rötliche Knebelbart vom Kinn ab, das in ständiger Bewegung ist, denn der Doktor führt ein wichtiges Selbstgespräch.

»Man muß etwas tun, damit sich solche Vorfälle nicht wiederholen können«, sprach der Doktor Spiegel vor sich hin. Er sprach sich Mut und Argumente zu, er redete sehr energisch, als habe er es mit einem eigenwilligen Patienten zu tun. »In den letzten Wochen sind mir mehrere Zusammenstöße zwischen Juden und Christen zu Ohren gekommen. Schwerere zum Teil als der heutige. Es wird allerhöchste Zeit, daß etwas geschieht. Von oben muß etwas unternommen werden ... Gerade ich habe die Verpflichtung, mit den Behörden zu sprechen. Mit mir, dem »Gebildeten«, redet der Bezirkshauptmann wie mit »Seinesgleichen«, da kann ich es schon wagen, um geeignete Maßnahmen zu bitten. Illusionen aber mache ich mir nicht, denn ich kenne ihn zu gut, den Bezirkshauptmann.«

Der Herr Bezirkshauptmann war ein jovial lächelnder älterer Beamter, dem das Unterkinn haltlos herabhing. Ein Mann war das, dem der Doktor den Prozentsatz seiner Arterienverkalkung an der Nasenspitze ablesen konnte. Er sah wie der müde Angestellte einer Firma aus, die bald verkrachen würde. Sein Backenbart, das einzige hervorstechende Merkmal seines Gesichtes, war mehr als untadelig und sah akkurat wie der Ausschnitt aus einer jener vielen Ansichtskarten aus, die Seine Majestät, den volkstümlichen Alten, seinem gemischten Volke nahezubringen hatten.

Nach der Schilderung des jüngeren Spiegel stelle ich mir vor, daß der Bezirkshauptmann beim Eintritt eines Juden in sein Büro gewöhnlich seinen schönen Amtsrock mit entschiedener Gebärde zuknöpfte, so als wolle er damit eine Tür zwischen sich und dem Juden schließen. Diesmal aber ließ er den Rock offen, weil ja der eintretende Doktor zwar ein Jud', aber immerhin ein akademischer war.

So habe sich diese Unterredung zwischen den beiden Herren abgespielt, derweilen die Hauptperson Jossel Fischmann im Bette lag, mit allen Zeichen eines beginnenden Fieberanfalles:

»Servus, Servus, Doktor. Was gibt's Neues bei uns in Strody?«

»Habe die Ehre, Exzellenz«, sagte der für Strody sehr moderne Doktor, denn er hatte ja in Wien studiert, was uns schon seine Uhrkette bewies.

»Ich habe arbeiten müssen wie noch nie«, verriet der Backenbart und spielte verloren mit drei Bleistiften, »'s nix zum Lachen. Bin dabei, eine Großaktion durchzuführen.«

Zögernd, vorsichtig begann der Doktor: »Exzellenz, es wird nachgerade zu einer Plage ...«

Der greise Backenbart sagte leise singend:

»Wird jetzt abgeholfen, Doktor, nur auf uns verlassen, mein Lieber. Wir haben geschätzt, daß die Wasserratten die Hälfte unserer Saaten und dreiviertel unserer Fischbrut vernichtet haben. Traurig aber wahr.«

»Ich fürchte, daß der junge Fischmann etwas zurückbehalten wird«, sagte der Doktor. »Jetzt liegt er mit einer Gehirnerschütterung zu Hause, ein Augenleiden bleibt bestimmt, fürs ganze Leben.«

Man müsse doch etwas tun, setzte er dann leidenschaftlich hinzu, abbremsen müsse man, den Bauern ein Halt zurufen.

»So ein Pech«, sang der Backenbart und spielte weiter mit den Bleistiften. Auf einmal sagte er weinerlich:

»Ein Augenleiden. Aber was sollen wir von der Regierung denn dabei machen? Was wollen S' denn von uns haben, lieber Doktor? Wir können es auch nicht zwingen. Ich werd's unserem Róman sagen. ›Gib jetzt doppelt acht, wenn Markttag ist, Gendarm‹ – das werd' ich dem Róman halt sagen, heute noch.«

»Vielleicht sollte doch endlich ein Exempel statuiert werden, damit ...«

»Aba was denn! Was wollen S' denn? Kennen S' denn unsere Kompetenzen, Sie? Unsere Kompetenzen! Meinen S' denn, daß das Regieren viel Freud' macht und so einfach ist, wie sich dies dem Publikum in seinem Kopf produzieren tut? Mein Gott! Und überhaupt! Wegen so 'n bisserl Rauferei! Gehn S', Doktor! Ich hab immer g'glaubt, Sie wenigstens sein 'n verständiger Mensch!« Hier hielt der Bezirkshauptmann plötzlich inne, zögerte verärgert, knöpfte dann entschlossen seine Jacke zu und fuhr mit überheblich-belehrendem Tone fort: »Wir von der Regierung können uns nicht alle Tage aufregen. Wann wir uns für eine jede Gruppe engagieren möchten, da kämen wir schön weit, wir. Auch wir woll'n unser Ruh' haben. Erst kürzlich wieder ist von Allerhöchster Stelle erklärt worden, man müsse jetzt mit milder Hand regieren ...« Und achtungsvoll blickte er auf das Kaiserbild an der Wand.

Ganz anders aber blickte Doktor Spiegel auf den Bezirkshauptmann. »Welch ein tappsiger Greis sitzt hier! Und nicht nur hier«, dachte er erschüttert.

Beim Abschied fragte der Backenbart jovial lächelnd, eingedenk seines einzigen konkreten Auftrages, sich mit allen Bevölkerungsgruppen gut zu stellen: »Und was halten S' von der allgemeinen Lage, Doktor?«

Doktor Spiegel sagte: »Gehorsamster Diener, Exzellenz. Hab die Ehre, Exzellenz. Verbindlichsten Dank, Exzellenz.« Denn er wußte, was sich gehört.

An der Tür wurde der Alte noch einmal richtig gemütlich. Er knöpfte im Stehen seinen Rock wieder auf, wie eine Mutter ihr Kleid, um ihrem geliebten Kinde die Brust zu reichen. »Zwar ein Jude, dieser Doktor, aber immerhin ein Gebildeter und also meinesgleichen«, verzieh er sich diesen Rückfall. Er sprach vertraulich:

»Und was sag'n S' zu unsrer Brückeneinweihung? Hat 'r nicht wunderschön gered't, der Wiener Hofrat! So richtig aus dem Herzen kommend! ›Das österreichische Volk ist stolz auf seine Völker‹, hat er g'sagt. Ein klarer und ergreifender G'danke, Doktor.«

»Eine vortreffliche Idee«, sagte der. »Die Brücke über den Stryj war sehr nötig, Exzellenz.«

»Ganz frei hat er diesen Satz gesprochen«, beteuerte der Bezirkshauptmann. »Ohne Papier, Doktor, ohne Manuskript.«

»Unglaublich«, wunderte sich der und ging nach Hause. Dort setzte er sich ans Fenster, sah sich diesen Staat an mit seinen Polen, Bosniern, Slowaken, Tschechen, Ruthenen, Juden, Wienern, Ungarn, Slowenen, Kroaten – und war sich nicht darüber im klaren, ob er sich schämen sollte. Was hatte er eigentlich von dem alten und geplagten Bezirkshauptmann erwartet?

Der Sohn kam heim, der »Herr Student«, der ein Gymnasiast war, und fand den Vater noch immer unschlüssig im Dunkeln sitzen.

»Nun, wie war es? Was sagt der Bezirkshauptmann?«

Leichthin, als verfolge er den bunten Flug eines Schmetterlings, meinte der Doktor:

»Róman wird jetzt doppelt acht geben.«

Etwa zur gleichen Stunde bemerkte wahrscheinlich die Frau des Gendarmen Róman den verdreckten Waffenrock ihres Mannes. Sie wird nicht schlecht geschimpft haben.

»Pfui, über so viel Unachtsamkeit! Scheißt wie ein Dreimonatskind! Ein schöner Gendarm, mein Mann!«

»Geh, was regst dich auf«, mag Róman entgegnet haben. »Wegen so ein bisserl Dreck.«

Hier in Strody lebte mein Vater.

Kischinew

Meine Mutter kam aus einer anderen Ecke des Ostens.

Es war kurz nach der Jahrhundertwende, kurz vor dem heiligen Osterfest, als in der damals noch südrussischen Stadt Kischinew ein Kaufmann nachts in seinem Hause ein gräßliches Stöhnen vernahm, das aus der Kammer der Magd kam. Als er in großen Sätzen die steile Treppe hinaufeilte, fand er die Tür innen verriegelt. Der Kaufmann lief wieder hinab, so schnell ihn seine Beine tragen wollten, er riß einen schimpfenden Schlosser aus dem warmen Bett, er läutete Sturm bei einem benachbarten Arzt, der gleichfalls schon geschlafen hatte. Der noch immer schimpfende Schlosser brach die schwache Tür der Dachkammer auf, aber es war schon zu spät. Das Mädchen wand sich am Boden. Die Lippen waren verkrampft vor fürchterlichen Schmerzen. Der müde Arzt, der eben noch gegähnt hatte, erwachte schnell beim Anblick dieses in zuckenden Wehen sich bäumenden Körpers. Das Mädchen, schrie er, habe sich vergiftet und müsse sofort ins nächste Spital.

Was nun kam, ergab sich aus verschiedenen Umständen, die jeder für sich allein zwar nichts bedeuten, aber in ihrer zufälligen Verkettung ein grausiges Ergebnis zur Folge hatten.

Das zunächstgelegene Spital war ein jüdisches.

Das stöhnende Mädchen war keine Jüdin.

Der Kaufmann, bei dem sie diente, war Jude.

(Im gleichen Hause wohnte auch der Händler Abraham Selzer mit seiner Frau, seinen beiden Söhnen und einer Tochter, die Lea hieß.)

Der Magd wurden im Spital ein paar Injektionen gegeben.

Sie starb trotzdem.

In der Stadt Kischinew, in der zwischen den 120000 Einwohnern mehr als 50000 Juden lebten, erschien seit langem ein antisemitisches Blatt, sein Titel lautete *Bessarabetz*. Der Herausgeber, ein geschickter Agitator, der untersetzte und kahlköpfige Pawolaki Kruschewan, benutzte das jähe Sterben dieses bei Juden in Stellung gewesenen Mädchens, um gegen die verhaßten Hebräer, gegen diese »Blutsauger, Parasiten, Ritualmörder« eine wilde Kampagne zu entfesseln.

Mit großen Lettern, die Augen und Herz wie Zangen ergriffen, erschien noch am gleichen Tage die Zeitung dieses bauernschlauen Kruschewan in Tausenden von hetzerischen Exemplaren. Alles riß sich um sie: die stets nach Sensationen lechzenden Kleinbürger, der stets sprungbereite lauernde Pöbel, die mit langweiligen Akten beschäftigten Beamten – und besonders die pickelbesäten, milchbärtigen Gymnasiasten. In keinem Druckwerke, in keinem Buche und in keiner anderen Zeitung sonst konnten die Kischinewer ja so viel Nervenkitzelndes von Schändungen und von sonstigen Schandtaten lesen, nirgendwo so wenig bekleidete Frauenspersonen mit weit gespreizten Beinen abgebildet finden wie in diesem politischen, judenfeindlichen Kampfblatte *Bessarabetz*.

Hinaus auf das flache und öde Land zu den ständig mißgelaunten Bauern wurden diese vom Druck noch feuchten Blätter auf schnellen Pferdewagen gebracht und, umsonst, in den rauch- und schnapsgefüllten Schenken verteilt. Dort, wo der seit Jahren geschürte Judenhaß wie wartender Sprengstoff aufgestapelt lag, fiel diese Osternummer des *Bessarabetz* wie eine sehr sichtbar glimmende Zündschnur hinein. Kruschewan, dieser Mann mit dem Gebiß eines pflanzenfressenden Tieres, das sich nach Fleischnahrung sehnt – dieser Kruschewan hatte nicht vergebens seit Jahr und Tag seinen hemmungslosen Krieg gegen die »beschnittenen Mörder und Frauenschänder« geführt. Und er führte diesen Krieg, das war stadtbekannt, unter wohlwollender Duldung der Behörden, und besonders protegiert von einem hohen Kischinewer Staatsbeamten, der oft selbst in der Zeitung *Bessarabetz* antisemitische Artikel veröffentlichte. Unter dem Pseudonym »23«.

Dies schrie die Osternummer des blutdurstigen Kruschewan mit heißen, weithin vernehmbaren Worten:

»Christliches Mädchen von jüdischen Blutsaugern erst geschändet, dann vergiftet!«

»Christliches Mädchen erhält im Judenspital Ätherspritzen!«

»Zu Ostern brauchen die jüdischen Mörder christliches Blut!!!«

Als man das unglückliche Mädchen begrub, war eine riesige Menge auf dem Friedhof versammelt. Nur die Juden fehlten in diesem Gewimmel zerschlissener und heimtückischer Gesichter, umwölkter Stirnen und aufgesperrter Mäuler. Hilflos hatten sie sich in ihren dürftigen Häusern verbarrikadiert, indem sie wurmstichige Bettstellen und Schränke, alte dreibeinige oder runde Tische und was sie sonst noch für Plunder an Hausrat besaßen, vor die drohenden Türen und Fenster rückten. Aber das half ihnen nichts. Stärker noch als ihre vorahnende, flackernde Furcht war das dirigierte und blutvolle Massengefühl des Hasses, das sie mit roher Gewalt überschwemmte.

Drei Tage dauerte das wogende, schwellende und alles zerschmetternde Gemetzel, drei Tage und vier endlose Nächte genau. Dann wurde es wieder still. Und an einem fahlen Morgen schwangen sich die abgekämpften Bauern schnaufend auf ihre leichten Wägelchen. Sie waren befriedigt von ihrer Arbeit. Satt und schmatzend tätschelten sie ihre Pferdchen. Sie schnalzten dazu mit schwerer Zunge und fuhren, mit weit geöffneten Pelzen und dicken Taschen, zurück in die einsamen Dörfer des Gouvernements Bessarabien.

So also hatte der schöne Frühling begonnen, und auch die Städter waren der Meinung, daß dieser Pogrom für den Jahresbeginn vollauf genüge. Auch den Juden hatte er genügt. Viele Juden mußten begraben werden.

Lea Selzer blieb nicht in dieser ehemals südrussischen Stadt, in der der Tod eine reiche Ernte gehalten hatte. Was sollte sie auch hier? Auf den neuangelegten Friedhof gehen und ihren Toten Kischinewer Neuigkeiten erzählen? Die stummen und kalten Grabsteine anweinen? Es waren vier Grabsteine allein für die Selzers nötig.

Aus Lemberg schrieb ihr ein Schwager ihres erschlagenen Vaters, ein gewisser Meier Blum, sie möge zu ihm kommen. Sie verließ Bessarabien als Vollwaise. Auch in Lemberg gab es Totenkerzen für den jährlichen Todestag zu kaufen.

Lea sprach nie von Kischinew, und man fragte sie auch nicht. Lemberger Juden sind nicht neugierig auf einen Pogrom. Nachts, in der ersten Zeit, träumte sie oft von einem großen neuen Friedhof. Sie sah vier lange, schmale Särge schweben, und jeder Pogromtag war ein dicker, dunkler Blutstropfen, der in die schnell aufgeworfenen Gräber fiel. Wenn sie dies träumte, schrie sie auf, sie zitterte und weinte im Schlaf. Im Hause des Meier Blum lagen in solchen gellenden Nächten alle Menschen mit offenen Augen im Dunkeln. Es gibt keine privaten Pogromleiden. An den Wänden brach sich leises Schluchzen. Es war fürchterlich. Am Tage durfte das Wort »Kischinew« nicht erwähnt werden.

Aber endlich meinte das Leben es doch gut mit dem Mädchen Lea und gab sie einem Manne, der lieb zu ihr war.

Und sie lernte wieder lachen, wieder froh sein. Und sie lernte wieder auf ein Glück hoffen – für ihn, den Mann, und für die beiden Kinder, die sie ihm gebar. Und auch für sich, ganz zuletzt ein wenig Glück auch für sich. Doch da kam der große Krieg dazwischen. Der warf alles wieder um. Auch sie.

Es war eines Tages im November, und kein besonders wichtiger Tag. Die große Welt hatte nichts davon verspürt, denn sie war damals mit bedeutenderen Dingen beschäftigt.

Und Lea war doch nur ein so kleines Weib.

Sie fiel ins Bett, ein fieberndes Nervenbündel, hin und her geworfen von einem Schicksal, das sie selbst vielleicht heraufbeschworen hatte.

Erst glaubte sie sehr stark zu sein, und deshalb lächelte sie.

Doch dann packte sie eine tiefe Ermüdung, eine grenzenlose Entmutigung.

Es gruben sich jäh Wissen und Angst um ihre Schwäche in das abgezehrte Gesicht, und die beiden Grabschluchten fielen noch tiefer, jene beiden Falten, die ihren Ausgang vom Kinn nahmen und hochführten bis hinein in die glühenden Augen, die verzweifelt lächelten.

Sie wußte bereits, daß es mit ihr zu Ende ging.

Im Kriegsjahr 1915 war es.

Sie hatte sich nur kurze Zeit in dieser Welt aufgehalten.

Sie hieß, als sie starb, Lea Fischmann.

Und ich bin ihr Sohn.

Die Vermittlung

Die übliche Reihenfolge ist: sich kennenlernen, sich verlieben, sich verloben, sich verheiraten. Bei meinen Eltern aber begann es mit der Hochzeit. Da sah sich das Ehepaar zum ersten Mal.

Wäre meine Mutter nicht die arme Nichte eines Lemberger Eisenwarenhändlers und Aron Amtmann bei diesem Manne nicht Reisender gewesen: mein Vater und meine Mutter wären nie zusammengekommen. Und wenn ich mir gar vorstelle, es wäre in Kischinew nie ein Pogrom ausgebrochen, dann hätte weder die Eisenhandlung, noch ihr nicht alltäglicher Vertreter, Herr Aron Amtmann, jemals die Rolle eines Heiratsvermittlers zwischen Jossel Fischmann und Lea Selzer spielen können.

Die Geschichte des Aron Amtmann ist beinahe eine Geschichte für sich.

In die kleine Schenke des Leib Fischmann kam, seit einigen Jahren schon, dieser großstädtische Aron Amtmann. Ich erinnere mich seiner sehr gut, denn er beehrte noch die Fischmanns, als ich bereits zur Schule ging. Er erschien mir inmitten bärtiger Landjuden immer wie ein Weltwunder, dieser glattrasierte Vollmond mit glänzenden Äuglein.

Schüchtern hatte der schöne Monat Mai des Jahres 1905 zu blühen begonnen, obwohl das kahle Geäst der hohen Kastanienbäume an der Bezirkshauptmannschaft noch immer von den kaum überstandenen klirrenden Frösten sprach.

Den Aron Amtmann, diesen »modernen Menschen«, der sich rasierte und einen städtischen Anzug trug wie der Doktor Nachum Spiegel, fröstelte es heute noch gewaltiger als die Natur vor etlichen Wochen. Er war noch nie so mißgestimmt gewesen wie an diesem Tage. Er saß mit einem brummenden Kopf vor seinem heißen, dunkelbraunen Tee und ärgerte sich grün und blau. Nein, er hatte diesmal kein lohnendes Geschäft gemacht, es war um aus der Haut zu fahren! Aber seine Schuld war es keineswegs, Herr Blum, glauben Sie mir. Ich war mit ihm auf Tour, bei seinen dickschädeligen Bauern, und hörte, wie er mit allen Kniffen seines wortreichen Berufes auf sie einsprach. Wie ein faszinierender Frommer von den süßen und ungetrübten Freuden »jener anderen Welt« erzählt, so redete der Reisende Amtmann von seinen spitzen, stählernen Nägeln, von dem blanken, unzerreißbaren Draht und den herrlichen, unbiegsamen Erdschaufeln. Aber sein pathetischer Wortschwall ergoß sich vergebens über die Gehöfte seines Bezirkes, denn sechs Tage vor ihm war der Tarnopoler David Warnick hiergewesen und hatte ihm alles verdorben, dieser Dieb!

Jetzt saß der niedergeschlagene Aron in der Schenke und ließ seinen Tee vor Ärger immer kälter werden. Trübsinnig starrte er auf die runde Scheibe Zitrone, die blaß auf der Oberfläche des vergessenen Getränkes schwamm. Er fühlte sich als unschuldiger Märtyrer, und ganz besonders verdrossen ihn die unnötig ausgegebenen Spesen.

Man muß ihn trösten, dachte der alte Schankwirt Fischmann und fing sofort mit seiner väterlichen Tröstung an.

»Mit euren Artikeln werdet ihr diesmal kein Glück haben. Wie oft braucht man schon einen Draht oder einen Nagel? Ihr werdet mit etwas anderem herkommen müssen, Lemberger.«

»Mit etwas anderem?« brauste der auf. »Was heißt: mit etwas anderem. Mit was?«

»Vielleicht mit einem schönen Mädchen, mit einer Braut«, witzelte der Alte, um einen positiven Vorschlag zu machen.

»Habt ihr schon einen Bräutigam?« fragte der Lemberger wütend.

»Vielleicht meinen Jossel, wenn ihr ein Mädchen aus gutem Hause habt«, grinste Leib Fischmann, denn er wollte weder sich den Spaß, noch seiner Schenke den Gast verderben.

Dieses gar nicht ernste Gespräch brachte Lea und Jossel zusammen.

Dem Kaufmann Meier Blum in Lemberg fiel auf, daß sein beredter Amtmann diesmal mit leeren Händen aus Strody zurückkam. Dieser Aron Amtmann gehörte zu jenen nicht seltenen Künstlern seines Faches, die zu Hause oft besser erzählen als draußen. Deren endlose Berichte von ihrer, ach so unvorstellbar schwierigen Tätigkeit oft lebendiger und erfolgreicher und bestrickender sind als diese Tätigkeit selbst. Die dem schweigenden, nachdenkenden Besitzer der Firma mit einem streichelnden, anschmiegsamen Tonfall so richtig zu zeigen verstehen, was für eine unbezahlbare Verkaufskanone er zu seinem Glück als Verkäufer hat. Einen fleißigen, unermüdlichen

Mann – ja, beinahe schon einen Helden des jetzigen Jahrhunderts.

»Aber dieses furchtbare Jahrhundert, diese schrecklichen Zeiten, diese häßliche Epoche! Der Teufel soll sie alle drei zusammenholen! Lieber heute noch als morgen erst! Glauben Sie mir, man kann wirklich nicht mehr machen, als reden! Und unsere schmutzige Konkurrenz aus Tarnopol soll auf der Stelle der Schlag treffen! Auch lieber heute noch als morgen erst, uff!«

»Also nichts erreicht? Nichts mit Nägeln und nichts mit Draht?« bedauerte die betroffene Eisenhandlung.

Da seufzte der verzweifelte Vertreter dreimal mit dunkel vibrierender Stimme auf und sagte: »Nein.«

Doch gleich war er wieder obenauf.

»Aber ganz Strody hat mich gefragt, ob ich nicht ein Mädchen kenne, ein Mädchen aus guter Familie. Ganz Strody will heiraten, haha! Was sagen Sie dazu, Herr Blum?«

»Daß Sie ein schlechter Vertreter sind, sage ich dazu«, tadelte dieser grob. »Warum dachten Sie nicht sofort an Lea? Zwei Jahre ist sie schon hier. Es wird Zeit mit achtzehn Jahren.«

Drei Tage später saß Aron Amtmann wieder in dem kleinen Strody in der Schenke des Leib Fischmann. Bereits waren einige grüne Knospen vorsichtig durch winzige, aufgebrochene Astritzen gekrochen und blickten in die Sonne wie kleine eingemummelte Kinder aus ihrem warmen Bett in die schaukelnde Hängelampe. In Amtmanns pfiffigem Kopf strahlte diesmal blendendes Frühlingswetter, und in seiner linken Brusttasche brannte, in Seidenpapier eingewickelt, das Bild der traurig lächelnden Lea Selzer, die zur selben Zeit in Lemberg saß und von nichts wußte.

Weder an Draht, noch an Erdschaufeln dachte Aron Amtmann an diesem Tage. Er hatte nur einen einzigen Gedanken, der ihn beherrschte und zu den schönsten Überlegungen verführte: eine Heirat zu vermitteln. Ihm waren dafür bare 200 Gulden versprochen worden, und diese Summe verpflichtete, dafür verlohnte sich vieles. Er wußte, daß ihm das Geschäft gelingen werde. Jawohl, er wußte es bereits, denn er war heute ganz der siegesbewußte, vorwärtsstürmende Amtmann, der seiner ganz sicher ist. Er setzte sein bestes Gesicht auf, das einnehmende, lächelnde, zu jedem Dienst bereite Antlitz eines Zwischenhändlers. Wie zu anderen Zeiten war der Herr Großstädter mit vielen Meinungen und wenig Prinzipien geladen.

Die würde er schon richtig abschießen, diese Meinungen, und garantiert treffen. In seiner jahrelangen Praxis als Reisender hatte er viel gelernt, so auch, daß nichts so hinderlich ist für den Abschluß von Geschäften als Prinzipien. Und fährt denn ein Aron Amtmann draußen auf den Landstraßen herum, um Prinzipien zu verkaufen? Na also! Wie immer war er: der Reisende Aron Amtmann, der bekannte. Nichts hatte sich eigentlich geändert, nur eine ganz kleine Kleinigkeit: der Artikel.

Und so begann er dieses einwandfreie Geschäft. Er flüsterte dem erstaunten Leib ins willige Ohr: »Heute komme ich als Heiratsvermittler. Ich habe etwas gefunden. Für euren Sohn, den Jossel.«

»Als Schadchen kommt ihr?« brummte der gar nicht erstaunte Fischmann. »Wer erzählt denn, daß mein Jossel heiraten will?«

Bedächtig zog Amtmann das Bild aus seiner Tasche, wortlos und mit großer, achtunggebietender Gebärde. Er schälte mit feierlicher Miene die Photographie aus dem zerknitterten Seidenpapier, als sei das Bild kein Bild, sondern eine rosige Frucht aus den sanften Tälern Kanaans. Draußen zwitscherten Spatzen. Eine Frauenstimme gellte über den Markt: »Rotznase!« Mit eitler Gelassenheit und dreist zwinkernd legte der Reisende die traurig lächelnde Lea Selzer auf den Schanktisch. Er pfiff dabei kurz auf, das war eine seiner dummen Gewohnheiten. Nie konnte er sich einen kurzen Pfiff verkneifen, wenn er den Leuten seinen Eisenwarenkatalog vorlegte – es war ein Kriegspfiff, so ein siegesbewußter Kampfpfiff. Um den Gegner einzuschüchtern und sich den nötigen Mut zu machen, schrie man früher beim Angriff auf Festungen: »Hurrah! Für Kaiser und Reich!« Amtmann schrie nie in den entscheidenden Phasen seiner Angriffe. Aber er pfiff.

»Pfeift nicht«, winkte Leib zischend ab. Umständlich trocknete er seine fetten Hände, die von glitschigen Heringsschwänzen und klebrigem Branntwein naß waren, dann schob er sich die verbogenen Arme seines Brillengestells hinter die Ohren und ergriff endlich mit zwei Fingern das Bild.

Amtmann, vor ihm stehend, blieb unbeweglich, atmete lautlos, kostete die Spannungsmomente seines heroischen Berufes völlig aus. Er beobachtete erfahren jeden Millimeter des alten runzligen Gesichtes auf der anderen Seite des Schanktisches. Es entging ihm nicht, daß sich die Runzeln glätteten, daß sie also kein ungünstiges Ergebnis dieser eingehenden Besichtigung verrieten.

Als Leib dann das Bild sinken ließ, fragte der schlaue Amtmann mit einer ganz hellen, zarten Stimme nichts weiter als:

»Nun?«

Leib reagierte nicht einmal mit einem Blick. Er ging würdevoll hinaus, mit dem Bild, zu seiner Frau Malke.

In dem kleinen Raum hinter der Schenkstube spielte sich dann bei Schnaps und Kuchen der zweite und wichtigste Teil des Kampfes ab. Amtmann, noch etwas unsicher über die einzuschlagende Taktik, nannte zunächst die Höhe der Mitgift. Er nannte die dreifache Zahl. Er sprach (»Sicher ist sicher«) diese Zahl nicht ganz deutlich aus. Leib dachte ärgerlich und erfahren: »Dieser Gauner. Sicherlich hat er dreimal übertrieben.«

Ungeduldig sagte die Mutter Jossels:

»Wichtiger ist für uns der Mensch, Herr Lemberger.«

Da erzählte Amtmann die Geschichte von Kischinew. Man sagt: »Jugend«, »Liebe«, »Gold« – und jeder Mensch weiß sofort: »Aha, das und das wird gemeint.« Es genügte, daß ein Jude jener Jahre das dreisilbige Wort »Kischinew« hörte, und er fühlte sofort den alten und großen Schmerz seines Volkes, den ganzen Schmerz von zweitausend Jahren. Schon bemerkte Amtmann zu seiner Freude und Ergriffenheit, daß die Mutter Jossels ein Taschentuch zu suchen begann. Er ließ natürlich diesen günstigen Moment nicht ungenützt vorübergehen, sondern steigerte geschickt sein verlockendes Angebot und seine eindringliche Stimme. Gewollt umständlich sprach er von der Familie des Mädchens und von Meier Blum, dem weit und breit geachteten Schwager ihres dahingeschiedenen Vaters, »Gott habe diesen und die anderen Verstorbenen selig ...« Er sagte nicht »die Erschlagenen«, aber jeder Jude jener Jahre wußte, daß man in Kischinew keines natürlichen Todes zu sterben braucht. Ganz ungeniert weinte jetzt Malke, die Mutter eines jüdischen Kindes. Da endlich – und mit einer Bewegung, als koste es ihn viel Überwindung, von einem so kostbaren Gegenstand zu sprechen – da endlich also schien Aron Amtmann bereit zu sein, nähere Details zu geben. Während er einen Schnaps nahm, gab er den Namen des Mädchens preis, und als er unaufgefordert zum Kuchen griff, ging er zugleich in die Schilderung ihrer »goldenen Tugenden« über.

Wie ein Friseur sanft und liebkosend seinem Kunden mit warmem Seifenschaum unter das Kinn fährt, und immer wieder streichelt, und immer wieder streichelt, so machte er es mit warmen Worten.

Er redete sich in Hitze. »Dieses Bild, glaubt mir, ist ganz verkehrt«, rief er leidenschaftlich aus. »Auf der Photographie sieht man gar nicht die wirkliche Lea. Nicht so ist ihr Gesicht, nicht wie auf dem Bild! Oh nein! Sie hat ein seidenes Gesicht, glaubt mir!«

»Und die Seele?« fragte Frau Malke, die jetzt wieder ganz sachlich war und genau aufpaßte.

Jetzt hatte er ein herrliches Stichwort. Begeistert und wie ein Feinschmecker küßte er die Fingerspitzen seiner rechten Hand. Dann spielte er plötzlich den Entrüsteten.

»*Eine* Seele?« fragte er erschrocken zurück. »*Eine* Seele? Guckt euch diese tiefen Augen an! Diese weiße Reinheit! Diese goldene Klarheit! *Hundert* Seelen hat es, dieses Mädchen! Was wollt ihr eigentlich? Eine Photographie von ihrer Seele? Man kann noch keine Seelen photographieren, und eine Seele wie die diamantene Seele von der Lea Selzer wird man nie photographieren können!«

Und er faßte die Vorzüge seiner hundert Seelen in den vier Ausrufen zusammen: »So ein reizendes, ein liebes, ein kluges, ein tugendsames Mädchen!«

Schon längst, es muß gestanden werden, hatte er die Provision von zweihundert Gulden vergessen, er dachte wirklich nur noch an die Vermittlung der Heirat. Er flüsterte, schrie, er blinzelte vertraulich mit Augen, Ton und Mund, so als verrate er tausend und ein Geheimnis, er schwor endlich bei der Gesundheit seiner Frau und der seiner Kinder, daß er die volle Wahrheit gesagt habe. Leib dachte halb ärgerlich, halb belustigt: »Aber nicht bei seiner Gesundheit will er schwören, dieser Vorsichtige.«

»Was soll ich noch viel sagen«, erklärte Amtmann zum Schluß ganz erschöpft. »Über einen solchen Brillanten von einem Mädchen wird nicht viel geredet. Man heiratet, man ist glücklich, man hat kleine Kinder, die kleinen Kinder werden größer und sind auch glücklich – was will man noch mehr.«

Als er wegfuhr, wieder zurück nach Lemberg, war die linke Brusttasche leer. Listig, kraftvoll, schonungslos blickten seine festen Augen auf die vorbeiziehende Landschaft. Was ist schon so eine Landschaft für eine langweilige Angelegenheit, verglichen mit so einem Reisenden. War er nicht ein ganzer Kerl, er, Aron Amtmann! Zwei Menschen im Nu, im Handumdrehen zusammengebracht. Ein neues Leben, ein neues Geschlecht begründet. Nicht nur zweihundert Gulden verdient, sondern für ein armes, jüdisches, unglückliches Mädchen einen Lebensinhalt geschaffen, ein Glück. Na, wer macht das nach, Herrschaften!

Unsicher und verwirrt hielt Jossel zur gleichen Stunde das schon sehr abgegriffene Bild in seinen Händen. Wie soll er auch wissen, wie man sich in einer so heiklen Situation zu verhalten hat. Es war garantiert das erste Mal in seinem Leben, es besteht also gar kein Grund, über ihn zu lachen.

Seine begeisterte Mutter überzeugte ihn schnell. Sie sagte weinend:

»Warum so lange nachdenken? Man heiratet ...«

Sie schluchzte laut auf.

Leib brummte unwillig: »Was weinste schon jetzt?«

»... man ist glücklich ...«

Wieder ein Schluchzer.

»Man lernt sich noch genug in der Ehe kennen. Zerbrich dir, Jossel, den Kopf nicht vorher.«

Aufgeräumt klopfte der Vater dem ungemütlich Dasitzenden auf die Schulter.

»Bei deiner Mutter ist es nicht anders gewesen. Ich habe sie auch erst später kennengelernt, nach der Hochzeit. Vor oder nachher – es ist gehupft wie gesprungen. Man kennt sich sowieso nie mit Frauen aus.«

»Seele hat sie auch«, stellte die Mutter glücklich fest. Sie sann mitleidig: »Kischinew ...«

»Warum hast du das Bild schon weggelegt? Guck dir die tiefen Augen an, Jossel!«

Am gleichen Abend noch erfuhr die Lea Selzer, daß sie heute eine gute Partie gemacht habe.

Meine kleine Mutter. Wenn später Bekannte von ihr redeten, dann dämpften sie die Stimme und sahen uns Kinder mitleidig an. Ein zartes, schönes Ding sei sie gewesen, so ruhig, arbeitsam und klug. Noch keiner aber hat sie jemals so »schön« plakatiert, nicht vorher und nicht später, wie der Schadchen Aron Amtmann. Ich denke, sie wird ihm verziehen haben, daß er sie hinstellte wie eine schöne Seifenreklame. Die Fischmanns hätten ihn sonst bestimmt nicht bis zum Schluß angehört.

Die Hochzeit

Es war eine schöne Hochzeit. Alle Verwandten aus Drohobycz, Kolomea, Przemysl, Rzeszow, Podwoloczyska, Tarnopol, Stryj am Flusse Stryj (eine halbe Stunde von Strody entfernt), Lemberg und Sambor waren gekommen. Und natürlich war ganz Strody zu Gast. Sie tanzten viel und lachten viel, am besten war das Essen.

Sie konnten sich nicht genug sattsehen an den aufgestapelten Bergen von süßen Kuchen, belegten Brötchen, an den dickbäuchigen Bierfässern, den gekühlten Weinflaschen und den vielen Schnapssorten. Nur das junge Paar saß verlegen am Tisch. Sie hatten sich gerade kennengelernt.

Aber die Gäste!

Ja, die Gäste waren unersättlich. Unentwegt aßen sie. Wie Maschinen verschlangen sie alles. Zwischen den festen gelben Zähnen zermahlten sie das zart nachgebende Fleisch. Die ganze Nacht hindurch knabberten sie knusperiges Gebäck und Schokolade.

Trotzdem vergaßen die Gäste nicht zu reden. Und wie sie redeten! Da sagte zum Beispiel die halbblinde Dwore (die mit Hefe handelte) ganz heimlich und leise zur Riwke Singer (die mit Heringsfässern und mit Nudelbrettern auf dem Markte zu stehen pflegte):

»Sieh dir nur diese Braut an! Sie ist ja nicht häßlich, keineswegs – – aber hübsch? So ein ›Glück‹ hätten die Fischmanns auch hier finden können. Warum er sich ausgerechnet eine aus Lemberg geholt hat, wo doch bei uns in Strody ... Meine Tochter zum Beispiel ...«

Andere meinten lachend:

»Seht euch diesen Jossel an! Wie ein Fuhrmann, wie ein Stück Holz sitzt er am Tisch! Er ist noch ganz erschrocken, der Arme! Vielleicht hat ihn der Schadchen angeschmiert, und jetzt merkt er, daß er neben einer anderen glücklich werden muß.«

Der Schuster, der auch an diesem festlichen Tage nach Kernleder roch, meinte vorwurfsvoll:

»Schämt euch! Nicht einmal auf einer Hochzeit können sie ihre Späße lassen! Seit wann ist das überhaupt bei uns in Strody Mode? Seit wann amüsiert man sich bei uns über andere? Ein Jude soll sich über sich selber amüsieren!« Und er dachte erbost: »Solche Späße kann nur ein Ausländer machen, wahrscheinlich einer aus Stryj am Flusse Stryj! Pfui!« (Die Orte Stryj und Strody liegen dreißig Minuten auseinander, lieber Leser.)

Und dann die Musik!

Die lustigen Spielleute spielten die fröhlichsten, wiegenden Walzer der ganzen Welt. Sie fiedelten vergnügt eine hüpfende Polkamelodie nach der anderen. Und im Saale drehten sich die jungen, tanzlustigen Leute, während an den Wänden, auf langen Bänken, die steifbeinigen Alten saßen und im Rhythmus der Musik zufrieden träumten. Sie dachten gerührt zurück an ihre eigene Hochzeit und rechneten im stillen oder im lauten bereits mit der ihrer Kinder und Kindeskinder.

Und das Essen!

»Und was sagt ihr zu der goldenen Hühnersuppe? Und die Leber? Und das Stück Gans, das ich gegessen habe, war so weich, so gut, so schmackhaft! Oh, die Malke kann schon eine Küche machen! So ein Stück gefüllter Karpfen ist berühmt in allen Orten rings um Strody. Bis an die Grenze weiß man diese Frau zu loben. Einen gefüllten Hecht von ihr kann man nie vergessen. Wir wollen hoffen, liebe Leute, daß die junge Frau des Jossel es nicht schlechter versteht. Und in zwanzig Jahren, bei der Hochzeit des ersten Kindes dieser beiden jungen Fischmanns, werden wir wieder Fische essen, gefüllte Karpfen, Hühnersuppe trinken, auf der fette, gelbe Augen schwimmen. Wir werden zurückdenken, in zwanzig Jahren, so Gott will, an diesen heutigen Tag.«

Ach, dieser herrliche Tag!

»Hei, Spielleute! Spielt auf einen Kosack! Für den Bräutigam und für die Braut! Für die alten Schwiegerleute, die noch gar nicht so alt sind!«

»Komm', genier' dich nicht, Jossel. Jetzt bist du ja verheiratet. Tanz mit ihr!«

»Was habt ihr denn, ihr zwei! Hier hat jeder ein Taschentuch zum Tanzen!«

»Warum schaust du so verlegen an deinem Mann vorbei? Warum blickst du so, als wolltest du in die Erde versinken?«

»Los, schon ist der Kreis gebildet! Los, fangt endlich an zu tanzen! Und kommt auch ihr, Schwiegerleute! Hinein in den Kreis! Wir werden singen und in die Hände klatschen!«

Hört, wie schön die Geige jubelt! Hört, wie skeptisch brummt der Baß dazwischen! Aber er kann heute gar nichts machen, denn die Geige und die Flöte und die Zimbel sind viel stärker noch als alle Skeptiker der ganzen Welt.

»Dreht euch, Kinder, dreht euch, Leib und Malke!«

»Hei!«

»Und du, und du, und rück dich zu mir zu! Und ich zu dir und du zu mir! Hei! Endlich tanzen alle vier! Und du, und du ...!«

Nur zwei Menschen weilten auf der Hochzeit, die unzufrieden und mißgestimmt waren. Den einen kennen wir nicht mit Namen, einer von der Verwandtschaft von irgendwoher. Er saß da wie ein Bündel Schlaf, denn er war müde, er litt an chronischer Schlaflosigkeit, der Unglückliche. Deshalb wohl schienen ihm der geschmückte Saal und die tanzenden Menschen ebenso mißmutig und müde zu sein wie er selbst. Alle drei Minuten brummte er: »Welch eine langweilige Hochzeit.« Und dann gähnte er anklagend und ergreifend.

Der andere aber ist kein Unbekannter. Er heißt Aron Amtmann. Auch er war sehr gedrückt und vielleicht mit Recht. Auf der Hochzeit erst, vor etwa zwei Stunden, überbrachte ihm der Meier Blum eine ernüchternde Schreckensbotschaft.

»Sie müssen ab heute das ganze Gebiet um Strody herum an den jungen Fischmann abtreten«, sagte ihm die Eisenhandlung bedauernd und stotterte dabei unbeholfen: »Leider. Das Gebiet, mein lieber Amtmann, ist nämlich ein Teil der Mitgift.«

»Hoi!« jubelte die Geige.

»Es ist kein Grund zum Jubeln da!« brummte böse der Baß.

Da setzte sich Amtmann in eine freie Ecke wie ein geschlagener Feldherr. Zwischen die funkelnden schwarzen Hornknöpfe seiner karierten Weste steckte der Traurige die zitternden Finger seiner rechten Hand und ließ den Kopf sinken, auf die Brust, die wütende, den schweren Kopf.

»Es ist kein Grund zum Jubeln da«, brummte böse der Baß.

»Das hat man davon, wenn man anderen Leuten Gutes erweist«, knirschte Amtmann mit seinen falschen Zähnen.

»Sehr richtig!« brummte der Baß.

»Diese Hochzeit ist kein gutes Geschäft für mich«, legte sich der Lemberger jammernd Rechenschaft ab. »Es ist um aus der

Haut zu fahren. Warum habe ich damals diesen Unsinn gemacht? Nie hätte ich diese Lea mit dem jungen Fischmann zusammenbringen sollen. Was nützen mir die zweihundert Gulden? Jetzt verliere ich das Zehnfache.«

Und er kochte. Und er dampfte. Und er protestierte leise, leise.

»So eine Gaunerei, machen diese Leute eine Hochzeit, die auf meine Kosten geht, eine fremde Hochzeit, die ich bezahlen muß, es ist zum Zerspringen.«

Aber er zersprang nicht, denn der Baß, der Brummbär, brummte:

»Komm, ärgere dich nicht, Aron. Der Ärger schadet nur dir selbst und keinem sonst.«

Das war ein herrlicher Tag!

»Sie hat wirklich Seele und Schönheit, die Braut«, strahlte befriedigt die Mutter Malke.

»Jajaja ... ja!« unterstrich die Geige mit einem lustigen Bogenstrich.

»Wie Jossel sie eisern anstarrt«, entfuhr es gerührt dem Eisenwarenhändler Meier Blum.

Süß-sauer verkündete die halbblinde Dwore: »Ganz verstohlen blinzelt sie diesen Schüchternen an.«

»Seht nur diesen zarten, liebevollen Blick von ihm«, lispelte der zartbesaitete Fleischer Sender.

»Zum erstenmal, daß ich ihn so einen Blick werfen seh' ...«, gähnte der müde Verwandte von irgendwoher.

»Ist denn das ein so besonderer Blick?« fragte wütend der Reisende Aron Amtmann, der sich die Wut aber nicht ansehen lassen wollte.

»Na, ich danke! Das ist doch ein richtiger Räuberblick«, erklärte großartig der »Herr Student«.

Schüchtern fragte ihn eine blutjunge Base aus Sambor: »Woran sieht man denn das, Vetter?«

»Das weißt du nicht? So etwas Begehrendes, Selbstvergessenes und Sinnliches steckt darin«, verriet ihr, mit starkem Pathos der damals recht wilde »Herr Student«.

»Oho!« flötete die freche Flöte.

»Er guckt sie an wie ein Mann«, stammelte Malke überrascht.

Riwke Singer meinte aufklärend: »Er ist doch 'n Mann, dein Sohn.«

»Wer ist ein Mann?« wollte ihr vierzehnjähriger Sohn Mechel wissen.

»Seine Augen können sich nicht sattsehen«, sagte kauend der alte Leib und schob sich das sechste Stück gefüllten Karpfen in den Mund.

»Wie glücklich mein Jingele ist«, schmunzelte Malke gerührt.

»Verliebt wie ein Nagel in seine Wand«, erklärte fachmännisch die Eisenhandlung.

»Ganz wie es sich gebührt«, zwinkerten sich alle zu.

Und dann, zum Schluß, kam noch einmal ein Kosack!

Die Spielleute standen schon im Schweiß und aufgekrempelten Hemdsärmeln auf den langen Brettern, die man über leere Bierfässer gelegt hatte.

Und es jauchzte die quietschvergnügte Fiedel! Und es äffte die lose Flöte! Und es trippelte die beleibte Zimbel hinterher! Und der Baß, der dicke Skeptiker, brummte heimtückisch: »Nie wirst du, Zimbel, diese beiden Dummköpfe einholen.«

Und Jossel machte ungelenke Tanzschritte, denn er war kein guter Tänzer.

»Hoffentlich wird er wenigstens ein guter Ehemann werden, der junge Mann«, bangte einer aus Stryj.

»Mit solchen Schritten, die hüpfen und scharren, kann keine Frau glücklich sein«, erklärte überzeugt die ledige Tochter der halbblinden Dwore.

»Pfui!« sagte der Schuster verächtlich und nahm sich noch einen Schnaps.

Leas Arm lag zurückgebogen, die eine Hand stützte den Kopf mit dem rauhen dunklen Haarknoten. Jossel scharwenzelte um sie herum, mit ungeschickten und doch gemessenen Schritten. Leib und Malke, die beiden jungen Alten, tanzten im gleichen Kreise den gleichen Tanz. Da irgend etwas in dem alten Leib juchzte und zur Fröhlichkeit trieb, bekamen seine Schritte etwas Sprunghaftes, sie sahen aus wie die Sprünge eines Ziegenbockes. Vielleicht war es der rote Paprika, oder der schwarze Pfeffer in der scharfen Fischsauce. Vielleicht war es der Schnaps, der Wein oder das Bier. Vielleicht aber war es nichts anderes als die nackte Freude.

»Ein junger Mensch, der alte Leib!« sagten anerkennend jene Leute, die, wie man weiß, immer etwas zu sagen haben.

Die Gäste waren noch fröhlich, aber schon müde. Trotzdem klatschten sie noch fleißig in die Hände.

Dann dämmerte ein kalter Morgen. Zwei Hähne krähten schrill, und irgendwo in dem kleinen Strody bellte auch ein Hund.

Da war die Hochzeit aus.

Die Ehe konnte beginnen.

Als Lea erschrocken die Augen aufschlug, helle Sonnenstrahlen hatten sie geweckt, fand sie sich in den Armen des leicht schnarchenden Jossel liegen. Sie bewegte sich nicht, damit er nicht schon munter würde, nur ihr brennend rot gewordenes Gesicht hob sie ganz leicht, um nach dem seinen zu schielen.

Es war das erste Mal, daß sie ihren Mann ungestört betrachten konnte, denn vor der Hochzeit hatten sie sich ja nie gesehen, und auf der Hochzeit, vor ein paar Stunden noch, waren sie von den Gästen umgeben gewesen, die nicht hatten weichen wollen. Nun hinderte sie keiner.

Das also war er, ihr Mann, ihr Jossel, der jetzt, wie sie fand, ohne Klemmer wirklich erst einundzwanzig Jahre alt zu sein schien. Da er sich nicht rührte, faßte sie Mut und betrachtete ihn genauer. Sie versuchte sich neugierig auszumalen, wie er ohne Bart aussehen würde, und spürte zur gleichen Zeit, daß sie ihn zwar soeben noch wie einen fremden Menschen gemustert hatte, doch daß dieses Gesicht, je länger sie es ansah, für sie alles Fremde verlor.

Aber als er plötzlich hochfuhr und, die Augen noch halb geschlossen, sie wieder in die Arme nahm, ihr Haar streichelte, sie küßte, überfiel sie wieder die Sehnsucht zu weinen, sie fühlte sich verloren und schwach werden, und die Tränen schossen ihr haltlos aus den Augen.

Die Liebe beginnt

Jossel Fischmann teilte jetzt sein Zimmer mit einem Mädchen, das er bis gestern nie gesehen hatte. Er lag etwas müde, etwas erstaunt neben ihr und überdachte das Ganze. Er sagte sich, noch immer verblüfft, daß es jetzt also losginge, das »Leben mit einem Weibe«, und es war ihm dabei gar nicht so wohl zu Mute.

Auch Lea machte sich ähnliche Sorgen. Ein Sturm von bisher fremden Empfindungen wühlte sie auf, und dieser von Grund auf neue Gemütszustand bewirkte, daß sie auf Gedanken kam, deren sie sich im geheimen schämte, weil sie sie verwirrten. Eine Sehnsucht packte sie, flatterte wie ein Vogel in ihrem Herzen, unter ihrer Schädeldecke, in allen ihren Gliedern herum und ließ ihr keine Ruhe. Es war die Sehnsucht: zu lieben und geliebt zu werden.

Als sie sich vor ihm ankleidete (sie schämte sich sehr), fragte sie sich hilflos, ob man sich an Liebe erst allmählich gewöhnen müsse wie an ein ungewohntes Essen. Aber zugleich verwarf sie diesen ihr eben noch vernünftig erschienenen Gedanken und sagte sich ängstlich: »Vielleicht ist die Liebe sofort da oder nie.«

Als sie hinter ihm die Treppe hinabstieg, zitterte sie: »Vielleicht kann man alles lernen, nur die Liebe nicht.«

Als sie seiner Mutter beim Tischdecken half, war es ihr, als hätte sie soeben gedacht: »Vielleicht liebe ich ihn schon.«

Aber ganz verzagt stellte sie sich auch die Frage, ob denn das, was sie jetzt zum ersten Mal empfunden habe, die »wirkliche, die echte Liebe« sei.

Als Lea neben Jossel saß (beide hatten knallrote Gesichter) und seine verlegenen, ausweichenden Blicke sah, dieses ratlose, schuldbewußte Jungengesicht, das in einem nicht zu verbergenden Gegensatz zu dem dünnen Bart stand, fühlte sie, daß sie ihn wirklich schon gern hatte. Und er wurde ihr noch sympathischer, als sie erriet und fühlte, daß er ähnlichen »Kummer« hatte.

»Eßt, Kinder«, wurden sie immer wieder von der eifrig

redenden Malke aufgefordert. »Es ist doch noch so viel von gestern übriggeblieben.«

»Warum eßt ihr wirklich nicht«, fragte Leib vorwurfsvoll und nahm sich von jedem Teller. »Lauter delikate Bissen, und ihr sitzt da und laßt mich ganz allein diese Herrlichkeiten verzehren.«

Jossel und Lea griffen beide recht linkisch zu. Jossel dachte an jene Worte, mit denen sie getraut worden waren: »In der heiligen Schrift steht geschrieben, daß Mann und Frau ganz eins werden müssen und nicht einen Augenblick nur an sich allein denken dürfen, sonst ist die Ehe schon zerbrochen ...« Lea dachte an so vieles, sie hätte gern dies und das gefragt, sie fragte nichts, sie antwortete respektvoll auf alle Fragen, aber stellte noch keine.

Malke versuchte es mit Vorschlägen. »Nachher könnt ihr gleich wieder hochgehen, ihr werdet beide müde sein, legt euch noch einmal hin.«

»Nein, nein ... ich will nicht ...«, sagte Lea erschrocken. Als sie sah, wie Malke und Leib sie daraufhin erstaunt anblickten, stotterte sie: »Ich möchte ... mir gern das Haus ansehen ...«

»Sag, daß du es ihr zeigen willst«, ermahnte Malke ihren verlegenen Sohn. »Unser Haus ist das größte in Strody.«

»Die anderen Häuser hier haben kein oder nur ein Stockwerk«, klärte Leib seine Schwiegertochter auf.

»Unser Haus hat sogar eine Mansarde«, sagte Malke stolz.

»Und der Balkon?« fragte Leib tadelnd. »Ausgerechnet der Balkon wird vergessen!«

»Der einzige Balkon in der ganzen Umgebung«, warf Jossel schnell ein, froh, auch endlich etwas gesagt zu haben.

»Vergiß nicht, deiner Frau zu zeigen, wie man die Hoftür aufmacht«, ermahnte ihn die Mutter.

»Das ist ganz einfach«, erklärte Leib (da Jossel zu lange nach Worten suchte) diese wichtige Schwierigkeit, die sich gleich am ersten strodyer Ehetag einstellte. »Du mußt sie nur etwas stark von rechts nach links drücken, sonst meinst du, daß sie geschlossen ist.«

»Sie ist aber nie geschlossen«, sagte Jossel. »Sie ist ... immer offen.«

»Warum redet ihr so wenig, Kinder?« fragte Malke lächelnd.

»Überhaupt, warum eßt ihr denn nichts, Kinder? Lauter

delikate Bissen, aber ihr laßt mich diese Herrlichkeiten ganz allein verzehren«, sagte Leib streng und gab, losprustend, seinem Sohne einen Stoß.

Noch am gleichen Tage lernte Lea »ganz Strody und den Stryj« kennen. Am späten Nachmittag führte sie der junge Ehemann hinunter an den Fluß, wo ein paar Jahre später ich, ihr Kind, täglich herumtollte.

»Das ist der Stryj«, sagte er und gab dieser kurzen Erklärung einen komisch-inhaltschweren Klang, der, allerdings erst nach Jahren, meine Mutter oft lachen machte, wenn sie an ihren ersten gemeinsamen Ehetag dachte. »Das ist der Stryj«, sagte er also, dann ließ er die Natur sprechen. Träge floß das Wasser an dem geschwungenen Ufer vorbei, und im Schilf girrten Wildenten. Kinder tauchten nackt in die unappetitlichen Lachen, und wenn sie wieder auftauchten, schwammen ihre Schultern wie Reste zarter Unberührtheit über dem trüben Wasserspiegel. Sie bespritzten sich lärmend, warfen flache weiße Steinchen nach den in der Luft segelnden grünen und blauen Libellen und jagten die quakenden Frösche mit Weidengerten auf das Trockene.

Lea wurde gewahr, daß sie gern Jossels Arm genommen hätte, aber sie wagte es nicht. Sie hätte ihn jetzt gern vor all den herumspringenden Kindern geküßt, aber das war doch noch unmöglicher. Sie malte sich heimlich aus, was er wohl sagen würde, wenn sie es dennoch plötzlich täte. Endlich hatte Jossel die Sprache wiedergefunden. Er sprach zu ihr von »gefährlichen Stromschnellen«, von den »Anschwemmungen«, von der »Kraft des Stryjs«, von den »Gefällen« – sie aber hätte viel lieber gewußt, ob er zornig werden, eine Frau schlagen oder sie gar wutentbrannt verlassen könne, wenn sie ihm nicht mehr gefiele. Verlassen ...? Lea erschrak bis ins Innerste ihres Herzens, daß sie schon in den ersten Stunden ihrer Ehe auf so frevelhafte Gedanken verfiel. Sie nahm sich rasch vor, alles zu tun, damit er immer bei ihr bliebe.

In der darauffolgenden Nacht werden die alten Fischmanns nicht viel geschlafen haben. Besorgt schlurfte Leib an das Bett Malkes und sagte bekümmert, ihm gefalle nicht das gedrückte Aussehen seines Sohnes Jossel. »Hast du diese Ratlosigkeit bemerkt?«

»Du hast vor zweiundzwanzig Jahren auch nicht klüger ausgesehen«, beruhigte ihn Malke, wälzte sich dabei herum, das

Gesicht zur Wand und den breiten Rücken zu dem verdutzten Leib, dem sie einladend empfahl, er möge wieder verschwinden.

Da schlurfte der Alte brummend von dannen. Sein Bett stand dem ihren gegenüber.

Langsam wie ein Uhrgewicht liefen diese ersten Tage und Wochen der Ehe der jungen Fischmanns ab. Ruhig pendelten die Stunden hin und her. Nur der Regen brachte zuweilen eintönige Abwechslung, dann saßen Jossel und Lea am Fenster und sahen den schweren Tropfen zu. Lief ein völlig durchnäßter Mensch über die aufgeweichte Gasse, dann nannte Jossel den Namen und gab Lea die Zahl der Kinder dieses zufällig Vorbeispringenden an, ferner: die Höhe seines Einkommens, den Grad seiner Frömmigkeit, und was man sonst von einem anderen Juden in Strody wissen muß. Von den Bäumen näßte es, als filtriere die Natur zu diesen Gesprächen ein erfrischendes Getränk.

Eine Angst beherrschte in dieser Zeit die Gedanken Jossels: Lea könnte vielleicht zu viel an Kischinew und an ihre tote Familie denken. Dabei wußte er natürlich sehr wohl, daß sie nie die blutigen Ostertage ganz vergessen könne. Wenn sie still und nachdenklich bei ihm saß, bangte er, sie könnte an den Gedanken ihrer kischinewer Jugend wie ein dünnes Glück zerbrechen, und diese Furcht tat ihm unsagbar weh.

Jossel erriet richtig. Lea selbst fürchtete sich vor diesen Bildern der Vergangenheit sicherlich am meisten. »Man darf nicht immer trauern«, warf sie sich vor. (Ich, ihr Sohn, führte später die gleichen jüdischen Selbstgespräche.) »Man ist doch nur ein Mensch und will auch endlich wissen, was Glücklichsein ist.« In mehreren Briefen, die sie kurz nach ihrer Verheiratung nach Lemberg schrieb, gestand sie diese Seelenkämpfe ein.

Jede Woche einmal, am Sabbatnachmittag, las Malke sich und Lea aus dicken vergilbten Bänden die uralten Geschichten der Juden vor, die ehedem im gelobten Land gelebt und gekämpft hatten. Schon am ersten Sabbat nach meiner Geburt war ich »dabei«, wenn Großmutter und Mutter »lernten«, »verdatschten«, das heißt, die hebräischen Texte ins Jiddische übersetzten. Mit dem jungen, elastisch ausschreitenden Absalom durchwanderten wir die weiten und blühenden Täler, die reichen und schwerbehangenen Weinberge Kanaans. Wir standen mit der klugen und tugendsamen Ruth auf dem glühenden Feld, umgeben von bräunender Sonne und gelben Garben, und halfen den jüdischen Männern bei der Feldarbeit ... Das Leben in Strody war arm und eingeengt, es kannte keine friedlichen Berge, keine ruhigen Täler, keine sonnigen Felder der Juden, denen man am Fluß Stryj heimtückisch und hinterlistig die drohende Frage stellte: »Noch nicht krepiert, żyd ...?« Aber keiner konnte uns hindern, daß wir uns an der Pracht jenes fernen Landes, in dem einst ein kluger König Salomon regiert hatte, erfreuten.

Nicht zuletzt waren es diese Sabbatnachmittage, durch die Lea immer mehr in das Haus der Fischmanns hineinwuchs.

Vor ihren Augen spielte sich das Leben ihres Mannes, das Leben eines einfachen, frommen Juden aus dem Osten ab. Sie sah ihn am Tage die vorgeschriebenen Gebete sprechen. Als Sechsjähriger hatte er sie noch lesen müssen, doch jetzt sprach er sie schon seit langem frei aus dem Gedächtnis. Am frühen Morgen, wenn es graute, erhob er sich und betete zu Gott, ER möge auch heute gnädig sein und ihn, die Frau, das ganze Haus beschützen. Am Nachmittag, wenn dieser Tag zu Ende ging, tat er desgleichen. Und am beginnenden Abend, wenn die Dunkelheit sich anschickte, die Helle aus Strody zu verscheuchen, erbat er einen nächsten Lebenstag. Bevor er ein Haus betrat, ein fremdes oder das der Fischmanns, sprach er bestimmte Segenssprüche für das Haus und seine Bewohner. Vor jeder Mahlzeit wusch er seine Hände und dankte Gott, daß es erfrischendes und reinigendes Wasser gäbe und kräftigende Speisen für die Fischmanns. Wenn er Brot anschnitt, dankte er dem Herrn, daß ER die empfindliche Frucht des Feldes behütet und die schwere Arbeit der Bauern gesegnet habe. Und wenn das Mahl zu Ende war, lobpreiste er die Schöpfung Gottes, »denn nichts ist so vollkommen unter dem Himmel und auf Erden als DEINE Schöpfung, Ewiger, mein Gott ...«

Und am Freitag abend, wenn die jungen Sterne über Strody schwebten und in allen Judenhäusern Kerzen in silbernen, wie Spiegelglas klar geputzten Leuchtern brannten, war bei den Fischmanns dieser herrlichste aller Tage zu Gast. Da lauschte das junge Weib Lea auf den alten, tragenden Klang des Segensspruches über »roten Wein aus heiligen Jordanreben«, und sie trank aus dem gleichen Becher wie er, ihr Mann.

Die Ehe meiner Eltern, vermittelt von Aron Amtmann, war von Anfang an glücklich. Sie waren ja jung, sie liebten sich ebenso innig wie zwei schöne Königskinder, die eine Staatsraison zusammenbringt und über die dann die Zeitungen der ganzen Welt sehr schmeichelhafte Bilder und Berichte bringen. Lea und Jossel liebten sich in dem kleinen, unbekannten Strody, diesem galizischen Städtchen, wie sich junge Menschen überall lieben: mit zärtlichen Umarmungen und närrisch-verliebtem Geflüster, mit dem großen Verlangen, »eins« zu werden, das alle gesunden Lebewesen erfüllt.

Ein Nachtschmetterling flatterte erstaunt um die Lampe und um das Bett, auf dem weiße Federbetten lagen. Doch da es dunkel war, konnte man nichts sehen. Nur die Stimmen waren zu vernehmen.

»Du bist so gut zu mir ...«

»Einen Mund hast du ... Wie Rosinen ...«

»Du bist so gut zu mir ...«

»Augen hast du ... Wie zwei Sterne ...«

»Ich habe dich so lieb ... Jossel ...«

»Weißt du, wie deine Lippen schmecken ... Lea ...«

»Nein ...«

»Wie Honigkuchen ... Aber noch viel besser ...«

»Ich habe dich so lieb ...«

»Deine Zähne ...«

»Du ...«

»Lea ...«

»Du ... Du ... Du ...«

Sie war so gehorsam und hilflos. Zurückgebogen lag sie da. Sie stieß ihn nicht fort. Er war der einzige, den sie auf dieser Welt hatte. Sie liebte ihn sehr, sie wollte ein Kind von ihm.

Und die Wände, die getünchten, stanken, denn es war herrlichster Sommer, und sie würden erst im Herbst abzubröckeln beginnen.

Lea warf ihre Arme um seinen Hals und legte sich fester zurecht.

Der Raum begann schon in der Morgendämmerung trübe hervorzuquellen, als sie einschliefen, beide zur gleichen Zeit.

Schwerer Handel

Doch der Mensch lebt nicht von der Liebe allein. Und als der Frühling wiederkam, und mit ihm die Zeit, wo der Bauer seine Nägel und seinen Draht zu kaufen pflegt, da mußte Jossel hinaus ins Leben, ins feindliche.

Er verschaffte sich ein mageres Pferd und ein klappriges Wägelchen, er lud Ware auf und fuhr davon, hinein in das Land, in das tiefe und rätselhafte, zu den Bauern.

Das Leben ist überall der gleiche Dreck. Jossel war behaftet mit Schwächen, Sentiments und Ressentiments wie jedermann. Er lebte sicherlich, wie jeder von uns, in einem von ihm selbst und von anderen gesponnenen Netz von Mißverständnissen, Irrungen und Täuschungen. Und wenn auch viele, die seinen schwermütigen Ernst kannten, ihn zu einem »sonderbaren Manne« machten, so war er wirklich nicht »sonderbarer« als Sie und ich. Er war ein höchst einfacher Mensch, der junge Fischmann.

Kehren wir aber zurück zum strodyer Frühling des Jahres 1906. Jossels Meinung über die Bauern war schon lange da, bevor er mit ihnen sprach, und er wußte, daß auch die Bauern schon eine Meinung über ihn hatten, bevor sie ihn überhaupt kannten.

»Hüh!« schrie Jossel, und das dürre Pferd schüttelte sich, es klapperte mit den großen Schellen, und die ausgetrockneten Holzräder sprangen mit allen ausdenkbaren Geräuschen über die Steine.

»Wie kann ich am besten zu einem Geschäft mit den Bauern gelangen«, erwog Jossel auf seinem springenden Sitz. »Es ist sehr schwer, an sie heranzukommen. Wenn sie einen Juden sehen, werden sie mißtrauisch. Den ganzen Tag arbeiten sie mit Gras und Steinen, mit Erde und Holz, und dann kommt so ein Jude und erschreckt sie mit seiner Klugheit.«

Jossel pfiff vor sich hin, und neben ihm spielten die Telegraphenstangen sentimentale Harfengesänge.

»Die Juden in Strody sind zu klug für die Bauern, die hier wohnen«, grübelte Jossel. »Der Gegensatz ist zu kraß, deshalb können wir uns nicht vertragen.«

Steine sprangen über den Staub aufwirbelnden Rädern des Wagens in die Höhe. Jossel dachte: »Man muß Glück haben, wenn man bei einem Bauern Glück haben will, also ein doppeltes Glück.« Und zugleich stellte er fest: »Die Bauern verstehen uns nicht, weil wir vielleicht zu kompliziert denken.«

Leer und trocken lagen die Straßen da. Von den Feldern erhoben sich Krähen und ließen den stinkenden Kadaver eines Hasen tief unter sich zurück. Jossel grübelte noch immer über das gleiche:

»Der Handel mit den Bauern ist nicht einfach. Wer kennt sich denn mit ihnen aus? Einmal singen sie, einmal saufen sie bis zur Bewußtlosigkeit. Wenn die Osterzeit kommt, werden sie wild wie Tiere und schreien: ›Schlagt die Juden tot!‹ ... Was soll man schon machen? Wer weiß, welche Lügen ihnen der Pope in der Kirche gegen uns auftischt. Den Bauern kann man ja alles erzählen ...«

Jossel kraulte sich den Bart und suchte pfeifend eine Methode für die Bauern.

»Man muß zu ihnen kommen, wenn sie gegessen haben. Je voller der Magen, desto milder die Gedanken. Magen ist Magen, bei Bauern ist das bestimmt nicht anders als bei Juden. Im Magen steckt ja zum Glück kein Pope. Wenn man gegessen hat, sieht alles nicht so hart aus wie vorher. Nur nichts mit hungrigen Bauern zu tun haben!«

Wenn der strodyer Jossel so durch die Gegend fuhr und die schwere, rauschende Landschaft der Bauern schnupperte, den dunklen Wald, die fetten Äcker, den weiten Himmel, dann dachte er oft an Janek, jenen Waldhüter, mit dem er sich einmal herumgeschlagen hatte. Zur Erinnerung an diese Schlägerei trug Jossel sein ganzes Leben lang einen Klemmer. »Alle Bauern sind wie dieser Janek. Ach, geht mir weg mit diesem Leben da!«

Von weitem schlugen Hunde an, Hähne krähten sich zornig zu, und die ersten Häuser wichen wie scheu vor dem Juden Jossel Fischmann zurück. In der Luft mengten sich der Pferdeschweiß und der Geruch der Misthaufen in den verwahrlosten Höfen zu einem anspruchsvollen Gestank.

Jossel ging gleich ins erste Haus hinein. Der Bauer, ein polnischer, saß wuchtig da, ein Körper, der von robuster Gesundheit strotzte, und blickte kaum auf. Jossel, halb so breit, sah das alles sehr genau, aber er wollte es nicht sehen, er durfte es nicht sehen, denn der Mensch muß kämpfen, wenn er leben will.

»Panje Bauer, Guten Tag«, sagte er. »Gut gegessen heute? Wie geht es euch? Euren Kindern? Eurer lieben Frau? Und euren Kindeskindern? Was macht das Vieh? Die Ernte? Die diesjährige? Die vorjährige? Die vorvorjährige ...?«

Jossel redete polnisch, und der Bauer schwieg. (Nimm dich in acht, Jossel! Man weiß nie! Ein Bauer ist ein Bauer!)

»Panje Bauer«, fing Jossel wieder an. »Im vorigen Jahr hat man sich in Wien eine Geschichte erzählt ...«

»Jud'!« brummte der polnische Bauer haßerfüllt. »Ich will von Wien nichts wissen. Nichts von Wien und nichts von Österreich.« Er zuckte mit keiner Wimper, als er das sagte. Es klang, als singe er drohend das Lied von Polen, das noch nicht verloren sei.

»Panje Bauer«, begann Jossel wieder von vorn, denn man darf nicht lockerlassen. »Ihr habt recht, ich werde euch eine Geschichte aus Warschau erzählen.« Und er erzählte, vielleicht ein wenig zu schrill, irgend eine Geschichte, die man sich in Strody erzählt, von einem klugen polnischen Bauern, einem Patrioten meinetwegen, dem man in Rußland zuviel Steuern abverlangt hatte.

»Was meint Ihr dazu? Zuviel Steuern! Wo man schon sowieso kaum weiß, wie und wieso ...«

»Hm ...!« knurrte der Bauer.

»Jedenfalls hat er dort bei den Herren auf den Tisch geschlagen! Und natürlich! Er hat das erreicht, was er wollte!«

»Und woher wißt ihr Juden solche Geschichten?« knurrte der Bauer frostig. »Warum wißt ihr das alles so genau, he?« Fahl und böse schwoll das Weiße in seinen Augen. Dumpf, verkniffen stieß er hervor: »Ekelhafter jüdischer Hexer!«

Blitzschnell ging es Jossel durch den Kopf: »Also jetzt bin ich auch schon ein Hexer, na schön«, und er versicherte geschwind:

»Ich habe sie von einem Bruder jenes Bauern, der in Warschau auf den Tisch geschlagen hat.«

»Das soll dir dein jüdischer Teufel glauben«, kläffte der Bauer, blutrot vor Haß.

»Man hat es schwer, aber man darf nicht verzweifeln«, dachte Jossel. »Doch was machen? Erzählt man keine Geschichten, fliegt man gleich hinaus. Erzählt man Geschichten, die man wieder von anderen gehört hat, so ist das auch verkehrt.«

Jossel bemühte sich dahinterzukommen, was der Bauer jetzt denke. Man muß sich tüchtig anstrengen, um zu so einem Geschäft zu kommen, Leute!

Er fing wieder von vorne an, mit einer anderen Geschichte. Ohne Stimmung kein Geschäft, ohne Geschichten keine Stimmung, so ist das, eine ewige Mühle.

»Panje Bauer«, sagte er, »Panje Bauer ...« Er warf ein schönes lustiges Wort nach dem anderen wie fette Köder in die Stube. Dabei sah er dem dahockenden Bauern genau auf den Nacken und überlegte sich, während er von ganz anderen Dingen sprach:

»Was denkt er jetzt von mir?«

(»... Dieser verdammte Jud', dieser Halsabschneider, Betrüger, Blutsauger!« wird der Bauer wahrscheinlich innerlich fluchen. Wäre er nicht zufällig nüchtern, würde er mir diese Titel an den Kopf schmeißen, mich sicherlich aus dem Hause werfen und mich mit seinen Hunden vom Hofe jagen. Er schlüge mich ohne Mitleid tot, wenn es keine k. u. k. Gerichte gäbe. Andere Bauern kämen angelaufen, mit Sensen und Dreschflegeln, damit er nicht ganz allein die anstrengende Mühe habe, mit diesem jüdischen Gauner, der ich, Jossel, in seinen Augen bin. Aber der Bauer wird sich wohl wutentbrannt sagen: »Leider gibt es Gerichte und leider steht in einem dieser Gerichte, in der Stadt Lemberg, mitten im Gefängnishof, ein hoher Galgen. Wenn man in Lemberg mit einem Wagen an der Mauer jenes finsteren Gebäudes vorbeifährt, kann man diesen starken, kahlen Holzarm vom Kutscherbock aus sehr deutlich sehen, verdammt ...!« Er wird fluchen und spucken: »Schon mancher hat an diesem Galgen baumeln müssen, aber nie ein Jud' ...! Warum nie ein Jud', he? Überall hat diese Judenbrut ihre drekkigen Finger stecken! Bestimmt stehen sie mit dem Henker auf du und du, trinken mit ihm Schnaps und geben ihm von ihren vergifteten Speisen zu essen. Mit dem Staat stehen sie ja schon lange auf du und du! Am Ende gehen sogar unsere Steuern in ihre fettigen Kaftantaschen! Ekeles Judengeschmeiß! Mach', daß du von meinem Hofe kommst ...!«)

»Panje Bauer«, lächelte Jossel zum Schluß und wischte sich den Schweiß von der Stirn, »soo lustig ist diese Geschichte von der dicken Marischka ...« Es war dem armen Jossel heiß geworden.

Der Bauer sah ihn kalt an, mißtrauisch, geduckt, zwischen beiden lag eine Wildnis voll gefährlicher Gedanken. Trotzdem bestellte er Draht, er bestellte Erdschaufeln, denn er brauchte Waren. Er knirschte zwar mit den Zähnen, aber bei wem sollte er sonst kaufen? Noch war es nicht so weit. Wohl munkelte man schon seit einiger Zeit von einer »Genossenschaft der Bauern«, aber solange diese »Genossenschaft« noch nicht bestand, konnte man den Juden nicht gut rausschmeißen. Und das allerwichtigste: wer gibt denn ein ganzes Jahr und noch länger Kredit, wenn nicht der Jude?

»Hüh!« schrie Jossel, und weiter rollte der Wagen. In ein anderes Dorf. Und Jossel dachte:

»So ein Leben führt nun unsereiner. Und lebt trotzdem, verkauft und handelt. Ach!« Wütend knallte die Peitsche durch die Luft, es bohrten sich die Fingernägel in die Handfläche.

»Ruhe, Jossel, schlucke die Verhöhnungen hinunter. Schlucke, Jossel. Ein Jude muß nachgeben, muß immer der Klügere sein. Es gibt sehr wenig Juden auf der Welt, aber es gibt viele solche Bauern. Schlucke deinen Zorn wieder hinunter, Jossel ...«

»Hüh!«

Ein Schmarotzer

Nur wer noch nie als Jude im Galizien der Vorkriegszeit sein Brot verdienen mußte, wird vielleicht an die Geschäftsmethoden Jossels (über die ich noch mehr zu sagen haben werde) einen westlichen Maßstab anlegen wollen. Jedenfalls halte ich Jossel Fischmann aus Strody für einen Ehrenmann. Aber noch mehr: ich halte ihn für einen Helden.

Sein Leben verlief so schwer, sein Lebenskampf war so verzweifelt mutig, daß er dafür mit nicht minder großer Berechtigung Orden und Denkmal verdient hätte als mancher große Heerführer. Denn erstens schlug er alle seine Schlachten selbst. Er riskierte, wenn er in den Kampf um das bißchen Leben zog, seinen eigenen Hals und nicht den von anderen. Und was mich mit besonderer Bewunderung für ihn erfüllt, ist: daß sein Herz, obwohl übervoll von ungeweinten Tränen, nie zu lieben aufhörte.

Aber es wäre lächerlich und eine Verzerrung der Wirklichkeit, wollte jemand daraus schließen, die galizische Lebenssphäre habe nur »Helden« gekannt. Ich habe wohl viele »galizische Juden« kennengelernt, die ihm sehr glichen – aber auch andere, um die ich (wie ja auch um viele Nichtjuden) einen Bogen zu machen pflege wie um einen Krankheitserreger.

Zwei aufgefundene Briefe haben mir ein recht amüsantes Bild jener strodyer Tage vermittelt, wo ich noch nicht auf der Welt war und wo Reisen und Gäste nicht eine Selbstverständlichkeit waren wie heutzutage. In diesen Briefen ist von einem nicht alltäglichen Bürschchen die Rede, das zu den Fischmanns kam, aus Tarnow, wie es behauptete, und damals war die Reise Tarnow – Strody etwa einer heutigen Flugreise Paris – Dakar zu vergleichen. Ich erzähle die Geschichte nicht nur aus dem sicherlich verständlichen Grunde, weil sie mir gefällt (denn sie zeigt die Fischmanns und vor allem die junge Frau Lea in einer delikaten Situation), sondern auch, weil ich den Herren Antisemiten die Freude bereiten will, *ihren* »Galizier« zu erkennen. Jedem das Seine.

Also es war mitten im Sommer, da kam dieser Besuch aus Tarnow, ein junger Mann, der die Schenke als Gast betrat, sich Getränke und eine Mahlzeit bestellte, alles leerte, die Gläser und die Teller, und als es ans Bezahlen ging, da tat er höchst verwundert. »Wieso bezahlen?« fragte er mit etwas belegter Stimme. Er sei doch ein Verwandter, jawohl, ein Verwandter der Fischmanns, beharrte er steif und fest, und seit wann sei es üblich, daß ein Verwandter, der von weither (aus Tarnow!) käme, etwas bezahlen müsse? Jawohl, Verwandter! Seine Tante und die Tante der Mutter Malke sollten zusammen ... das heißt: eigentlich nicht die Tanten, sondern die Männer dieser Tanten. Es war nicht mehr so genau festzustellen, was diese Onkels oder Tanten miteinander oder zueinander waren, aber daß da irgendeine Verbindung bestand, nun, dieses stand ohne Zweifel fest.

Von der Existenz dieses jungen Mannes hatten die Fischmanns keine Ahnung gehabt. Bis er also plötzlich ihr Haus betrat, ein sehr üppiges Mahl mit Tee und Schnäpsen bestellte und nicht zahlte, dann lächelnd alle Hände schüttelte und mit einer überrumpelnden Freundlichkeit sagte:

»Guten Tag, Friede sei mit euch, euer Haus sei auch das meine, ihr gefallt mir ausgezeichnet, ihr Fischmanns aus Strody, ich werde sehr gern einen Tag bei euch bleiben.«

So ein unsympathischer Kerl! Hat man schon jemals so etwas gehört? Keiner kennt ihn, keiner will ihn kennen, keiner interessiert sich für ihn, – und was macht er? Er ladet sich ein! »Euer Haus sei auch das meine!« Wir werden bald sehen, daß ihm nicht nur das Haus der Fischmanns gut gefiel.

Es vergingen drei Tage, acht Tage. »Einer von der modernen Jugend«, knurrte der alte Leib.

Der »liebe Besuch« blieb vierzehn Tage. Er hatte feste, unwahrscheinlich große Hände, die gierig zupackten, die schnell alles an sich rafften, richtige Räuberhände also. Wenn er zu sprechen begann, verstummten alle Fischmanns und starrten betreten auf die langen, eckigen Finger des Tarnowers, die jeden Satz mit großartig abtuenden Bewegungen erwürgten, erstachen, je nachdem.

»Ein Gaukler«, ärgerte sich Leib und fragte tückisch: »Euch gefällt es gut in Strody, junger Mann?«

»Ausgezeichnet«, lächelte der Tarnower strahlend in seiner jungen Kraft und blieb noch eine Woche, also die dritte schon.

»So lächelten sicherlich einst die jungen Könige«, dachte Lea vielleicht verstohlen in einer geheimen Ecke ihres Herzens und tat so, als sehe sie nicht, daß der Tarnower ihr schöne Augen machte.

Jossel aber war nicht zu zartfühlendem Wegsehen aufgelegt, und so geschah es, daß er einen dieser Blicke am Freitag abend bemerkte, gerade als man die Suppe aß. Er war ehrlich erbost und gebot diesem aufgeblasenen, selbstgefälligen, hergelaufenen Scharlatan sofort und für alle Leute vernehmlich:

»Halt!«

Er machte keinen kleinen Krach, der junge Ehemann.

»Wenn das bei euch in Tarnow Mode ist, fahrt zurück nach Tarnow«, schrie er. »Bei uns in Strody ist das Gottlob ...«

»Darf man sie denn nicht einmal ansehen?« fragte ganz unschuldig und mit übertriebener Würde dieser ertappte Bursche.

»Keiner hat sie anzusehen! Und so einer wie ...«

»Was ist das für ein Geschrei? Wollt ihr nicht lieber ruhig sein, Kinder«, versuchte Malke zu schlichten.

»Ausgerechnet am Schabbes!« protestierte Leib. »Wenn nicht Schabbes wäre, würde ich diesen Tarnower Dieb, diesen Halunken, diese Schande für das ganze jüdische Volk, auf die Straße werfen!«

»Schabbes!« schrie Jossel noch erregter. »Solche Menschen kann man auch am Schabbes erschlagen!«

Die erschrockene Lea streichelte bittend seinen Arm, streichelte ihren Mann besänftigend zurück auf seinen Stuhl, streichelte ihn zur Ruhe. Sie kannte ihren Jossel schon sehr gut, er ist nicht nur sentimental, sondern ein richtiger Mann, ihr Mann ...

Sie sah zur Strafe den Tarnower nicht mehr an. Es war ein verdorbener Abend, alles schmeckte wie angebranntes Fleisch. Hatte sie ihn überhaupt jemals angeblickt, diesen »Friede-sei-mit-euch«? Ausgeschlossen! Was sich so ein wildfremder Mensch alles herausnimmt!

Der Wildfremde fuhr, als der erste Stern den Ausgang des Sabbat verkündete, fort von Strody. Wie ein verfemter Aussätziger schlich er sich aus dem Hause der Fischmanns. Keiner hatte ihm die gierig festen Hände drücken wollen. Es war hier vorbei für ihn. Für immer.

Zurück blieben Strody und die Fischmanns, die befreit aufatmeten. Zurück blieb auch eine nicht ganz einfache Frage: Hatte sich die junge Frau Lea in Gedanken von Jossel entfernt? Was weiß der Mensch schon viel? Er weiß vielleicht, daß in das Leben einer jeden Frau wenigstens einmal ein solcher »Verwandter« aus Tarnow tritt.

Jossel kämpft

Jossel besuchte im Herbst wieder alle Dörfer rings um Strody herum. Er zog mit seinem kleinen Wagen von Bauernhof zu Bauernhof, kutschierte täglich, mit Ausnahme des Sabbat, über die Landstraßen. Neben ihm lag ein dicker Knotenstock, und er lag da leider nicht zur Zierde.

So also fuhr er auf Tour ...

Bald würde dieses Land eine einzige trübselige Schneeflur sein. Raben würden über weiße Felder streifen und krächzend auf die schwer beladenen Strohdächer halb eingeschneiter, einsamer Bauernhütten hüpfen. In diesem Land, das angefüllt war mit Rätseln, mit Spannungen, mit Glauben und Aberglauben, kam der trostlose Winter ganz plötzlich. Es hieß, daß er in diesem Jahre ganz besonders hart und streng sein würde.

Doch er war noch nicht da. Noch überflutete die Sonne ziemlich durchdringend den Himmel und die Erde, sie schien prall auf Jossel, der auf seinem schmalen Kutscherbock saß und mit seinem Verstand jonglierte.

Jossels Verstand war sein Instinkt, und wo ihn dieser verließ, da fühlte er, wie ein Mensch ganz arm und machtlos werden kann in manchen Augenblicken. Er bot das etwas verträumte Bild eines Mannes von nicht sehr großer Statur, der immer arbeitsam zu sein versuchte, und man konnte von ihm wohl behaupten, daß er, hatte er etwas begonnen, es auch durchführen wollte. Wenn sein Instinkt einmal »ja« gesagt hatte, konnte die Zähigkeit seines Verstandes durch nichts erschüttert werden. Wie viele Männer, die ihre Kindheit unter den Fittichen einer sehr energischen Mutter verbracht haben, war er stets ein wenig verlegen, ja unbeholfen, und dieser Eindruck wurde durch die dicken Augengläser noch um Beträchtliches verstärkt. In der Liebe war er, wie meine Menschenkenntnis mich annehmen läßt, anhänglich und dankbar, ein untadeliger Ehemann von draufgängerischer Schüchternheit. Hier war sein eigenes Land, da regierte er allein, da war er wie er war. Doch wie verhielt es sich mit der »beruflichen Seite« seines Charakters?

Ich weiß sehr wohl, daß er im geschäftlichen Leben zu einem kriecherischen, zu einem phrasenhaften und oft hemmungslosen Verhalten gezwungen war. Dazu trieben ihn aber sicherlich nicht seine oft lächerlich melancholischen Anlagen, sondern seine bäuerlichen Kunden, die ihre verbissene Antipathie, ihren hitzigen Haß gegen die Juden brutal und gefährlich zur Schau trugen. Diese »beruflichen Charakterzüge« traten aber nur in dem nicht leichten Daseinskampf beim Verkauf von Nägeln, Draht und Erdschaufeln in Aktion. Sonderbarerweise verstand er es, wie viele Jossels, eine peinlich saubere Trennung seiner beiden Charakterhälften herbeizuführen. Wie er das fertigbrachte, gehört zu den Wundern der menschlichen Seele. Sicher nur war, daß er lieber die Bauern »anschmierte«, als sich selbst und die Familie Fischmann. Ich weiß, daß das harte Leben in Osteuropa diese Fischmanns zuweilen auf nicht sehr saubere Gedankenabwege zwang. Daß man ihnen oft nur die Wahl ließ: zu betrügen oder zu krepieren. Daß man diese Juden jahrzehntelang absonderte von den anderen Völkern, sie in ein paar enge Gassen zusammenpferchte und ihnen kein anderes Loch zur Freiheit öffnete als jenes, durch das der tote Mensch zur ewigen Ruhe hinabgleitet. Daß die Straßen, auf denen sie als Gejagte, als Fremde seit Jahrhunderten ihr jammervolles Leben verbringen mußten, beängstigend schmal waren, oft nicht breiter als dünne Seile – und wer von ihnen nicht abstürzen wollte, der mußte balancieren lernen wie ein Seiltänzer.

Und so lief denn auch Jossel Fischmann im Hofe eines Bauern wie auf einem Seil herum. Das sah meist sehr häßlich aus, sehr lächerlich und manchesmal auch unheimlich. Nicht jeder Seiltänzer ist ein großer Schauspieler, der vor der Welt den sauren Schweiß und die gräßliche Angst verbergen kann. Und nicht nur große Schauspieler wollen irgendwie leben.

Noch wichtiger als das Vertrauen seiner Kunden war für Jossel, daß Gott, der allein wußte, wie schwer es so ein Jude hat, zu ihm Vertrauen habe.

Es ist für den Tatbestand unwichtig, aber ich glaube wohl, daß er den Gedanken an eine »Flucht-vor-diesem-Leben-das-keines-ist« draußen auf einer seiner Geschäftstouren zum ersten Mal ernstlich erwog. Träumerisch und verzückt (und wie ich ihn kenne, wird sein Herz bei dieser Vorstellung vor Beklemmung sicher einen Schlag lang ausgesetzt haben) – träumerisch und verzückt dachte er wohl auf seinen Touren, zuerst recht verschwommen, dann immer intensiver und heißer an ein fernes, glücklicheres Land, in das man entrinnen müßte, dort wo auch ein Jossel Fischmann ruhig leben kann. Wo es nicht zuerst »Jude« heißt, sondern »Mensch«. Wo auch die Bauern klüger sind als hier, und wo ein Fischmann so viel wert ist wie ein Bauer.

Leider muß angenommen werden, daß diese Gedanken an eine Flucht sich nicht sehr günstig auf den Abschluß von Geschäften auswirkten. Ganz automatisch erleidet in solchen Fällen die Spannkraft eine Panne, dazu kommt, daß ich sowieso meinen Vater niemals für einen sehr tüchtigen »Handelsmann« gehalten habe. Er war, obwohl »galizischer Jud'«, weniger Geschäftsmann als die Händler mit Antisemitismus. Und das zeigte sich besonders kraß, als er begann, sich ernstliche Gedanken über seinen Beruf, sein Land, seine Kunden und seine Familie zu machen. Beim Geschäft darf man nicht träumen. Man hat eine Stimme, um sie zu benutzen. Man hat ein Gesicht, das muß in einer Minute mindestens sechzig Mal den Ausdruck wechseln können. Man hat Hände, und die dürfen keine Sekunde lang still und vergessen am Körper hängen. Es geht nicht gut aus, wenn man auf einem polnischen oder ruthenischen Bauernhof steht, um Stacheldraht zu verkaufen, dabei aber gar nicht an den Stacheldraht denkt, sondern an das Auswandern nach Amerika. Dann verliert das »verlockende Angebot« sein notwendiges Tempo. Jossel legt zu oft Pausen ein, wie ein Mann, der an Asthma leidet. Er leidet aber nur an einem, ach so schönen Traum. Pausen sind der Ruin eines jeden Geschäftsgespräches. Ein jeder, der mal reisen mußte, weiß das doch. Da kann ja der »andere« überlegen, und das ist schon faul. Er wird sich zum Beispiel sagen: »Was brauche ich ausgerechnet bei *diesem* żyd, Jud', youpin meinen Stacheldraht zu kaufen? Gibt es nicht genug andere?«

Es kam noch anderes hinzu, etwas sehr Ernstes. Ich muß hier ein paar Jahre überspringen. Ich war schon auf der Welt, ich erinnere mich sehr genau, daß mich bei der Szene, die ich hier festhalten will, meine weinende Mutter auf den Arm nahm und mich so fest an sich drückte, daß ich mörderisch zu brüllen begann.

Das war damals so:

Es geschah, daß Vater einmal mit blutigem Gesicht heimkam. Es stellte sich heraus, daß er zwei Löcher im Kopfe hatte.

Man kann sich die Panik vorstellen, ganz gut sogar, ohne große Phantasie. Am Tage vorher war er mit zerrissenem Pelz nach Hause gekommen, weil ein Bauer seine Hunde »aus Versehen« losgebunden hatte, heute war es schon nicht mehr der Pelz allein, heute war es schon der Kopf.

Ach ja, Hunde ... Mein Vater kam nie zu einem erträglichen Verhältnis zu diesen Tieren. Er wußte gar nicht, wie gut sie sein konnten. In Galizien waren sie auf den »żyd« abgerichtet, und mein Vater war so ein »żyd«, also ihr Opfer. Ich wurde furchtbar erschüttert, als ich einmal Zeuge einer »Entdeckung« meines Vaters war: bis zu seinem fünfzigsten Lebensjahre hatte er geglaubt, daß Hunde nur beißen könnten. Dann erst »entdeckte« er, daß ein Hund friedlich mit dem Schwanz wedeln kann und Zucker aus der Hand frißt. Bis zu diesem Zeitpunkt machte er Umwege, um an keinem Hund vorbeigehen zu müssen. Ihm saß die Angst in den Gliedern, wenn er von weitem etwas knurren oder gar bellen hörte. Für ihn hatten bis damals *alle* Hunde wie finstere Pogromlinge ausgesehen. »Ein Hund ist ein geborener Antisemit – und umgekehrt«, hatte er jahrelang gesagt.

Da stand also mein Vater mit blutigem Gesicht. Was war geschehen? Nichts Besonderes, seufzte Jossel, er habe nur Geld verlangt, nach achtzehn Monaten.

Die Mutter, mich an sich drückend, schrie: »Du fährst nicht mehr in die Dörfer!«

Der Vater sagte kläglich: »Meinst du, ich habe Lust? Meinst du, so ein Leben macht mir Vergnügen? Meinst du, ich will immer eine Zielscheibe sein?«

Malke schluchzte: »Fahrt nach Deutschland oder nach Amerika.«

»Ach was!« sagte Leib mißtrauisch. »Glaubt ihr wirklich, daß es anderswo besser ist? Im Westen liegt der Frieden auch nicht auf der Straße. Jude sein heißt eben: die Beschimpfungen nicht hören, sich taub stellen, sich bezwingen, überall. Für einen jungen Menschen ist das keine leichte Sache, ich weiß, ich habe es noch nicht vergessen. Aber man gewöhnt sich mit der Zeit ...«

»Aber ich will nicht, daß er sich daran gewöhnt«, weinte meine Großmutter Malke. »Ich will, daß er glücklicher wird als wir.«

Man versteht diese Diskussion, die zu jener Zeit bei Fischmanns zu einer alltäglichen Gewohnheit geworden war wie etwa das Tischgebet nach jeder Mahlzeit, man versteht sie nur, wenn man weiß, welche Ausmaße damals die ostjüdische Emigration bereits angenommen hatte. Händler fuhren weg, jüdische Tagelöhner, Schuster, Thoraschreiber, Lastträger, Schneider, arme Juden, reiche Juden, junge Leute, alte Leute, Männer und Frauen. »Wer kann denn auch wirklich diese Schläge sein ganzes Leben lang aushalten? Die Goyim werden doch hier mit einem Stock gegen uns Juden geboren! Über Nacht bricht bei diesen Teufeln der böse Trieb aus. In Rußland, sozusagen nebenan, ist jedes Jahr ein blutiger Pogrom. Nein, wir wollen nicht warten. Es ist ein schreckliches Leben, diese bohrende Angst vor der Verfolgung, diese lähmende Grübelei: was kann heute nacht passieren oder morgen?« Mit solchen Gedanken vertreibt sich jedes Ghetto seine traurige Zeit. Aber solche Gedanken der Verzweiflung zwangen und zwingen die Juden auch, den Ausweg aus diesem vermauerten Dasein zu suchen.

In diesem Zusammenhang fällt mir ein Ausruf meines Vaters ein, den er wohl auch um die gleiche Zeit herum gemacht haben wird und den ich nie vergaß, ja wörtlich behielt:

»Steine will ich irgendwo klopfen, schwere Lasten will ich tragen, hungern will ich, nur nicht hierbleiben!«

Sicherlich wird mancher das Wort »Vaterland« in dem Wortschatz der Fischmanns bisher vermißt haben. Es ist zu berichten, daß auch den meisten anderen strodyer Juden der Begriff »Vaterland« in diesem Zusammenhang kaum in den Sinn kam. Man muß schon die Geschichte Galiziens kennen, das von mehreren völkischen Gruppen bewohnt ist und zur Zeit der Fischmanns eine Provinz der inzwischen verschwundenen Habsburger Monarchie war – man muß also die Geschichte dieses Landes kennen, um zu verstehen, warum weder die Juden, noch die dort wohnenden Polen oder Ruthenen um die Jahre vor 1914 einen so festen »Vaterland«-Begriff haben konnten wie etwa die Bewohner eines einheitlichen staatlichen und kulturellen Territoirs wie Deutschland oder Frankreich. Höchstens, daß sie an Franz Joseph I., den alten Kaiser, dachten. Den verehrten die Juden Galiziens. Von ihm sprachen sie mit großer Hochachtung, weil sie wußten, daß auch er ein unglücklicher Mann sei, der schon viel Leid in seinem Leben durchgemacht habe, fast soviel Leid wie ein jüdisches Kind, dieser graue und geplagte Mann.

Wie oft war ich in meiner Kindheit Zeuge, wie die jüdische Seele, die sich sofort und ganz mit allem Traurigen auf der großen weiten Erde identifizieren kann, die so viel Mitleid hat mit jedem Leid, gar sehr den ehrwürdigen Kaiser bedauerte. Ach, nicht einmal in seiner Familie war er wirklich mächtig, schwach ist also die irdische Macht. Keiner wollte ja auf ihn hören, jeder in der Hofburg lebte, heiratete, liebte und starb, wie er wollte. »Lieber Kaiser Franz Joseph, Du verstehst uns, und wir verstehen Dich – und jeder muß sich selber helfen.«

Da sie keinen starken, sie schützenden Staat sahen, hatten sie wirklich keinen Grund, ein Vaterland zu sehen. Sie verglichen oft trauernd das Land, in das sie Gott verschlagen hatte, mit dem vernichteten Land ihrer Propheten. Und das Herz erschauerte dabei über soviel Weisheit, die einst in Kanaan regiert hatte, und es erschrak aufschluchzend über so viel Härte, in der sie lebten ...

Doch ich will der Geschichte nicht vorauseilen.

Großeltern

Über »Emigrieren« wurde bei den Fischmanns etwa ein halbes Jahr nach der Hochzeit zum ersten Mal gesprochen. Dann trat ein Ereignis ein, das einen nicht geringen Einfluß auf diese Diskussionen hatte. Dieses Ereignis war ich. Ich begann mich im Leibe meiner Mutter bemerkbar zu machen.

Man hatte also bis zu dieser Zeit wohl oft vom Emigrieren gesprochen, aber man war nicht emigriert. Emigrieren? Man fährt ja nicht so schnell. Der Mensch ist nicht nur träge, er ist auch sehr vergeßlich. So lange es regnet und man naß wird, flucht man wie ein Fuhrmann und schwört sich hundert Eide, daß man sich mindestens einen Regenschirm, wenn nicht gar zwei, kaufen wird. Aber kaum beginnt die Sonne ein ganz klein wenig zu scheinen, hat man sofort die Nässe und die hundert Eide, und also auch den Regenschirm vergessen.

In Strody hieß es: »Regenschirm? Warum einen Regenschirm? Es regnet doch gar nicht. Vielleicht wird es in diesem Jahre überhaupt nicht mehr regnen. Also, wartet doch noch ab, Kinder. Ihr habt immer Zeit, auch noch später einen zu kaufen.«

Und es hieß also: »Emigrieren? Warum emigrieren? Schön, bis vorige Woche war kein Aushalten mit den Bauern. Aber seit acht Tagen, ich bitte euch sehr, war doch, Gottseidank, alles ruhig. Wartet lieber ab. Vielleicht ist es zu eurem Besten, wenn ihr bleibt.«

(»Vielleicht aber kann das Bleiben mein Leben zerstören? Was soll ich tun? Was soll man tun? Was weiß der Mensch schon viel, was er tun soll. Nichts weiß er ...«)

Noch bevor ich zur Welt kam, hatten sich im Gesicht meiner Großmutter Malke einige strenge Falten angesammelt, aber es waren Falten in der Haut, nicht in ihrer Seele. Leib, mein Großvater, begann bereits sichtlich zu altern, seine Schultern beugten sich schon müde nach vorn, als sein Weib, wie es schien, noch einmal innerlich auflebte. Ich habe sie sehr geliebt und bewundert, diese Großmutter. Für die meisten Frauen ist die Haustür die Grenze der Welt, aber für sie gab es wirklich keine Grenzen. Eine Grenze machen für ihr Denken? Das sollte ihr im Traume einfallen!

Viele Frauen ihres Alters stellen schon ein Bild des Jammers und der Zerbrochenheit dar, aber Malke zeigte ihren Kindern, und besonders ihrem Manne Leib, daß das Altern eine Frage des Temperamentes ist. Sollte er sich ein Beispiel daran nehmen, der Leib!

Malke hatte an einem Nachmittag wieder einmal in den beiden Büchern geblättert, die man in jenen Jahren häufig in den Wohnungen galizischer Juden finden konnte. Es waren zwei deutsche, schon sehr zerlesene Bände »eines Herrn von Schiller« und »eines Herrn von Lessing«. Jedesmal, wenn sie die vergilbten Seiten überflog, geriet sie für eine ganze Woche in große Begeisterung, die sie am liebsten auf alle Hausbewohner (später auch auf uns Enkelkinder) übertragen hätte. Noch vor dem Abendessen, in der Küche am Herde stehend, hatte sie an diesem Tage der tellerwaschenden Lea versichert, daß es in Strody zwar viel oberflächliche und unverständige Nichtsnutze gäbe, die sich nur nach dem Lemberger Tanz und Geschrei und Theater und Gelächter sehnten, aber daß mindestens ebenso viele ernste und besonnene Menschen nichts von diesem städtischen Tamtam hielten und nur ein Verlangen nach Wissen hätten, »weil das Glück nur mit dem Wissen kommt« ... Sie hoffe, daß ihre Schwiegertochter zu den letzteren gehöre.

»Hast du alles verstanden, was ich dir eben gesagt habe«, wollte Malke zum Schluß ihrer bissigen Ansprache (sie liebte solche Ansprachen, die Gute) hören.

Lea versicherte eilig, sie verstände jedes Wort, jeden Gedanken, und »selbstredend mache ich mir nichts aus Tamtam«, sagte sie. Dann fragte sie, ein wenig schüchtern, ob sie heute drei statt zwei Gurken nehmen dürfe.

Abends am prasselnden Feuer schnubberte Malke wie ein kluger Jagdhund nach Beute, nach einer passenden Gelegenheit, um ihre schwärmerische Bewunderung für den Westen anzubringen. Ich glaube, daß sie mir Vorträge über diesen Lieblingsstoff hielt, als ich noch im Steckkissen eingeschnürt lag. Sie liebte ja alles, was westlich von Strody war, wie ein junges Mädchen einen vielgenannten schönen Unbekannten anbetet. Wenn sie in Stimmung geriet, machte sie den Eindruck, als sei sie die Jüngste in der Familie.

»Dort ist das Leben klar wie Glas«, sprach sie begeistert. »Es ist klar wie geputztes Silber am Freitag abend, wie frisches Geschirr zu Ostern.«

Leib sah ungläubig drein, er spielte, wie fast immer bei diesem Thema, den Murrenden. »Du mit deinem Westen! Lies nicht so viel Bücher! Verdreh den Kindern nicht den Kopf! Lies lieber eine Zeitung! Lies, was jeden Tag in ›deinem Westen‹ geschieht, du Schlaue! Wie die Räuber in Berlin, in Paris, in New York und sogar in Wien am hellichten Tag stehlend und mordend herumlaufen! Was sagst du dazu? Lies statt der Bücher die Prozesse in den großen Städten!«

Malke wandte sich an Lea. »Mit Männern kann man nicht sprechen«, sagte sie wegwerfend. »Sprich mit einem Blinden vom Licht, das geht auch nicht. Ich rede von der Zivilisation, und er spricht von Prozessen.«

»Deine Zivilisation«, antwortete verächtlich der Alte. »Antisemiten haben wir überall, der einzige Unterschied ist nur die Beleuchtung, unter der wir Prügel kriegen. Hier brennen wir noch Petroleum – und dort brennen sie schon Gas.« Er betonte dieses Wort »Gas« verächtlich, als spreche er von einem Mörder.

Malke wurde ganz aufgeregt.

»Und Deutschland? Und Lessing, der Herr von Lessing? Und der weise Nathan? Das ist nichts? Das ist gar nichts?«

»Deine gebildeten Schreiber will ich gar nicht kennen«, antwortete Leib gleichgültig. »Ich weiß nur, hier sind die Menschen auch keine größeren Gauner als anderswo. Die Türen werden nicht abgeschlossen, aber es wird genau soviel gestohlen wie im Westen. Und vielleicht hast du schon vergessen, wie sie Dreyfus gequält haben, in *deinem* Westen!«

Malke wollte sich nicht unterkriegen lassen.

»Aber wie haben sie dort für unseren Dreyfus gekämpft!«

»Weil er eine Uniform getragen hat«, versetzte Leib giftig. »Für arme Juden macht man sich nicht soviel Arbeit. Da sammelt man Reisegeld.«

Als der Streit noch schärfere Formen anzunehmen drohte, trat plötzlich etwas ein, das jede weitere Auseinandersetzung verbot. Lea hatte schon seit einiger Zeit gefühlt, wie mit ihr eine ungewohnte Veränderung vorging. Es wurde ihr übel, scheinbar drehte sich der Magen im Leibe, die Stirn bedeckte sich mit dünnen Schweißperlen.

Jossel erhob ein fürchterliches Geschrei und machte so die Eltern auf den Zustand seiner Frau aufmerksam.

Malke hatte mit einem Schlage den Westen, seine Zivilisation und den Hauptmann Dreyfus vergessen. Jetzt gab es für sie nur noch die Schwiegertochter. Kurzentschlossen schickte sie die beiden unbeholfenen Männer (»Was sind doch Männer unbeholfen!«) aus dem Zimmer und setzte sich zu Lea. Das Feuer glomm noch leicht und bestrich die Füße der Frauen mit wohltuender Wärme. Auf den Fensterscheiben hatte der Nachtfrost schon begonnen, den Plan für die Eisblumentapete aufzureißen. Man hörte bis in die Stube hinein das Spielen des Windes mit dem Schnee.

Malke, die schwieg und schwieg, schien sich wieder an ihren Westen erinnert zu haben.

»Dein Kind darf nicht hier bleiben«, beschwor sie ihre Schwiegertochter. »Ich will nicht, daß es hier aufwächst. Man kann ja hier nicht glücklich werden, man kann ja nicht! ... Zum Beispiel der Chaim Nadel. Der ist nun ein alter Mann mit grauem Bart und krummem Rücken, aber nicht einmal ihn lassen sie in Ruhe. Einmal fährt er mit der Bahn nach Lemberg. Wie er dort auf dem Perron aussteigt, spuckt ihm ein schöner, frisch gewaschener Offizier mitten ins Gesicht. Warum? Es gibt kein Warum. Der Herr Offizier hat doch kein Risiko. Er kann sich ganz gut so ein ›Späßchen‹ mit 'nem alten schmutzigen Jud' erlauben. So ein Chaim Nadel ist kein Dreyfus, der ist kein Kämpfer. Der hat sich's Gesicht abgewischt und gesagt: ›Ich glaub' es regnet, Herr Offizier‹ ...«

Lea zitterte: »Wenn ich an mein Kind denke ...«

»Man muß seine Kinder so erziehen, daß sie zurückspukken«, sagte Malke verbittert, zornig. »Nur weg von hier.«

»Wo soll man aber hin«, fragte Lea hilflos.

»Ganz egal, nur fort von hier. Zu einem gebildeten Volk. Nach Deutschland oder nach Amerika. Was wollt ihr hier? Hier sind die Menschen noch so wie vor fünfhundert Jahren. Da hat man vor einiger Zeit in Lemberg Trambahnen auf die Straße gestellt, aber die Dummköpfe hatten Angst zu fahren. Sie glaubten, es sei jüdische Zauberei oder ein Wagen vom Teufel, der direkt zur Hölle führe. Für die ersten Wochen mußte man ›fahrende Personen‹ anstellen, man hat diesen ›Passagieren‹ ihre Fahrten bezahlt und die verfahrene Zeit obendrein. Stelle dir vor, wie das in dieser ›Großstadt‹ gewesen ist. Wie sich die Trambahnen durch die Gassen schlängelten, eine vorsichtiger als die andere, um ihre Harmlosigkeit zu beweisen. So schnell wie Schnecken bewegten sie sich an den staunenden Lembergern vorbei, die sich wunderten, wieso es nicht zu Explosionen komme, und sich auf den Boden legten, um mit ihren dummen Augen zu prüfen, ob es wirklich nicht der Teufel und die Juden seien, die diese Kutsche ohne Pferde durch die Straßen lenken ... So ein Leben ist das hier. Die Menschen sind hier dumm wie vor fünfhundert Jahren. Deshalb sind sie ja Antisemiten, diese Dummköpfe ...«

»Hör' bitte auf«, bat Lea. »Es regt sich wieder ... Ich glaube, das Kind hört, wenn man schreit ...«

»Was ich sage, darf es ruhig hören«, erklärte Malke hitzig. Dann überfiel sie die Frau ihres Sohnes mit unzähligen Küssen.

»Alles für das Kind«, lachte sie unter Tränen.

Kindheit

Nun also war es bald so weit. Eigentlich könnte man meinen, es sei erst gestern gewesen, die Geschichte mit dem Reisenden Aron Amtmann, der eine in Seidenpapier eingewickelte Photographie blinzelnd auf den mit Wasser und Schnäpsen überschwemmten Schanktisch gelegt hatte, das Bild eines traurig lächelnden Mädchens ... Dann (wissen Sie es noch?) war die lustige Hochzeit in Strody gewesen, und aus dem Mädchen wurde eine Frau. Ihr Leben bekam einen Sinn, ein Ziel, ein Heute und ein Morgen. Und jetzt sollte diese junge Frau Mutter werden.

In der Dämmerstunde, drei Tage vor der Niederkunft, saßen Jossel und Lea an ihrem Fenster. Sie saßen Hand in Hand im blassen Dunkel, es fehlten noch die Sterne am Himmel über ihnen, und sie träumten schon von dem Kinde, das das junge Weib trug. Alle zwei Minuten fragte Jossel mit besorgter Stimme:

»Sitzt du richtig, Lea? Bist du warm angezogen, Lea? Bist du gut zugedeckt, Lea? Nimm lieber noch eine Decke um die Schultern, Lea. Nimm Rücksicht, Lea. Vielleicht ist es gar nicht gut, wenn du hier am offenen Fenster sitzt, Lea. Hast du es warm im Rücken, Lea?«

Ein Seufzer war es, ein kleiner Schrei. Sie gebar einen Knaben, mich.

Meine Mutter schrie fast nicht, willig soll sie dagelegen, willig die Anweisungen der Hebamme Freide Krauthammer befolgt haben, um mich in die Welt zu setzen. Ihre dunklen, rauhen Haare waren gelöst. Stumm litten die weichen grauen Augen, die jetzt dunkel glühten.

Den ganzen Tag hatte Jossel so ausgesehen, wie wohl alle Männer bei der Niederkunft ihrer Frau aussehen: als sei er die Gebärende, und nicht Lea. So sehr hatte er mit ihr gefühlt, und ein so schlechtes Gewissen plagte ihn bei dieser Angelegenheit.

Aufgeregt schrie der Vater Leib seinem aufgeregten Sohne zu: »Was ist das für eine Aufregung!«

Malke, die zufällig für einen Augenblick nicht bei Lea war, meinte lustig: »Du bist wohl weniger aufgeregt, Herr Großvater?«

Lea war nicht mehr Lea, sie war die Mutter Jakobs. Sie gab ihm die Brust, sie gab ihm alles. Was sie war und was sie hatte, gehörte ihm. Sie sagte:

»Still, es schläft ...«

Manchmal habe ich Sehnsucht nach ihr, Heimweh nach ihrem Leibe, aus dem ich ausgewiesen wurde wie aus einem Staate, der mich nicht länger duldet, und wo ich doch so gern geblieben wäre, geborgen, beschützt, unbehelligt.

Für die Fischmanns war es »der schönste Tag, den Gott gegeben«. Sicher kam ganz Strody zu Gast, denn wer teilte nicht gern die Freuden eines Hauses?

Nicht vielen Menschen ist es vergönnt, die Popularität ihrer Kindheit, besonders ihres ersten Jahres je wieder zu erreichen. Weit über den Rahmen der Familie Fischmann hinaus wurde von nichts anderem als von mir gesprochen. Ich vergalt diese Verhimmlung wohl mit reichlich gelben Flecken in den Windeln, denn ich litt an einem delikaten Magen. Strody sprach von mir (wer wagt daran zu zweifeln, wer?) wie von einem Wesen, das allein schon durch sein Dasein alle Möglichkeiten einer hoffnungsvollen Laufbahn gewährleistete. Nun, so geht es wohl jedem, der hier auf Erden anfängt. Nicht nur am Grabe belügt sich die Familie gern, sie fängt damit schon an der Wiege an. Die Erwachsenen wurden, wenn sie mich lachen sahen, zu Kindern. Sie wurden melancholisch, wenn ich schlief. Sie klatschten wie Narren in die Hände, wenn ich schrie, weil ich im Nassen lag und es keiner bemerken wollte (bis es dann endlich jemand roch). Sie zogen Grimassen, um mich aufzuheitern (wie sie glaubten, aber in Wirklichkeit erschreckten sie mich). Sie tanzten, pfiffen, verdrehten die Augen wie Kälber beim Wiederkäuen, sie lebten nur noch für mich und mit mir.

Ich stelle mir vor, wie das erste Jahr meines Lebens für die Fischmanns verlief, wie sie mich behandelten, umgaben, erzogen, verzogen. Wie sie jubelten, wenn ich meinen Kopf drehte, und wie sie jubelten, wenn ich ihn nicht drehte. Jede neue Bewegung, die sie an mir entdeckten, teilten sie sich händereibend und mit viel Geschrei mit. Sie merkten gar nicht, daß auch sie um ein ganzes Jahr älter wurden.

Lea, die Mutter, beteuerte stolz: »Wenn man ihn trockenlegt, hört er auf zu schreien.«

»Natürlich«, witzelte die Großmutter über ihre Schwiegertochter, »was hast du sonst gedacht?«

»Er sieht schon, was Licht ist«, behauptete der glückliche Großvater.

»Hast du gesehen! Da! Da!« schrie Großmutter ihrem Sohn Jossel zu. »Guck doch hin! Er liegt auf dem Bauch und hebt den Kopf!«

»Wenn ich ihm die Brust wegnehme«, sagte Mutter zum Vater, »läßt er den Mund offen.«

Ein ganzes Jahr wurde nur vom Kind gesprochen:

»Wenn man gut auf ihn einredet, versteht er es.«

»Bei jedem Geräusch horcht er.«

»Sieh bloß, wie er auf die Lampe starrt!«

»Schnell, deck' ihm die Augen zu! Schnell!! Er kann sie sich, Gottbehüte, verderben!«

»Wie schön er den Kopf schon hält!«

»Wenn ich ihn herumtrage, will er alles genau besehen.«

»Er ist ja auch schon drei Monate alt.«

»Wie war ich, als ich drei Monate alt war, Mutter?« fragte Vater.

»Klüger als jetzt, mein Jingele«, sagte Großmutter.

»Habt ihr gesehen! Habt ihr gesehen! Ich habe ihn gerufen, und sofort hat er mich gesucht! Oh, mein Kleiner!«

»Wenn er dich Brummbär besser kennen würde, hätte er dich bestimmt nicht gesucht.«

Vater zur Mutter: »Heute hat er gelallt. Er hat ›Mam-me‹ gelallt.«

»Ach, wer weiß, was du gehört hast! Mit vier Monaten kann kein Kind ›Mamme‹ sagen!«

»Doch nicht ›sagen‹ –! L-a-l-l-e-n!« verteidigt Vater sich und seinen Sohn.

Großvater: »Er will unbedingt meinen Bart haben, was sagt ihr dazu?«

Großmutter: »Das ist nicht speziell dein Bart, er will alles haben.«

»Heute hat er meine Uhr genommen, mit einer Hand.«

»Er ist doch schon fünf Monate alt.«

»Er versteht ja schon alles. Wenn man ein zorniges Gesicht macht, weint er. Wenn man lacht, lacht er auch.«

»Ich kann zornig sein, soviel ich will«, sagt die Mutter, »aber seine Windeln strampelt er trotzdem weg.«

»Lea! Lea!!! Komm rasch! Er sitzt!!!«

»Ach, wenn du ihn stützst! So sitzt er schon lange!«

»O mein Jaköble ...«

»Was sagt man dazu! Ich will ihm die Nase putzen, und er stößt meine Hand weg!«

»Mit acht Monaten«, kichert der Großvater, »hat ein Kind schon ein sehr gutes Gefühl für Menschen, Frau Großmutter.«

Großmutter zu einem Besuch: »Was meint Ihr, wie er schon kriecht!«

»Unberufen!« sagt Lea, die stolze Mutter. »Wie ein Erwachsener kriecht er schon!«

»Ein Erwachsener?« fragt der Besuch, dumm und erstaunt. »Seit wann kriecht denn ein Erwachsener?«

»Jedenfalls«, erklären Großmutter und Lea, beide ehrlich gekränkt, »jedenfalls unser Kind ...«

Im ersten Lebensjahre Jakobs wurden noch folgende Beobachtungen gemacht:

»Warum zwingst du ihn zu essen?« brummt der Großvater. »Du weißt doch, daß er seinen Mund spitzt, wenn er hungrig ist.«

»Was du schon weißt«, belehrt die kluge Frau ihren ach so dummen Mann. »Doch nicht, wenn er hungrig ist, aber wenn er will, daß ich singe!«

Großvater: »Dein Gesang!«

»Jede Schachtel macht er auf«, stellt Großmutter fest. »Man muß alles vor ihm verstecken.«

»Es nützt nur nicht viel, er kann doch schon überall herumkriechen«, meint Mutter. »Er sitzt schon ganz allein. Stehen kann er auch schon.«

»Man muß ihn noch halten. Er soll lieber noch nicht allein stehen«, sagt Großmutter, denn sie weiß das noch ganz genau von ihrem Jossel. »Ein Kind hat weiche Knochen.«

»Ich glaube, daß mein Kind schon sehr schöne harte Knochen hat«, gibt Lea laut zurück.

Zum ersten Mal streiten sich Lea und Malke. Es handelt sich um meine Knochen. Ob sie schon hart genug sind oder noch zu weich. In Wirklichkeit geht der Streit um das ganze Kind. Nicht nur um die Knochen.

»Sie meint es doch nur gut, meine Mutter«, sagt Jossel zur weinenden Lea.

»Ich etwa nicht ...?« fragt Lea.

Jossel, nach einer sehr langen Pause: »Heute hat er ›Mamme‹ gesagt, Lea ...«

Schon besiegt, sagt Lea: »Du hast es auch gehört!« Dann geht sie zu Malke und gibt klein bei: »Ich war vorhin so dumm, Mutter.«

»Dumm? Du hast für deinen Jakob Partei ergriffen.«

Da küßte Lea erst das Kind, dann die Mutter Malke.

»Trotzdem rate ich dir, gib acht auf seine Knochen.«

»Ja, man muß ihn noch halten«, sagt Lea versöhnlich. »Ein Kind hat weiche Knochen ... Natürlich hast du recht ...«

In der Nacht nach jenem denkwürdigen Tage, an dem Jakob die ersten freien Schritte machte, gestand Lea dem nichtsahnenden Jossel:

»Ich glaube ... Es regt sich wieder etwas ... In mir ...«

Der zweite Knabe bekam den Namen Hersch.

Wenn ich an die strodyer Kindheit zurückdenke, sehe ich eine Kammer, drin ein Bett, in dem ich mit meinem jüngeren Bruder liege. Wir sind noch wach, es ist sehr dunkel, wir sind beide noch klein und fürchten uns allein zu sein. Wir schreien aus Leibeskräften, bis die Mutter kommt. Sie trägt in der einen Hand einen flachen Kerzenhalter aus Emaille, in der anderen ein Gebetbuch. Sie setzt sich zu uns, beruhigt uns, spricht uns das Nachtgebet vor, und wir sprechen es nach, nicht ohne vorher die Mützen aufgesetzt zu haben.

Dann beginnt sie zu erzählen, kleine Geschichtchen von einer lustigen Hochzeitsfiedel, oder von Vater und einem Bauern namens Janek, oder von Lemberg und einem reichen Onkel und einer armen Verwandten. Im Winter reibt sie uns die eiskalten Füße mit Schnee, dann mit einer Frostsalbe ein, damit sie uns nicht erfrieren.

Wenn Mutter so zu uns in die Kammer kam, hatten wir nie Angst, selbst wenn sie uns seltsame Geschichten erzählte. Sie ging ja erst wieder aus der Kammer, wenn wir beide fest schliefen.

Mit drei Jahren kam ich in die Kinderschule, in das Cheder des Melamed Mottke Reich – ein armes Lehrerlein, das in einer einzigen Stube von etwa sechzehn Quadratmetern vierzig und noch mehr drei- bis dreizehnjährigen strodyer Knaben das Geheimnis der heiligen Sprache beibrachte. Den Kleinen, wie mir, schrie und prügelte er das hebräische A B C ein, den Älteren die Gebete. Als Sechsjähriger mußte ich ganze Kapitel des Gebetbuches, Seite für Seite, Abschnitt für Abschnitt, auf hebräisch aus dem Kopfe zitieren. Wer das endlich konnte, der lernte bis zum dreizehnten Lebensjahre die noch schwierigeren Bücher von Moses, von den Königen und von den Propheten, und vor allem die Raschikommentare, diese Bibelerklärungen, übersetzen – und dieses »Lernen« vollzog sich in einem seltsam monotonen Singsang, den ich noch heute im Blute habe, wie die Melodien, die man mir an der Wiege sang.

Diese Schulstuben, diese Kleinstadtcheder, sind wohl schon oft geschildert worden, und das Cheder des Lehrers Mottke Reich, der uns anschrie und von Zeit zu Zeit mit einem Siebenender fürchterlich verdrosch, wenn wir Knirpse unsere schwierigen Aufgaben nicht auswendig gelernt hatten – dieses Cheder und sein Melamed waren sicherlich nicht besser und nicht schlechter als alle anderen im Osten. Ich erlebte nicht nur einmal, und vergaß es nie, daß dieser strenge Melamed, der der Tyrann unserer jungen Jahre war, wie ein schuldiges Schulbürschchen zitternd vor seiner keifenden Frau, ja selbst vor seiner sechzehnjährigen Tochter stand. Beide, was mich damals zum ersten Mal in meinem Leben an der »unbedingten Autorität« zweifeln ließ, hatten keinerlei Respekt vor ihm, sie behandelten ihn öffentlich vor uns kichernden Schülern mit kaum zu überbietender Verachtung.

In diesem Cheder erlebte ich die ersten Razzien meines Lebens.

Die österreichische Regierung machte in jenen Jahren häufig Jagd auf die meist unhygienischen luftarmen jüdischen Schulen, in denen wir Schüler wie Sardinen in einer Blechbüchse zu Dutzenden in einem viel zu kleinen Raum eingepfercht waren. Bei diesen »Regierungsaktionen« stellte ich Vierjähriger mit Hilfe der größeren Knaben fest, daß die staatliche Gewalt eigentümlicherweise keine unbedingt offenen Augen hat, sondern daß sie, je nach dem Angebot, ihre Augen halb oder ganz zu schließen bereit ist. Denn die Gendarmen, unter Führung des uns schon bekannten Róman, nahmen es nie so genau mit ihrem amtlichen Auftrag, und wir Kinder wußten jedesmal den Preis, der dafür gezahlt worden war.

Wenn eine Razzia für die und die Zeit angemeldet war, standen wir Schüler pro forma einige Minuten lang »versteckt« hinter dem Häuschen des Lehrers, in einem kleinen Gäßchen, wir blieben still, wir rührten uns nicht, wie in eine Ecke getriebene Mäuse, und warteten atemlos auf das bekannte Signal, welches uns zu wissen tat, daß die Gendarmen das Feld geräumt und unsere kurze Freiheit wieder zu Ende war.

Erst viel später ging es mir auf, daß ich eigentlich reichlich früh, viel zu früh die Obrigkeit nackt zu sehen bekam.

Was die energische Tochter des Melameds angeht, so kam sie ab meinem sechsten Lebensjahre zu uns ins Haus und gab mir, auf ausdrücklichen Wunsch meiner Großmutter, etwas polnischen, vor allem aber deutschen Unterricht.

Schitomir

Ich weiß es nicht mehr ganz genau, aber ich werde wohl nicht älter als vierundeinhalb Jahre gewesen sein, als ein fremder Mann in unserem Hause erschien, und mit ihm große Ereignisse ins Rollen kamen.

Ein Verwandter meiner Mutter, ein junger Mann aus Schitomir, hatte sich für einen kurzen Abschiedsbesuch angekündigt. In Schitomir, so erzählten mir die Eltern, habe ein Pogrom alle Juden vertrieben. (»Was ist das, Pogrom?« fragte ich wißbegierig. – »Es ist besser, wenn du's nicht weißt.« – »Aber ich möchte es wissen!« – »Wenn du älter sein wirst, wird man's dir sagen ...«) Mutters Vetter war geflohen, über die russische Grenze. Er war erst nach Sokal gekommen, wo er ganz ferne Verwandte zu treffen vermutete, aber man sagte ihm dort, daß diese Verwandten schon seit Jahren in einer Stadt wohnten, die Chikago oder so ähnlich heiße und in Amerika liege. Da fuhr der junge Mann nach Lemberg, zum Meier Blum. Der gab ihm den Rat, gleich so vielen anderen Flüchtlingen aus Schitomir nach Amerika auszuwandern. Was sollte er auch hier tun? Worin bestände denn die Klugheit, dieses Schitomir gegen Galizien einzutauschen? Richtig emigrieren müßten so junge Leute wie dieser Leiser Selzer, *ganz* aus Europa fort, nach Amerika, dort wo der »amerikanische Reichtum« nur auf tüchtige Jungens warte.

So sprachen Meier Blum und seine Freunde auf den jungen Mann aus Schitomir ein. Man sammelte Reisegeld für eine Schiffskarte.

Es war eine glückliche Zeit: keine Visen, keine Einreisebewilligung, keine Einwanderungsformalitäten. Der Mensch, der verfolgt wird, der gehetzt wird, der sich retten muß, *kann* sich retten, *darf* sich retten. Amerika war ein großer Magnet für alle Suchenden, für alle Unglücklichen, für alle arbeitsamen Wanderer, die vorwärtsstrebten. Da war der moderne Industrialismus. Da standen Tausende von Fabriken, Tausende von Werkstätten, wo man klein anfängt, als kleinster Arbeiter (keiner fragt: Jude oder Christ. Wer arbeiten will, *kann* arbeiten, *darf* arbeiten, *soll* arbeiten, *wird* arbeiten ...). Und dann beginnt man zu steigen, immer höher und höher, bis zum Direktorsessel vielleicht, und vielleicht schafft man's auch bis zum Fabrikbesitzer! Ist ein Jude nicht geschickt, ist er nicht ein sorgsamer und ehrlicher Mensch? Leiser Selzer wird drüben arbeiten, verdienen, sehr viel verdienen, Amerika lockt, ruft, winkt. Die Arbeit, die allen freisteht, verspricht Wohlhabenheit, Aufstieg, Geld, ein glückliches, sorgenfreies Leben.

Mit der Ankunft des Leiser Selzer in Strody begann die Wendung in dem Leben der Fischmanns. Ich habe ihn noch gut in Erinnerung, diesen Gast, der alles eher als ein lustiger Gast war. Er verzog keine Miene, wenn jemand lachte. Sein Kinn zuckte schmerzlich auf, wenn eine Tür zuschlug. Der Anzug schlotterte an seinem Körper, und die Hände irrten umher, sie stießen mit der Luft zusammen, die auf dem Tisch lag. Heute erst verstehe ich diese Nervosität, denn ich bin selbst ein Emigrant geworden, habe selbst nun auch, verfolgt und verjagt, die alte Reise aller Juden angetreten.

Die Fischmanns baten ihn, eine Woche zu bleiben. Sie richteten für ihn das beste Zimmer, das mit Balkon. Wenn wir abends mit ihm um den Tisch saßen, redete keiner von Wolhynien. So wie man einst von Kischinew geschwiegen hatte, schwieg man heute von Schitomir. Sie sprachen nicht vom »Gestern«, nur vom »Morgen«, vom »Westen«, von »Amerika«. Sie sprachen vom »Weizen«, der von Jahr zu Jahr teurer würde. Sie sprachen auch von uns Kindern, doch wenn sie davon sprachen, hatten sie schon Angst, es sei zu viel, und sie blickten den Gast verstohlen von der Seite an.

Der Flüchtling saß an diesem fremden Tisch und träumte traurig. Vor seinen Augen erstanden wohl von neuem die dunklen wolhynischen Tage. Noch einmal sah er jene Beamten, schon 1905, aus Petersburg nach Schitomir kommen und hörte, wie diese Männer mit Fettbäuchen und behaarten Händen wühlten und hetzten. Wie sie die Wellen der Mißstimmung, die in der armen, verarmten, leidenden Bevölkerung gegen die allgewaltigen Generäle immer höher schwollen, in ein anderes, niemals trockenes Bett leiteten.

Er hörte sie johlend beklatschte Reden halten:

»Schuld an unserem Mißerfolg im russisch-japanischen Krieg

sind die Juden! Nur die Juden! Denn die Juden sind die Feinde unseres Väterchens, des Zaren – also sind sie ja die Verbündeten seiner Feinde, der Gelben!«

Es ist überall der gleiche Dreck, lieber Leser.

Er sah sich Jahre danach in jenen verqualmten Schenken, in denen die wahnsinnigsten Legenden hochschossen wie Giftpilze.

Er hörte die krummen Säbel der agitierenden Polizisten auf dem Pflaster schleifen und ihre Träger an jeder Ecke aufwühlende Nachrichten verbreiten:

»Wißt ihr schon, daß die Juden unsere Kathedrale in die Luft sprengen wollen?«

»Wißt ihr schon, daß die Juden Christenblut für ihre Weinfässer und für ihre Brote brauchen?«

Er vernahm den keuchenden Atem verfolgter Ghettomenschen durch das nächtliche Gewirr der Altstadtgassen.

Er hörte den dumpfen Aufprall eines ermatteten Körpers und das schrille Gejohle der Verfolger:

»Haut ihn ganz tot, Kinder! Der atmet ja noch!«

Er sah sie kurz vor der Morgendämmerung in die noch dunklen Judengassen einbrechen, in die verriegelten Häuser einfallen. Er erblickte vor sich die dreißig alten Juden, die mitgeschleift wurden, weil der plündernde Pöbel keiner jungen habhaft werden konnte.

Und der Flüchtling Leiser Selzer seufzte auf, als er an die dreißig abgeschnittenen Bärte dachte, die die Juden am nächsten Morgen auf ihrem Markte fanden. Dreißig Bärte, aber der mitleidige Fluß schwemmte nur elf Leichen an.

So saß dieser Gast am Tisch, und seine Augen bohrten sich schwermütig in die Wand, die im Osten stand. »Dort liegt Schitomir«, dachte wohl meine Mutter. Alle Fischmanns dachten an Schitomir, aber keiner sprach diesen Namen aus.

Großmutter tröstete ihn (aber war das ein Trost für uns?):

»Gestern war bei euch ein Pogrom, morgen hier ...«

»Man ist ein Jude und hat zu leiden«, war Leibs Ratschlag. »Außerdem, solange Kaiser Franz Joseph lebt ...«

»Bei uns war es der Zar und der Gouverneur«, sagte Leiser Selzer.

»Und wenn, Gottbehüte, übermorgen Franz Joseph stirbt«, fragte mein Vater. »Was dann, wenn er wirklich stirbt. Das ist doch kein Leben, hier mit den Bauern! Erst gestern ...« Und er begann zu jammern und zu schelten.

»Wenn ich so jung wäre wie ihr, Kinder ...«, sagte Malke und ihre Lippen taten ihr weh.

»Was wollt ihr eigentlich!« regte sich Leib auf. »Lemberg ist kein Schitomir!«

»Aber morgen kann es in Lemberg und hier in ganz Galizien Pogrome geben wie in Schitomir, und noch viel größere«, unterbrach ihn Malke.

»Ach was!« sagte Leib, der Großvater, leichthin, um es leichter zu machen, jeder merkte das. »Du malst alles schwärzer als es ist.«

»Trotzdem ... Für unsere Kinder ... Schon lange denke ich daran«, zögerte Jossel, mein Vater.

»Warum fahrt Ihr nicht nach Deutschland«, fragte Malke den jungen Selzer.

»Ich weiß nicht warum. Ich könnte auch nach Deutschland fahren. Aber vielleicht gibt es eines Tages in Deutschland dasselbe Elend, dieselbe Hetze, die gleichen Hetzer wie in Wolhynien. Einer in Lemberg hat mir von Deutschland abgeraten. Ich habe seinen Namen vergessen, aber er hat einen klugen Kopf gehabt. Er hat gemeint, Berlin oder hier, das sei beinahe dasselbe, denn lieb haben sie uns hier nicht und nicht dort. Auch dort rufen sie: ›Hängt den Jud' auf!‹ ... Ich weiß nicht. Ich will nicht nach Deutschland. Ich will doch nicht in ein fremdes Land kommen, dort fünf oder zehn Jahre bleiben und dann wieder flüchten.«

»Aber nein!« protestierte Malke. »Deutschland ist ein gebildetes Land! Da gibt es einen Herrn von Lessing, der hat ein großes jüdisches Drama geschrieben! Aber nein!«

»Lebt der Herr Lessing in Berlin, Frau Malke?!«

»Er ist, glaube ich, leider schon tot«, bedauerte meine Großmutter.

Am Tage darauf sagten uns die Eltern mit rotumränderten Augen, daß der Gast nach Amerika gefahren sei. Er hatte beim Abschied versprochen, daß er bald schreiben werde, und meinem Vater hatte er es besonders fest versprochen.

Emigrieren?

Oft hört und liest man, daß sich das Leben zweier Menschen wie eine Bühnenszene abspiele. Vom Leben meiner Großeltern kann ich das beim besten Willen nicht sagen, schon deshalb nicht, weil selten der eine Teil den anderen ausreden ließ. Nein, sie traten weder auf noch ab, sie übten sich nie im »verzweifelt-stummen Händeringen«, noch im berühmten »drohenden Schweigen während einer Minute, die nicht enden will«, noch im »effektvollen Augenrollen«, um dem Publikum die Erregung sichtbar zu machen. Sie lebten, liebten und stritten sich, ohne von Spielregeln und Regieeinfällen behindert zu werden. Trotzdem kann ich nicht sagen, daß es mir jemals langweilig geworden wäre, ihnen zuzusehen und zuzuhören.

Wenn meine Großmutter Malke über einem Buche saß, ganz vertieft in eine Welt, die ihr um so vieles interessanter und gerechter erschien als die strodyer; wenn ihr die Backen wie die eines jungen Mädchens rot anliefen und dabei die Perücke, die sie aus Frömmigkeit trug, unternehmungslustig über das eine Ohr rutschte und etwas schief über die kluge Stirn; wenn sie zuweilen ihre Lektüre mit begeisterten »Oh«- und »Ah«-Rufen unterbrach und dabei kleine glänzende Äuglein bekam wie eine Braut ihrer Tage vor dem ersten Kuß; wenn sie mein Großvater so in irgend einer Ecke des Hauses sitzend erwischte –, dann strich er um sie herum wie wohl ein zorniger Kater um einen Baum streichen mag, auf dem ein ihm bekannter aggressiver Vogel träumerisch hockt, wie ein solcher Kater also und voller Verlangen, dieses »Biest« zu überlisten und zu überwältigen, aber auch zugleich voller Angst vor dessen handfesten Fähigkeiten.

Bissig fragte er: »Biste schon wieder in deinem Deutschland?«

Bissig gab sie zu: »Ja, bei meinen geliebten Schreibern«, schob dann mit einer wegwischenden Bewegung ihre Perücke zurecht und las weiter.

Je mehr Malke in ihren Büchern blätterte – ich habe diese vier oder fünf deutschen Wälzer, dicke, abgegriffene Goldschnittbände, ihr manchesmal von einem Zimmer ins andere bringen dürfen, was mich mit großem Stolz erfüllte – je mehr also die Großmutter las, desto mehr wurde sie zur Kämpferin »für das Glück der Kinder«, wie sie es nannte. Überall eckte sie jetzt in Strody an, alles stand ihr hier im Wege, diese ganze enge Welt mit ihren Schranken, Grenzen, Kleinlichkeiten, Lächerlichkeiten. Oft krampfte sich in solchen Stunden des Betrachtens ihr Herz zusammen, und ich hörte sie seufzen: »Warum bin ich nicht zwanzig Jahre jünger.«

Aber meine Eltern waren noch jung, auf sie sprach sie ein, ihnen ließ sie keine Ruhe mehr. Jeden Abend, wenn mein Vater abgekämpft, ermattet und oft mutlos dasaß, wortlos, an nichts anderes denkend als an seine Dörfer – an solchen Abenden fing Malke an zu klagen und anzuklagen:

»Was hat man schon in Strody von seinem Leben!«

Das brachte den Großvater ganz außer Rand und Band. Er schrie:

»Guckt sie euch nur an! Wie ein Mädchen redet sie daher, eure Mutter! Daß sie sich nicht schämt!«

Und er spuckte aus, mitten hinein in die Stube, ganz entrüstet, auf den ungehobelten Fußboden, und äffte ihr nach: »Was hat man schon vom Leben!«

Meine Eltern dachten wohl: »Der Vater fühlt sich beleidigt und meint sicher, daß das ein Vorwurf gegen ihn ist«, und sie mögen versucht haben zu schlichten. Doch schon rief Malke aus:

»Du stehst den ganzen Tag in der Schenke, da kannst du ja nicht wissen, was sich draußen tut ...«

Diese Worte waren aus dem Mund, bevor sie überlegt waren. Es tat Malke sofort leid, aber wie sollte sie das nun einmal Gesagte ungesagt machen können?

»Ich stehe ja zu meinem Vergnügen hinter der Theke«, erwiderte Großvater still. »Nur zu meinem Vergnügen verkaufe ich Heringe und Schnaps.«

Lea kam zu Hilfe. »Sie meint es ja nicht so. Sie hat von etwas ganz anderem gesprochen, aber du hast es nicht verstanden.«

»Ihre verrückten Ideen von Deutschland verstehe ich schon lange«, sagte Leib verächtlich. »Ich weiß, du denkst genau wie sie. Du bist eben auch eine Frau. Verrückte Ideen! Bah! Frauensleute!«

»Und du bist ein Mann«, gab Malke zurück. »Es wäre doch närrisch, einer Frau zuzugeben, daß sie recht hat.«

Es gab immer wieder solche Auseinandersetzungen bei den Fischmanns. Es gab in jenen Jahren viele Fischmanns in Strody und im ganzen Osten. Lockend verspürten sie »die Luft, die draußen weht«, diese Luft, die nach Ruhe, Frieden und Wohlstand riecht, und sie rüttelten immer ungeduldiger an den unsichtbaren, aber fühlbaren Ghettotoren. Nicht nur die Jugend, sondern Menschen jedes Alters und jeder Bildungsstufe suchten in den Begriffen »Modernsein« (in Grenzen, versteht sich), »Deutschsein« (das bedeutete damals: westeuropäisch sein – aber in Grenzen, versteht sich), »Emanzipation« (aber in Grenzen, versteht sich) die Schlüssel für ein besseres Leben. Auch meine Großmutter, ein erstaunliches Exemplar weiblicher Vitalität, aber keineswegs ein seltenes Exemplar, sprach vom Westen, wie die Juden wohl einst in Ägypten vom »gelobten Land« gesprochen hatten. Sie legte mit solchen Gesprächen den Grund zur Emigration der jungen Fischmanns, denn eines Tages, das war sicher, würden Jossel und Lea fortfahren.

»Du wirst sie bald draußen haben«, knurrte Leib und zerteilte dabei mit beiden Händen einen fetten Hering.

»Verstehst du denn nicht, daß dies für sie das beste ist!« schluchzte Malke. »Meinst du, es fällt mir sehr leicht, mich von ihnen zu trennen.«

Leib wischte sich einmal über die Nase und einmal die Augen. »Willst du den Schwanz, den Kopf oder das Mittelstück.«

»Nichts ...«, wollte Malke sagen. Aber wie soll eine Mutter ein Wort sprechen können, wenn sie an den Abschied von ihren Kindern denken muß, an einen Abschied, der doch einmal kommen wird.

Leib aß den Hering allein, ganz allein den ganzen Hering. Er hat nichts zu lachen gehabt, dieser Hering. Es war kein lustiges Essen.

Ich erinnere mich nicht, gehört zu haben, daß mein Großvater meiner Großmutter Malke auf ihr Trommelfeuer von Argumenten jemals sehr lang und sehr ausführlich geantwortet hätte. Ich glaube auch nicht, daß dies etwa der Fall war, wenn seine Enkel nicht bei den »Debatten« zugegen waren. Ich glaube vielmehr, daß er seiner Frau in Beweglichkeit, Angriffslust, überhaupt in der Schnelligkeit des Denkens nicht ganz gewachsen war. Er war zwar ein pfiffiger, ein geriebener Schankwirt, aber diese Geriebenheit hatte ihre Wurzeln in einem abwartenden Naturell, nicht aber in einem klug ordnenden oder gar kämpferischen Charakter. Wahrscheinlich hat er oft unter der sichtbar geistigen Überlegenheit seiner Frau gelitten, selbst mir, seinem Enkel, tauchen bei dieser Niederschrift ein paar bezeichnende Erinnerungen an Stunden wieder auf, die mir keinen Zweifel lassen.

Einmal beobachtete und belauschte ich ihn, wie er, kein Mensch war außer ihm in der Schankstube, hinter der Theke stand und energische Selbstgespräche führte. Mich konnte er nicht sehen, denn ich stak spielend unter irgend einem Tisch, ich glaube, es war der alte hochbeinige Billardtisch.

Ich bin sicher, daß er innerlich kochte, der alte gute Leib, wenn ihm meine schnelldenkende Großmutter keine Zeit ließ, all seine Einwände gegen »Auswanderung« hübsch der Reihe nach wie gefüllte Teegläser aufzustellen. Kaum hatte er nämlich einen Satz, bitterböse und wie persönlich beleidigt, herausgequetscht – er sprach nicht so schnell wie Malke – da kam die Großmutter schon wieder mit einem ganzen Schock neuer Fragen und Behauptungen, daß er sich wohl wie ein Mann vorgekommen sein mag, der einen Zug nach dem andern verpaßt.

Ich hörte ihn also einmal laut sprechen, obwohl er ganz allein war, und sicherlich gehe ich nicht fehl, wenn ich glaube, daß er sich nicht selten mit solchen Selbstgesprächen half und daß er so also in Ruhe und ungestört zu seiner Frau sprach, die, zu seinem Glück wahrscheinlich, kaum etwas von dieser lustig-traurigen Gewohnheit ahnte.

»Malke, ich will nicht, daß du unseren Jossel und seine Lea und die Kleinen zu ›modernen Menschen‹ machst ...«, sagte er, und ich staunte unter meinem Tisch, wie seine Worte auf einmal energisch und überzeugend klangen: »Wer fortreist, wird ein ›Moderner‹, ich will das aber nicht! Hat denn so ein ›Datscher‹ mehr vom Leben? Betrachte doch den Doktor Spiegel. Der hat ja schon vergessen, was ein Jude ist. Er rasiert sich, obwohl das Gesetz das verbietet. Er ißt Schweinefleisch und geht sogar im Sommer ohne Hut, dieser Goy! Willst du, daß unsere Kinder auch solche Abtrünnige werden, willst du das!«

Jetzt hörte ich eine Weile nichts. Wahrscheinlich malte sich Großvater in dieser Pause aus, daß Malke jetzt kurz und nachdenklich (wie sonst nur er!) sagen würde: »Nein, Leib, ich glaube, daß du recht hast, mein Leib ...«

Nun sprach er wieder, und seiner Stimme war anzuhören, wie sehr er sich freute, daß er ein so verständiges Weib habe.

»Na also, ich habe es doch gewußt, daß du vernünftig bist. Was ist das ganze ›moderne‹ Wissen? Alles unnütz! Dieses Wissen wird ihnen bei Gott nichts nützen, und also auch nicht in dieser Welt!« Dieser letzte Satz schien ihm so gut zu gefallen, daß er ihn noch einmal sprach: »Und also auch nicht in dieser Welt!«

»Eigentlich hast du ganz recht«, würde wohl Malke nur sagen können, freute sich da der alte Leib, denn sie ist auf alle Fälle eine kluge Frau, sein Weib, das muß er schon gestehen.

»Aber sieh mal an, Malke. Wenn du die Kinder nach dem Westen drängst, werden sie alles vergessen«, trumpfte Leib zum Schluß auf. »Nicht einmal beten werden sie dann noch können, genau so wie dieser Doktor Spiegel, der schnell ein paar Seiten weiterblättert, wenn der Vorbeter ein lautes Wort sagt. Ist das eine Bildung?«

Hier stellte sich Leib wohl gar vor, wie Großmutter beschämt schweigen würde. Das wäre ein großer Triumph, der größte seines Lebens! Nun ja, er kann doch nicht einfach zugeben, daß wir Kinder entführt werden. Nein, wie sollte er auch ruhig bleiben, wenn man ihm ›das schönste Licht des Hauses‹ rauben will? Hat er im Alter denn nicht auch ein klein wenig Recht darauf, seine Kinder um sich zu haben? Was hat er davon, wenn sie ihm Briefe schreiben. Er will keine Briefe erhalten, er will seine Kinder bei sich haben ...

Aber vielleicht, so bangte er, wird Malke sagen: »Egoist!«

Manchen Tag wird der Großvater so in quälerischen Selbstgesprächen zugebracht haben, der Arme.

Ganz im Geheimen aber gab er ihr, glaube ich, trotzdem immer zu verstehen, daß er genau so wie sie denke. »Die anderen hassen uns Juden doch wie die Pest. Sie geben uns doch keine Ruhe hier in Strody, und wenn sie könnten, würden sie uns lieber heute als morgen erst totschlagen. Was soll man tun, was soll man bloß tun ...?«

So wurde nun Leib, der Alte, hin- und hergeworfen.

Es war nicht leicht für ihn.

Abschied

Als ich eines Tages aus dem Cheder des Melamed Mottke Reich nach Hause kam, beachtete mich keiner, niemand unterzog mich, wie es sonst üblich war, einem peinlichen Verhör, um festzustellen, ob und wie lange sich heute dieses arme Lehrerlein in Strody mit mir beschäftigt habe, oder ob dieser Reich zwar das Geld einstecke, aber nichts dafür leiste. Niemand stellte mir heute solche spitzfindigen Fragen, nicht einmal mein Gruß wurde beachtet. Es war schon höchst eigenartig, daß ich in der Schenke weder den Großvater noch einen anderen der erwachsenen Fischmanns an der Theke gesehen hatte. Noch sonderbarer aber berührte mich dieses tiefbohrende Schweigen der Familie Fischmann, des alten und des jungen Paares, die alle vier um einen runden Tisch saßen und auf einen Brief starrten, der zwischen ihnen lag.

Dieser Brief war ganz unerwartet vom schielenden Pinje, dem Briefträger, gebracht worden. »Einen Brief habe ich da für euch! Eine Schönheit von einem Brief! Direkt aus Amerika kommt er!«

»Aus Amerika?«

»Von einem Leon Selzer.«

»L-e-o-n? Wie? Leon Selzer?«

»Von Leiser!« schrie da Mutter ungeduldig und riß dem Schielenden den Brief aus der Hand und den Umschlag auf.

Leiser Selzer ... Sind es nicht schon Monate, oder gar schon Jahre, daß er in Strody gewesen ...?

Dies schrieb er endlich, endlich:

»Liebe Lea, wenn dein Mann will, soll er zu uns (er schrieb: ›Zu uns!‹) nach New York kommen. Das Leben ist hier frei und schön, viel freier sicherlich und auch viel angenehmer als in Galizien ist das Leben in Amerika. Ich habe für ihn eine gute Stelle gefunden, da wird er sich hocharbeiten können wie wir alle (er schrieb: ›Wie wir alle!‹). Als ich bei euch war, vor der Überfahrt, da hat mir dein Mann Jossel sehr gut gefallen. Ich glaube, ihr werdet hier sehr glücklich werden können, wenn ihr arbeiten wollt. Man läßt uns hier in Ruhe schaffen, die Menschen arbeiten hier alle für ihr Glück, auch ihr könnt es, wenn ihr den Mut habt, hier versuchen. Doch rate ich euch, Jossel soll zuerst alleine kommen. Später kann er dich und die Kinder nachkommen lassen. Dein Verwandter Leon Selzer.«

Was sagt man nun zu einem solchen Brief!

Es geht ihm also, Gottlob, gut, dem Jungen aus Schitomir ...

Er hat uns also nicht vergessen, das gute arme Jingele ...

Und Leon heißt er jetzt und nicht mehr Leiser ...

Und ... Und Jossel soll kommen ...?

Nach Amer ... Amerika ...?

Soll er fahren ...?

Aber nein ...!

Aber ...

Setzen wir uns erst mal hin ...

»Nein«, sagte Großvater.

»Ja«, sagte Großmutter.

Die Mutter schwieg, auch der Vater schwieg.

Den ganzen Tag schrie die Großmutter immer wieder dieselben Worte, dieselben Argumente uns allen in die schon schmerzenden Ohren.

»Was soll er hier! Soll er sich, wie du, sein ganzes junges Leben lang mit diesen Janeks herumplagen? Soll er denn ewig in Strody und in den Dörfern seinen Draht, der nicht der seine ist, verkaufen? Soll er denn, wie du und ich, auf einen Pogrom warten, der über Nacht uns überfallen kann? Und seine Kinder! Was soll aus ihnen werden, wenn sie größer sind? Auch Schnaps- und Heringsverkäufer wie du? Oder Drahthändler wie ihr Vater? Wer seine Kinder lieb hat, muß sie von hier wegschicken ...«

Und so wurde die Sache beschlossen: Jossel fährt nach Amerika. Er fährt erst ganz allein, und er soll schreiben, wie es ist, damit dann später Lea und wir Kinder nachkommen können.

Dann kommt ein Tag, da werde ich »schön« gemacht, da fährt Großmutter Malke stolz und traurig mit ihrem Sohn Jossel und mit mir, ihrem Enkel, nach Lemberg.

In dieser mir riesenhaft erscheinenden Stadt kaufte sie für ihren Sohn die Schiffskarte.

»Er fährt nach Amerika«, erklärte sie dem Verkäufer. »Das

ist nicht sehr nahe bei Strody, aber er wird immer bei uns sein«, und sie weinte.

Dann wollte sie ihrem Jossel einen Anzug kaufen, da weinte sie nicht mehr. Wir fuhren, ich stand zum ersten Mal auf einer Trambahn, in das Geschäft des Moses Schapira.

Jeder in der Familie Fischmann erkannte ohne Neid an, daß keiner so vorteilhaft wie Malke einkaufen konnte. Ein Mann ist nur ein Mann, aber sie, das sagten alle, ist gewitzt wie zehn Männer zusammen.

»Dein Vater kann zwar Schnaps verkaufen«, schrie Malke, denn sie mußte schreien, weil wir auf der vorderen Plattform der lärmenden Lemberger Trambahn standen. »Er kann Schnaps verkaufen, aber niemals wird er lernen, wie man Anzüge kauft. Ein Mann kann nicht für sich selber handeln, nur gegen andere. Es kennt doch jeder die Geschichte von der Dummheit aller Männer. Vergiß sie auch in Amerika nicht, mein Jossele.«

»Bim-Bim«, klingelte die Trambahn.

»Diese wahre Geschichte ist aus Strody. Jankew Lachmann stand Tag für Tag auf dem Markt, mit einem Korb voll Brote. Aber einmal kam er ohne Geld und ohne Brote nach Hause ...«

»Was war passiert?« schrie Vater neugierig und hielt sich fest, denn es kam eine Kurve.

»Das hat auch seine Frau gefragt«, kicherte Großmutter. »Dieser Mann, dieser Dummkopf Jankew Lachmann sagte: ›Eine Menge is' gekommen und hat mir meinen Korb umgeworfen, liebes Weib, und jeder hat mir ein Brot gestohlen ...‹ – ›Pah!‹ hat da das Weib von diesem Lachmann geschimpft. ›Und warum hast du, Dummkopf, dir keins gestohlen?‹ ... So dumm sind die Männer!«

»Bim-Bim«, klingelte die Trambahn.

Bei Moses Schapira wurden wir wie Herzöge empfangen. Vater sagte kein Wort, nur Großmutter sprach.

»Ich brauche einen Anzug für meinen Sohn«, sagte sie mit einer feinen, schwelgerischen Stimme. »Sie müssen wissen, mein Sohn fährt mit einem Schiff, mit einem sehr großen Schiff, weit weg, auf die andere Seite der Welt. Es muß also ein dauerhafter Anzug sein, etwas Gutes, das Beste vom Besten. Er kann kosten, was er kostet, die Hauptsache ist die Qualität.«

Drei Männer brachten Anzüge geschleppt, dunkle Stoffe, helle, gesprenkelte, gestreifte, glatte, gerauhte. Ich stand ganz klein da und verlor kein Wort des geführten Gespräches.

»Für Amerika braucht er etwas Gutes, etwas Schönes und Solides«, dirigierte Malke kühl und lächelte zur gleichen Zeit ergreifend und dem Weinen nahe ihrem Sohne zu.

Vater probierte an, zehn Anzüge, zwanzig Anzüge. Wenn er etwas sagen wollte, stieß ihn Großmutter mit dem Ellenbogen an und meinte rasch:

»Schon gut, ich werde für dich sprechen, ich weiß, was du sagen willst.« So war Großmutter, und also schwieg ihr Sohn.

Endlich, endlich hatte sie einen Anzug.

Moses Schapira nannte einen Preis.

Großmutter handelte die Hälfte ab.

Schapira dachte verschmitzt: »Das habe ich mir gleich gedacht. Diese Jüdinnen vom Land, die sich mit ihren Bauern herumplagen müssen, wollen doch handeln. Soll sie sich freuen. Ich habe ihr sowieso einen doppelten Preis genannt.«

Aber auf einmal wurde er blaß.

Großmutter handelte immer noch.

Noch zehn Prozent.

Noch zehn.

Unerbittlich wie ein General.

Noch schlimmer.

Moses Schapira stand in kaltem Schweiß.

Endlich, endlich sagte Großmutter: »Ich nehme den Anzug.«

»Gelobt sei Gott!« stammelte Schapira.

»Amen«, pflichtete ihm Großmutter bei. »Ich nehme also den Anzug, aber Sie müssen mir noch ein Hemd zugeben.«

Der Händler rang die Hände.

»Bedenkt, er fährt auf die andere Seite der Welt«, sprach da Malke auf ihn ein, ruhig, ganz verständig, um es dem Manne leicht zu machen. »Bedenkt, was das für eine Reise ist«, floß es ihr traurig von der Zunge. Aber plötzlich überrumpelte sie den überraschten Schapira: »So etwas Großes, eine solche Reise, und Sie jammern hier über ein so kleines Hemd!«

Schapira gab, blaß wie ein Unglücklicher, auch noch das Hemd. Beim Zahlen erhandelte diese »schreckliche Frau« noch eine Krawatte als Zugabe.

»Aber wirklich als Letztes«, keuchte Schapira. »Diese Frauen!«

Wir fuhren zurück nach Strody. Auf der ganzen Strecke hielt Vater das Paket mit dem Anzug, und Großmutter hielt in beiden Händen die Schiffskarte, das Schicksal ihres Sohnes. Ich saß winzig zwischen ihnen und schlief vor Müdigkeit ein.

Die folgenden Tage vergingen wie im Fluge. Es wurde gepackt und geweint und geweint und gepackt, und in den Nächten konnte kein Mensch schlafen. Nur wir Kinder, Hersch und ich, schliefen wie zu ganz gewöhnlichen Zeiten.

Jeder belauschte sich selbst, so vereinsamt schien das Haus schon geworden, obwohl Vater noch in Strody war. Großvater Leib döste dahin, erschöpft von den Kämpfen mit Großmutter und meinen Eltern, er war der Unterlegene. Aber selbst die Siegerin Malke lief wortkarg durch die Stuben und stützte zuweilen ihre müden Hände auf die hohlen Knie. Jetzt, wo doch alles so gekommen, wie sie gewollt, tat ihr auf einmal das Herz weh.

Die Eltern nahmen uns, ihre beiden Kinder, an die Hand, und wir gingen in der Trockenheit eines Junitages zu viert hinunter an den Fluß. Wir liefen am Wasser entlang, das träge und in entgegengesetzter Richtung floß. Der Sand war glühend unter den Füßen. Die Eltern küßten sich im Gehen, sie küßten uns.

Die Mutter sprach, der Vater sprach, beide schienen heiser zu sein. Wir Kinder gingen vor ihnen her. Der Wind trug uns die Worte zu.

»Wo werden wir in zehn Jahren sein ...?«

»Und unsere Kinder in zwanzig ...?«

Wir nahmen einen Weg über Felder. Wir setzten uns auf eine Wiese. Vater redete leise auf die weinende Mutter ein. Er machte wohl auch sich selber Mut, nicht nur ihr. Hilflos lehnte sie ihren Kopf an seine Brust, er streichelte ihr Haar, das rauhe, dunkle Haar.

»Ich werde in Amerika viel arbeiten«, sagte er.

»Nur nicht überarbeiten, Jossele ... Das mußt du mir versprechen ...« Mutter hatte Angst.

»Natürlich werde ich auf mich achtgeben ... Und wenn du dann mit den Kindern bei mir bist«, begann Vater ein schönes Versprechen.

Die Welt versank in weiter, weiter Ferne ...

»Wie denkst du dir das«, fragte Mutter, »wie denkst du dir dein Leben in Amerika ... So ganz allein ...«

»Ich weiß noch nicht«, gestand Vater.

Dann sagte er unsicher: »Man hört ja so viel erzählen. Ich werde sparen. Zuerst für eure Schiffskarten, dann für die Zukunft unserer Kinder.«

»Ich kenne einen aus Kischinew«, verriet ihm die Mutter,

»der ist drüben ein schwerreicher Mann geworden. Ein großer Advokat. Ein angesehener Mann ...«

»Ich bin schon zufrieden, wenn unsere Kinder es leichter haben«, gestand ihr Vater. »Wenn sie später das werden können, wozu sie Lust verspüren. Ich will für uns beide nichts weiter als eine eigene Wohnung in New York, eine eigene Wohnung ...«

»Aber nicht überarbeiten, Jossele ...!«

»Mein Ehrenwort, Lea, bestimmt nicht ...«

»Und du wirst alle acht Tage schreiben ...«

»Jede Woche? Ich weiß nicht, ob das möglich ist«, zögerte der Ehrliche vorsichtig. »Und sicher ist das Porto in Amerika viel teurer. Dort rechnet man doch mit Dollars. Verstehst du? (Mutter nickte: ›Nein.‹) Na, das wirst du, wenn du erst drüben bist, sehr schnell lernen. (Mutter nickte verträumt: ›Ja.‹) ... Aber alle vierzehn Tage ganz bestimmt.«

»Ich werde sehr warten ...«, sagte Mutter wehmütig und etwas verschlafen nach all den anstrengenden Tagen.

»Schreibe mir immer genau, was die Kinder machen«, bat er.

»Ja, Jossele ...«

»Und von unseren Eltern auch ...«

»Ja, Jossele ...«

Dann träumten sie beide mit offenen Augen von Amerika.

Von einer kleinen eigenen Wohnung, mit einem Brunnen, der direkt an der Tür steht.

Und in einem Zimmer werden sie vielleicht Gas haben.

Wenn sie wollen, können sie in ein jüdisches Theater gehen, denn sie wissen schon längst, daß es viele jüdische Theater in New York gibt.

Und sie werden zu Leiser Selzer gehen, der jetzt Leon Selzer heißt. Oder Leon wird mit einer Trambahn vor ihr Haus gefahren kommen, wie das sicherlich in New York schon Mode ist.

Und die Kinder werden Schüler in einem Gymnasium sein, in einem feinen. Hier in Galizien sagen sie: »Was braucht ein Jude Gymnasium, Universität und Bildung? Wozu soll denn der Jude Advokat sein? Wozu ein großer, angesehener Mann? Mit alten Kleidern soll er handeln, mit fauler Butter und mit stinkenden Heringen!«

Aber in Amerika ... Das ist ein freies Land ... Da werden die Kinder einst glücklich sein ... Oh, glücklich sein ... Oh, glücklich sein ...

Oh ...

Das träumten unsere Eltern ...

Dann liefen wir schnell davon, denn von den Wiesen erhob sich ein Gewitterwind. Er fuhr hinein in die Felder und bog die Halme, daß es wie ein Wasser aussah. Er bog die Roggenblumen und die Disteln.

Da stand der erste Morgenzug auf dem Perron des kleinen Bahnhofes. Auf den Schienen lag Reif, und eine Laterne schaukelte an einem Draht in der Luft. Ich saß auf dem Arm des weinenden Vaters, der damals einen dunklen Bart trug. Und der Zugführer trug auf dem Bauch eine kleine Lampe. Ein helles Glöckchen schrillte im Bahnhofsgebäude, und an der Barriere begann der Hammer die große eiserne Glocke zu bearbeiten. Vater küßte uns Kinder, die Mutter, die Großeltern.

Die Lokomotive zischte böse aus allen Ventilen.

Küsse, Weinen, Abschied, Küsse, Tränen ...

Da sind die vertrauten Gesichter, da steht die Familie Fischmann. Da ist die Heimat Jossels, und er soll Abschied nehmen, soll sich losreißen von uns. Losreißen! Aber er hängt ja nicht mit Stricken an uns, die man einfach losknotet, aufknüpft, er ist ja mit uns verwachsen, Körper an Körper. Losreißen ist wie eine Operation, eine schmerzhafte Prozedur, und vielleicht heilt die Wunde nie ...

»Der Zug wird gleich abgehen!«

Küsse, Weinen, Abschied, Abschied ...

Da glaubt man nun, ein Abschied daure nur einige Augenblicke. Aber wie irrt man sich. »Ich eigne mich ja nicht einmal zum Abschiednehmen«, denkt Jossel Fischmann schon reumütig, traurig. »Ich habe mir alles viel leichter vorgestellt. Mein Herz, oh, mein Herz! Es wird mir wehtun bis ans Ende meiner Tage ...«

Vater stieg in den Wagen. Einsam stand er im Fensterrahmen. Jemand hob mich hoch. Vater küßte mich. Ich stellte laut fest, daß seine Tränen salzig schmeckten. Ich weinte mit ihm. Alles weinte.

Lang und wehmütig pfiff die Lokomotive. Noch ein Blick. Schlucken, hinunterschlucken den Gram. Ach, man wird sich ja wiedersehen, wiedersehen ... Die Augen sahen nichts mehr vor vielen Tränen ... Nur wir Kinder sahen wohl als einzige, wie der Zugführer mit seiner kleinen roten und grünen Lampe winkte.

»Jetzt fährt der Zug!« jubelte Hersch.

Es stampfte und ratterte auf den Schienen.

Der gelbe Fensterrahmen rollte davon, und der darin stehende Vater wurde immer kleiner.

In dieser Sekunde des Davonfahrens dachte er: »Nicht mehr weinen, Jossel. Stark sein. Schluß mit den Tränen ...«

»Abgewöhnen, abgewöhnen, abgewöhnen«, sangen die Räder.

Der Zug verschwand schnell im dämmerigen Morgen hinter gelblich grauem Dunst.

Auf dem verödeten, ungereinigten Perron stand die Familie Fischmann, der Rest der Familie Fischmann, und blickte bis nach Amerika, bis nach New York.

Dann tat jeder einen Seufzer. Und alle weinten so unglücklich.

(Nun kommt schon, liebe Fischmanns, kommt schon. An der Sperre wartet der Beamte auf euch!

Ein Jude darf einen Beamten nicht warten lassen!

Ein Jude soll wissen, daß das sofort böses Blut gegen *alle* Juden macht!

Schnell! Schnell!! ...)

»Die Perronkarten!«

Wir gingen heimwärts. Das war für uns Strody. Wir Kinder stiefelten zwischen Mutter und Großmutter. Leib, der Großvater, trottete hinterher, zornig, aufgewühlt.

»Um ein Kind glücklicher zu machen, muß man sich von ihm trennen ... Eine schöne Welt ... Oih, oih, oih ... Ich habe es besser gewußt, besser gewußt ... Die Fischmanns taugen nicht zu solchen Abenteuern, zum Abschiednehmen, zum Reisen ins Unbekannte ... Oih, oih, oih ...«

Amerika

Er fuhr ab von einer Hafenstadt.

Europa versank, ewig blieb nur der Himmel.

Kühn stieg an ihm die Sonne empor. Groß und gewaltig ertrank sie jeden Abend in den fernen, fernen Fluten.

Tagelang war nichts als Wasser und Himmel zu sehen, aber mein Vater sah nicht einmal das. Er hatte, als er im Zug durch die europäische Landschaft fuhr, als draußen vor dem Wagenfenster fremde Städte, Täler, Berge und Wolken vorbeiflogen, nicht ein einziges Mal aufgesehen. Was interessierte ihn denn noch Europa? Nach Amerika wollte er, nur nach Amerika. Er saß in seinem Abteil und dachte: »Tag und Nacht werde ich arbeiten, Tag und Nacht, ob's schön ist, ob's regnet, ob ich gesund bin, ob krank, immer will ich arbeiten, Tag und Nacht, Nacht und Tag, bis sie endlich bei mir sind.«

Jetzt befand er sich auf dem Schiff, das ihn mit jedem Maschinenstoß näher an sein Ziel heranbrachte. Er fuhr als Zwischendeckpassagier. Er wollte keine bessere Klasse haben, hatte er in Strody (weit liegt jetzt dieser Ort zurück!) gesagt. Er hatte nicht auf den Verdienst verzichten wollen, der sich ergab, wenn man den gleichen Weg in der gleichen Zeit als Zwischendeckler zurücklegt. Wenn es eine noch billigere Möglichkeit zur Überfahrt gegeben hätte, wäre Jossel damit einverstanden gewesen. Er begann schon, bevor er noch richtig in Amerika war, sich auf das »Sparen für die Schiffskarten« seiner Familie einzurichten.

Er sah und hörte nichts von Bedeutung auf dem Schiff, ihn interessierte nicht der Weg, sondern nur das Ziel, Amerika.

Die ganze Nacht, den ganzen Tag hämmerten die harten Kolben der Maschinen, und die glühende Hitze aus den stickigen Kesselräumen stieg durch die dünnen Fugen seines Saales, in dem er warten mußte, bis das Schiff in New York angelegt haben würde. Von weitem hörte er die schaukelnde Tanzmusik vom Oberdeck. Ganz hoch in der Luft, etwas tiefer als der klare Himmel, konnte er das Sonnendeckrestaurant sehen, die Kommandobrücke und einen Tennisplatz. Hier unten aber lag er eingeklemmt zwischen fremden Menschen, er kam sich wie ein eingemachter Hering in einem übervollen Faß vor. Kleine Kinder jammerten, Frauen knöpften ohne Scham ihre Blusen auf und verstopften die schreienden Münder mit warmer Milch. Jossel wurde in dem ihn umgebenden Gedränge der Menschen, der Kisten, der zusammengeschnürten Bettzeugbündel und des vielsprachigen Gejammers gewahr, daß ihn irgend etwas juckte, und er kratzte sich und dachte: »In ein paar Tagen ist das alles vorbei!«

Das Wetter blieb die ganze Reise lang wunderbar, und Jossel schrieb nach Strody (weit liegt jetzt dieser Ort zurück!): »Das schöne Wetter, liebe Lea, ist ein gutes Vorzeichen für unsere Zukunft.«

Am letzten Tag wendete er seine Anzugstaschen um, als sei es vor einem Feiertag. Alle kleinen Taschenkrumen warf er in den großen Ozean und ließ sie nach Europa zurückschwimmen, denn er wollte ganz neu und sauber in Amerika ankommen.

Es war nachts, er stand an seinem kleinen runden Fenster, die weiß gischenden Wogen spritzten bis zu ihm herein, da erschrak er. Vorn, in einem Loch des Wassers, versank ein Flammenzeichen – und stieg immer wieder in die Höhe. Lichter kamen aus unwahrscheinlicher Ferne. Noch bewarfen die auf- und niederstürzenden Wellen dieses Feuer, doch es war mächtiger als alles Wasser in dem großen Meere. Es leuchtete für Jossel ganz allein, denn es war späte Nacht, fast schon an der Grenze der Nacht.

Jossels Backen glühten unter seinem Bart. Noch am selben Tag tauchte ein grauer, verschwommener Streifen auf, und am nächsten Morgen fuhr das Schiff an einer Insel vorbei, und gegenüber lag eine Stadt, die sogar größer als Lemberg zu sein schien. Diese Stadt hieß New York.

Kleine Möwen umflogen mit weißem Flügelschlag das große, bauchige Schiff. Massive Eisenarme hoben mit langen, dicken Ketten schwere Lasten aus dem Innern dieses schwimmenden Baues, und von weitem winkten große, erschreckend hohe Häuser herüber.

Bis hinein in das Schiff, das jetzt still im Hafen lag, surrte, läutete, schellte, klirrte, krachte und tobte New York. Bis hinein in den Rest des Ozeans ragte ein für Jossel bisher unvorstellbar gewesenes Knäuel von Mauern, Schornsteinen, von

Rauch und sogar Wolken, die um einzelne besonders stolze Häuser schwebten.

New York, himmelhoch und weltenbreit, schritt so auf ihn zu, packte ihn mit festem Griff, nahm sein Herz, besetzte sein Hirn, fesselte alle seine Glieder. Dem armen, kleinen Jossel verging das Atmen, er war schon besiegt, bevor er die Schlacht mit dieser Stadt begann.

Zuletzt durften auch die Passagiere aus dem Zwischendeck an Land, und Jossel Fischmann aus Osteuropa setzte endlich seinen Fuß auf amerikanischen Boden.

»Lea«, hauchte er erschlagen, überwältigt. Dann wurde er krank, mein Vater.

»Halloo, Mr. Fishmann.«

Jossel erhielt einen freundschaftlichen Schubs gegen die rechte Schulter. Er hielt sich fest, stieß einen Seufzer aus. Er sah sich einem Manne gegenüber, der jetzt Leon Selzer hieß und beinahe so aussah, wie einst Leiser Selzer ausgesehen hatte. Neben diesem Manne stand eine junge Frau, die begrüßte ihn laut, aber Jossel verstand kein Wort, denn sie sprach »amerikanisch«.

Jossel stammelte:

»Ich bin ... in Amerika ...«

»You are tired no doubt«, sagte die Frau freundlich.

»Du bist sicher müde, meint meine Frau«, übersetzte lächelnd Leon Selzer. »Sie heißt Sally.«

Jossel war erschlagen, »Ja, nein, ja ...«, sagte er. Er sah nichts als Steine, Eisen, Autos, Menschen. Statt Wasser und Himmel sah er jetzt nichts als Hast, Hast, Hast ...

Jossel taumelte in einen Stadtzug hinein, der nach dem Osten fuhr. Sein Kopf drehte sich, als er durch die offene Wagentür auf schnurgerade Linien blickte. Auf den vollgepfropften Trottoiren liefen, rasten, stießen sich dunkle und helle, gestreifte, gesprenkelte, getupfte Anzüge und Kleider, in denen ruhelose Menschen, Frauen, Männer, Halbwüchsige staken. Auf den Fahrdämmen lagen lange Regenwürmer, die sich als Autos und Droschken entpuppten. Über alle Dämme ergoß sich eine nie rastende Wanderung. Hochhäuser, Kuppeldächer, Häuserblöcke, Gesteinsfassaden zogen an dem rasenden Stadtzug blitzschnell vorbei. Menschen drängten in den Wagen, setzten sich, lasen Zeitungen, stiegen aus, neue kamen, setzten sich, lasen Zeitungen, stiegen aus, neue kamen, blieben stehen, lasen Zeitungen, stiegen aus. Lärm, Getöse, Geratter, Hupengeplärr verstopften Jossels Ohren. In der Luft mengten sich Benzingeruch und Schweiß. Hinter einem Dunst, der wie Milchglas über New York lag, vermutete Jossel schwach, ganz schwach eine Sonne wie in Strody am Flusse Stryj.

Leon Selzer sagte zu seiner Frau:

»Wir müssen ihm wieder auf die Beine helfen, my dear Sally. Jetzt fehlt ihm sicher Strody, es fehlt ihm ein Stück Wiese und der dreckige Markt. Es fehlt dem Armen ein Stück Wald, der Fluß, die Felder und der frische Wind. Von seiner Frau, den Kindern und den Eltern brauchen wir erst gar nicht zu sprechen.«

»I will do my best to help you«, sagte Leons Frau zu Jossel und drückte ihm die Hand.

Hilfeflehend sah Jossel diesen starken Leon Selzer an, der eine solche Sprache verstand.

»Was hat deine Frau gesagt?« fragte er ängstlich.

»Sie will ihr Bestes tun, um dir zu helfen, hat sie gesagt.«

»Es fehlt mir etwas ...«, sagte Jossel verlegen. Sein Kopf war heiß, und die Augen glühten wie im Fieber, sie sahen immer nur ragende, steinerne Türme, vierkantiges, breites, wuchtiges Gemäuer. Er zitterte, der kleine Mann.

»Es war bei mir das Gleiche«, tröstete ihn Leon Selzer. »In einiger Zeit legt sich das. Vielleicht fehlt dir auch bloß so'n Panje Bauer, lieber Freund«, setzte er lächelnd hinzu.

Jossel raffte sich auf, wehrte ab, erschrocken und bittend:

»Ich will ein neues Leben anfangen und nicht an vergangene Geschichten denken!«

»Was sagt er?« fragte Sally.

»He will not think of past stories«, übersetzte Leon. »Er hat keine Sehnsucht nach den Bauern. Dann ist ja alles gut.«

Als der Zug hielt und Leon vorstellte: »Der Osten«, blieb Jossel kraftlos sitzen.

»Come out Josef, old fellow!« sagte Leon.

»Er hat dich nicht verstanden«, ermahnte ihn die Frau, die das ratlose Gesicht sah.

»Komm raus, alter Freund!« wiederholte Leon. »Und du heißt jetzt Josef, denn in Amerika ist Jossel gar kein schöner Name ...«

Für uns aber heißt er weiter Jossel.

Alles kam ihm neu vor, und doch war alles gar nicht so vollkommen neu, gar nicht so vollkommen unbekannt für ihn, denn im Osten dieser gewaltigen Stadt lebten mit ihm Tausende von Juden, die, wie er, aus Osteuropa eingewandert waren.

Er fand gleich ein Zimmer, in einem riesigen Mietshaus, im zwölften Stockwerk. Als er zögerte, fragte ihn die Vermieterin in seiner Sprache, in Jiddisch: »Was gefällt Ihnen denn nicht? Der Preis? Die Höhe vom Zimmer? Was wollense? Wennse hoch wohn'n, hamse doch 'ne reine und kräftige Luft, wie vielleicht nicht einmal in Karlsbad. Sindse nicht unten auf der Straße beinahe, Gottbehüte, es is ja nur 'n Spaß, sindse nicht beinahe gestorben vor dem Gestank von Gulaschsauce und verbrannten Kartoffelpuffern? Und außerdem werdense doch 'n frommer junger Mann sein, schätz ich, he? Nun? Sindse nich vom zwölften Stockwerk unserem lieben Gott und Seinem Himmel noch näher wie vom achten oder gar vom zweiten oder ersten? Also?«

Also nahm Vater das Zimmer.

Im gleichen Boarding-House wohnten Tarnopoler, Kischinewer, Wilnaer, Lemberger und Schitomirer – Juden wie er, alle aus dem Osten Europas. Auch ein paar Nichtjuden hausten unter ihnen, ein paar Italiener, Deutsche, Spanier. Eine Deutsche namens Mary, die in einem Restaurant in der gleichen Straße Kellnerin war, stopfte ihm die Strümpfe. Sie war ein ruhiges, anständiges Mädchen.

»Deutsche sind immer ruhig und anständig«, sagte man im Boarding-House, »wenn sie allein sind.«

»Italiener sind gefährlich«, sagte man im Boarding-House, »weil sie noch mehr arbeiten und noch kleinere Bedürfnisse haben als wir Juden.«

»Irländern«, sagte man im Boarding-House, »soll man aus dem Wege gehen.«

»Und mit Juden«, sagten die Juden im Boarding-House, »mit Juden ist nur gut auf dem gleichen Friedhof zu liegen.«

Es dauerte nicht sehr lange, da fand sich Jossel in der Umgebung des Wohnhauses ganz gut zurecht. In den düsteren schmutzigen Höfen der Mietsblöcke prügelten sich die Kinder »auf amerikanisch«, und die Frauen saßen vor den Türen, auf den Schwellen, und erzählten sich von Europa, auf jiddisch.

Jossels Kopf wollte die ersten Tage schier zerspringen, als die lärmenden Lastfuhrwerke, die tosenden Autos, die hüpfenden Trambahnen, die humpelnden und rumpelnden Flaschenbierwagen, das gellende Geschrei der fliegenden italienischen, jiddischen, spanischen und irischen Händler über ihn herfielen. Doch der Kopf zersprang nicht, und Jossel gewöhnte sich an diese Stadt wie Millionen vor ihm. Es ist wahr, daß Vater die erste Zeit viel mitmachen mußte. Industrialismus, Technik, Eisen, Stahl, Stein und wieder Technik, das machte ihm nicht wenig zu schaffen. Oft wurde er noch kleiner, noch verlegener, noch linkischer, noch einsamer, noch stiller, als er an sich schon war. In dieser Hilflosigkeit klammerte er sich instinktiv an die ihm vertraute Geschichte, an die Tradition der Juden, an das also, was er bisher in seinem jüdischen Leben in Strody als das Einzige, Große, Ewige angesehen hatte. Er ließ diesen Gedanken, die ihn blitzartig überkamen, freien Lauf, obwohl er zugleich schon ganz tief in seinem Herzen die ahnende Angst zu spüren begann, daß sein Ghettowissen und die Ghettomauern ihm hier wenig nützen würden. Gerade diese Angst vor der Berührung mit dem neuen Leben in Amerika, diese Furcht, doch nicht ausweichen zu können, verführte ihn zu einigen zu hitzigen, zu angriffslustigen Ausrufen wie: »Aber was denn, aber was denn! Und unsere Thora? Und unsere Gelehrten? Und unsere Köpfe, die jüdischen Köpfe? Aber was denn? Ist denn dies alles ein Nichts? Besteht denn die Welt nur aus Eisen, Stahl, Technik und Lärm? Und unser Raschi? Und unser Rambam? Ist das nichts?«

Eines vor allem hinderte ihn beim Marschieren, beim schnellen und freien Marschieren: die neuen Wörter, die Sprache.

Die Juden sprachen mit Jossel in seiner Sprache, das heißt die Erwachsenen. Die Kinder aber sprachen nur »amerikanisch«, bemerkte Jossel ganz verzweifelt. Er verstand die ersten Tage nichts, nicht eine Winzigkeit mehr als nichts. Dann vernahm er plötzlich einen Laut, der immer wieder gesprochen wurde und beinahe wie die erste Silbe seines Vornamens klang – er hörte das Wörtchen »Yes«. Da fühlte er sich mit einem Male nicht mehr ganz so unglücklich. »Es wird schon gehen, mein lieber Jossel! Nur Mut!« sagte er laut zu sich selbst.

Er arbeitete als Zuschneider bei Rosenberg Brothers. Er hatte diese Arbeit sehr schnell gelernt, schon flog die Schere durch die Stoffe, als habe Jossel in seinem bisherigen Leben nichts anderes getan.

»In Amerika«, sagte einer von den Chefs väterlich-wichtig zu ihm, »in Amerika lernt ein junger Mann, wenn er nur will, alles schnell und kinderleicht. Schnell lernt er sein Geld ausgeben, noch schneller als einnehmen. Es kommt auf den Charakter an, nur auf den Charakter. Merken Sie sich das.«

»Wie bei uns in Strody«, träumte Jossel dankbar.

In der Fabrik arbeiteten mit ihm Juden und auch andere. Sie hatten ganz komische Namen: Smith, Brown, Thomsen, White. Manche rief Jossel kurz: Sam, Sid, John. Ihn nannten sie Josef, »weil Jossel kein amerikanischer Name ist«. Da keiner zu ihm »żyd« sagte, war Vater überglücklich, und er vergaß diese erschütternde Tatsache in keinem Brief an uns. Ich glaube, daß er in seiner Freude am »amerikanischen Leben« noch weiter ging: er nahm Gleichgültigkeit schon für Zuneigung, für Sympathie, ja für Freundschaft. Bei dem leisesten Anzeichen von Gefälligkeit oder gar Freundlichkeit von seiten eines Nichtjuden geriet er ganz außer sich und schrieb uns seitenlange Berichte, die dann immer endeten: »In Amerika gibt es nur gute Menschen. Tausend Küsse, euer Jossel.«

Es gab viele Klubs und Heimatvereine. Jossel wurde Mitglied im »Verein der Lemberger«. Da er der erste Jude war, der aus Strody nach New York gekommen, gab es natürlich noch keinen »Verein der Strodyer«.

In Amerika, also im Boarding-House, in der Fabrik der Rosenberg Brothers und im Verein sagten sie, daß Jossel ein sehr sympathischer und »very excellent man« sei. »Was ist das?« wollte er wissen. Als man es ihm in seiner Sprache erklärte, wurde er sehr verlegen.

Wenn er über die Straße ging, dachte er: »Einmal werde ich hier mit Lea gehen.«

Wenn er ein prunkvolles Warenhaus bestaunte, dachte er: »Einmal werde ich dieses Haus meiner Lea zeigen.«

Wenn er etwas Gutes aß, dachte er: »Einmal werde ich das hier mit Lea essen.«

Er liebte es sehr: dieses »amerikanische Leben«. Er liebte es sehr: sein »amerikanisches Ziel«. Er liebte dieses Ziel, wie man ein lebendes Wesen liebt, denn nicht selten sprach er zu »Amerika« wie zu einem Menschen.

Aber ich glaube, daß dieses starke Land eigentlich nicht hundertprozentig über meinen Vater siegte, der ja mit allem noch warten wollte.

»Alles aufschieben, bis Lea und die Kinder hier sind«, war sein Leben in Amerika.

Vater wußte das sehr gut. Als ich ihm später die Frage vorlegte, was er denn »drüben« erlebt hätte, antwortete er mir: »Ich habe nichts erlebt, ich habe gewartet. Ich habe gespart, für eure Schiffskarten.«

Er legte Dollar auf Dollar zurück. Fein säuberlich, einen Schein auf den anderen. Solide Scheine mit guten Köpfen, guten Ziffern, guten Unterschriften. Banknoten, von denen jede neue die Entfernung zwischen ihm und uns um eine Meile verringerte. Banknoten, die, einmal in einen eigens dafür bestimmten Pappkarton gelegt, nie wieder von ihm für private Zwecke herausgenommen wurden. Er kannte keine privaten Zwecke. Er lebte oft wochenlang von trockenem Brot und Früchten, von Tee und einem Stück Zucker pro Tag. Diesen Zucker hieb er sich von einem kleinen Zuckerhut herunter, denn ein Hut war billiger als Würfelzucker. Aber nie litt der Pappkarton Not, nie konnte sich der über magere Zeiten beklagen, denn es vergingen keine sechs Tage, ohne daß ihm nicht mindestens ein neuer Schein zur Verwahrung übergeben wurde.

Sein Zimmer verließ Jossel an Abenden, nach der Arbeit, nur, wenn er sich mit Leon Selzer verabredet hatte. Dennoch war er weniger bei diesen jungen Leuten zu Gast, als man vielleicht vermuten könnte. Nicht etwa, weil ihn Leon Selzer nicht gern gehabt hätte. Auch Selzers Frau gab sich alle Mühe. Aber da war ja vor allem die Sprache. Sally Selzer, zwar Tochter eines russisch-jüdischen Immigranten, der vor dreißig Jahren ins Land gekommen, sprach kein Wort jiddisch, und Jossel sprach noch zu wenig und zu schlecht die Sprache Amerikas, als daß die stotternde Unterhaltung auf die Dauer beide hätte befriedigen können. Sprach Sallys Mann mit dem Gaste Fischmann jiddisch, dann saß sie als dritte wortlos daneben, und es machte ihr keinen Spaß, nach jedem Satz das hungrige »What did you say?« zu sagen, und den Männern nicht, es zu hören und zu beantworten. Dabei war es doch wohl verständlich, wenn sie wissen wollte, worüber die Männer lachten, sich stritten oder traurig waren. Verständlich auch für Jossel und Leon, die, wenn das zaghafte »What did you say« ertönte, schuldbewußt ihre jiddische Unterhaltung abbrachen.

Umgekehrt kam es vor, daß mein Vater anfangs manche Abende in der Woche stumm und unglücklich im Zimmer der jungen Selzers verbrachte. Stumm, weil er sich nicht an den Unterhaltungen beteiligen konnte, die von den Selzers und ihren amerikanischen Freunden in der Landessprache geführt wurden, und unglücklich, weil das Nichtverstehen und Nichtmitredenkönnen für keinen Erwachsenen ein Vergnügen ist.

Jetzt war folgende Regelung getroffen worden: zweimal wöchentlich kam Jossel zu Selzers, da sprachen die Männer halb jiddisch, halb englisch. Sally hatte sich damit abgefunden, daß ihr Leon, ihr Mann, erst hinterher, wenn sie allein waren, genauen Bericht über die Gespräche gab. Sie fragte nur ganz selten inmitten der angeregten Unterhaltung nach irgend etwas, sie verstand Jossel und seine Sehnsucht nach jiddischer Unterhaltung wohl deshalb, weil ihr Vater, der russische Jude, auch nicht anders gewesen sein mag. Emigrantenschmerzen, Emigrantenschicksal.

Oft kam noch ein dritter Mann zu den Selzers. Mein Vater hat mir von diesem krummen Kischinewer, der die Eltern meiner Mutter gekannt hatte, ein so deutliches Bild gezeichnet, daß ich schon nächtliche Traumgespräche mit ihm führte. Dieser Bucklige gehörte zu jenen kleinen Unzufriedenen, die täglich mekkern, jammern, besserwissen und nur dann frohlocken, wenn ihr ewiger Pessimismus recht behält. Also nicht nur außen, auch innen trug er einen und nicht zu kleinen Buckel, und außerdem war da: sein Gesicht, ein Kindergesicht mit einer verschrumpelten, grauen Haut überzogen. Am Kinn hingen etwa fünf Haare von bräunlich-roter Farbe, die ein spitzes, ausgefranstes Miniaturbärtchen darstellten. Aber am traurigsten wirkte er wohl, wenn man ihn auf der Straße sah. Er trug ein Mäntelchen wie für einen Knaben von elf Jahren gemacht, aber mit dicken und langen Ärmeln wie für die Arme eines Erwachsenen. Noch keiner hatte ihn jemals langsam und gemächlich durch den Osten New Yorks schlendern sehen. Immer hastete er, lief stets mit offener Jacke und offenem Mäntelchen, und es sah dann aus, als käme eine Fliege angeflogen, in einem Winde, den sie sich selbst macht.

Aber ein kluges, ein überlegenes, ja ein philosophisches Köpfchen muß der Kleine, nach all dem, was ich von ihm weiß, bestimmt gehabt haben. Und wahrscheinlich ein hübsch eingebildetes auch. Da kam wohl weder Selzer noch mein Vater mit, die beide ja nur »schlichte Immigranten« waren, einfache »Jews aus 'ner noch nich' mal europäischen Kleinstadt«, mit denen also ein so »finsterer Intelligenzler«, wie der kleine Kischinewer es sich wohl einbildete zu sein, schnell fertig wird.

Aber haben Sie keine Angst. Die drei »Jews« diskutierten nicht etwa über Themen wie »Epikurs Philosophie der Lebensfreude« oder »Ist die Seele ein substantielles Wesen?« – o nein, sie unterhielten sich über ganz einfache Fragen und Zweifel. Zum Beispiel über »Kann unsereins ein richtiger Amerikaner werden?« ...

Mein Vater hatte diese Frage gestellt, er wollte unbedingt wissen, wie ein »richtiger Amerikaner« sein muß. So etwas interessiert doch, wenn man hier bleiben will, nicht wahr?

Der Kischinewer, der kaum bis an die Tischplatte reichte, meinte mit seinem dünnen Stimmchen:

»Ein richtiger Amerikaner, meine Lieben, muß ein großes Selbstvertrauen haben, so ein Selbstbewußtsein, als stände die ganze Welt auf seiner Seite.«

Ach, dieser Buckel. Dieser menschgewordene Spottblick. Dieses Gestaltchen, das ein Widerspruch in sich selbst war. Diese Lust am Erschrecken. Diese armselige kleine Kreatur, die sich abmühte, jeden Optimismus zu erwürgen!

Was heißt denn seine umschreibende Antwort anders, als klipp und klar: »Nein, ein Jude kann niemals ein ›richtiger Amerikaner‹ werden. Auf der Seite der verfolgten, gejagten, gehetzten und bespieenen Juden steht doch die Welt nie, hihihi ...«

Mein Vater streckte die Waffen. Er saß traurig, niedergeschlagen, erschreckt da.

Nur Leon Selzer ließ sich nicht einschüchtern und fragte hitzig: »Was ist denn das: diese ›ganze Welt‹, he? Zählst du da die Idioten auch mit ein?«

»Die Welt ist eben ›die ganze Welt‹ – und damit basta«, knurrte der Kischinewer wie ein aus Versehen getretener Dakkel.

Jossel versuchte zu retten, was zu retten war. Ihn interessierte ja nur eine Spezialfrage in diesem Streit. »Ob ich Amerikaner werden kann oder nicht, das ist nicht sehr wichtig. Aber meine Kinder, meine zwei, werden wenigstens die ›richtige Amerikaner‹ werden können ...?«

»Ganz sicher!« beteuerten der große Selzer und – ein Wunder! – auch der kleine Kischinewer wie aus einem Munde. »Do you doubt it?« Nein, darüber gab es keinen Zweifel. Die Kinder würden bestimmt »ganz richtige Amerikaner« werden.

»Thank you, Mr. Kishinewer«, sagte Mr. Fishmann froh. Er war so zufrieden, so überaus glücklich, so, als habe er soeben persönlich ein kostbares Geschenk und einen Händedruck vom amerikanischen Präsidenten erhalten.

Nach solchen Diskussionen gingen der Kischinewer und mein Vater. (»Endlich!« sagten die müden Gastgeber, wenn die beiden draußen waren.) Auf und ab liefen sie dann durch die abendlichen Straßen, durch die bald nächtlichen Straßen, hin und her, hin und zurück, auf und ab. Keiner von beiden hatte ein Verlangen nach dem Zimmer im zwölften oder neunten Stockwerk des Boarding-House.

Vater, nicht groß von Statur, und außerdem schmächtig wie ein Knabe, wirkte neben der buckligen Fliege wie ein Riese. Diese Fliege wurde von einer unbändigen Lust zum Debattieren geplagt.

»Nun schön«, sagte er. »Sie haben, lieber Mr. Fishmann, das und das gesagt«, sagte er. »Schön, also ›richtige Amerikaner‹ hihi! Schön, sehr schön!« sagte er. »Erklären Sie mir aber, bitte sehr, erklären Sie mir«, sagte er, »erklären Sie mir ...«

Jossel Fischmann antwortete gar nicht. Er hatte gar keine Lust zu einer neuen Diskussion. Er dachte gerade an Strody, an uns.

»Wollen Sie«, zischte der beleidigte Kleine wütend, »wollen Sie sich mit mir unterhalten oder wollen Sie nicht!«

»Ich will«, sagte Jossel, »ich will mich nicht mit Ihnen unterhalten. Gehen wir lieber in ein Restaurant, ich habe schon seit Wochen keine Kartoffelpuffer mehr gegessen.«

An diesem Abend war der Kischinewer in seinem Fahrwasser. Er redete und redete, daß mein Vater gedacht haben mag: »Du wärst gar nicht so schlecht gewesen als Reisender für die Lemberger Eisenhandlung des Meier Blum.«

Dann hörte Jossel trotzdem den philosophischen Ergüssen des Buckligen mit mehr Interesse als anfangs zu. Der entwikkelte gerade ein »System«, aus dem mein Vater entnahm, daß es drei Arten von Menschen gäbe: Menschen der Vergangenheit, Menschen der Zukunft und Menschen der Gegenwart. Er war erst sehr gespannt.

Sie aßen die heißen Kartoffelpuffer, die ihnen eine Kellnerin, eine Krakauer Jüdin, brachte, mit großem Appetit. Und der Kischinewer sprach und blies und biß mit einer Kraft, die man in seinem kleinen und verwachsenen Körper gar nicht vermutet hätte, hinein in den fast noch kochenden Brei.

»Leben? Was heißt eigentlich ›Leben‹ ...? Jedermann glaubt, er lebe, hihi. Aber wie leicht irrt sich doch der Mensch! Nehmen wir die Vergangenen. Die leben alle so: ihr Bauch lebt zwar noch, aber der Kopf ist schon längst von den Würmern schön sauber abgehäutet, hihi ...« (Pause, dann erhaben:) »Die Gegenwärtigen hingegen bilden sich ein, sie hätten den Schlüssel zum Glück gefunden. Glück!! Ich muß lachen ...« (Pause, dann wütend:) »Wie können diese Toren glücklich sein, wenn sie nicht träumen wollen ...?« (Pause, dann sehr klug:) »Die Zukünftigen leben so: Hundsmiserabel, Mr. Fishmann, ungefähr wie Sie. Aber sie träumen schön ...«

»Was aber ist das Beste, Mr. Kishinewer?«

»So fragen Kinder«, versteckte sich der unter der runden Marmorplatte und blies in diesem Halbdunkel verächtlich auf den heißen Kartoffelpuffer.

Aber dann kam er doch wieder hoch, um dem Jossel einen persönlichen Rat zu geben.

»Einen ganz persönlichen Rat, verstehen Sie«, baute er vor. »Für einen Mann wie Sie, der seine Familie herüberholen will, gibt es vielleicht wirklich nur eins: Vorausdenken, ehrgeizig sein, nicht locker lassen! Es gibt hier Schnorrer, die sind schon zufrieden, wenn sie für heute den Bauch voll haben und das Geld in der Tasche zum Schlafen. Das genügt aber vielleicht wirklich nicht, Mr. Fishmann.«

Jossel dachte:

»Das ist keine Neuigkeit für mich. Ich habe geglaubt, er wüßte etwas Besonderes, er weiß aber auch nicht mehr als ich. Er kann es nur besser erzählen. So wie er mir das sagt, lebe ich doch schon immer in Amerika ...«

War Jossel glücklich in diesem New York, mit den Selzers, dem Buckligen, mit seinem Zimmer im zwölften Stockwerk des Boarding-House? War er glücklich in Amerika?

Ich glaube, nein.

Armer Vater, armer Kamerad Jude, armer Kamerad Emigrant, armer Kamerad Entwurzelter, der du, wie so viele Jossels, auszogst, um für dich und für uns das Glück zu suchen, weil du es in Strody nicht fandest, warst du glücklich in Amerika?

Ich glaube, nein.

Denn du warst allein ...

Er fühlte sich gar oft einsam, ohne Glück, ein bedauernswerter Mann. Er begann, mit sich selber Mitleid zu haben, mit seinem sehr eintönigen Leben, mit seiner »amerikanischen Einsamkeit«. Das wirklich Schöne waren seine Träume. Da gab es kein frauenloses, kahles Zimmer mehr, da gab es keinen alleinstehenden Jossel Fischmann, da lächelte eine zufriedene Lea ihren stolzen Mann an, da strahlte und blitzte alles vor Lebensfreude, und da gab es Kinder, die Talente entwickelten. Mit einem Wort: Es gab eine glückliche »Familie Fischmann«.

Wenn er sich dieses zukünftige Leben auszumalen begann, am Abend, nach der Arbeit, stand vor ihm auf dem kleinen Tisch der Pappkarton mit den vielen Scheinen, und Jossel zählte und zählte immer wieder. Er rechnete sich immer wieder aus, wann er endlich soviel Geld gespart haben würde, daß er die Schiffskarten für uns würde kaufen können. Er schwelgte in den Bildern, die vor ihm auftauchten, in den schönsten, allerschönsten Farben. Er war kein schlechter Phantast, unser Mr. Fishmann. Weder brummte ihm davon der Schädel, noch verwirrten sich die Personen in seinem Kopf. Er sah alles sehr schön deutlich vor seinen Augen, ganz gerührt erblickte er seine Lea und hörte seine beiden Kinder lachen. »Es scheint«, dachte er fröhlich, »daß ihnen dieses Glück in Amerika ganz gut schmecken wird. Um so besser, Mr. Fishmann! An die Arbeit! You are a very excellent man! I am satisfied with you!«

In der Fabrik war er ein beliebter Arbeiter. Er bedauerte es keineswegs, daß er Proletarier geworden war. Er störte sich nicht daran, daß er jetzt jeden Tag neun Stunden lang die gleichen Handgriffe zu leisten hatte, wochenlang dasselbe, monatelang, und jetzt schon seit mehr als zwei Jahren.

Natürlich war er, als Lohnarbeiter, Mitglied der Schneidergewerkschaft geworden. Zweimal, als gegen alle New Yorker Konfektionäre gestreikt wurde, also auch gegen Rosenberg Brothers, hatte auch Jossel gestreikt. Was soll man in einem solchen Fall schon tun? Früh kam er wie gewöhnlich an das Tor des Ateliers, da standen schon seine Kollegen aus dem gleichen Saal und schrien: »Man muß streiken, comrades!«

»Also, wenn alle sagen, daß man streiken muß«, sagte Jossel, »dann wird es wohl schon stimmen, dann werde ich eben auch streiken müssen.«

Allerdings vergaß er nie, daß er durch den Streik neunundsiebzig Dollars eingebüßt hatte.

Jossel war also wohl Handarbeiter, aber kein Klassenkämpfer, kein »klassenbewußter Proletarier« geworden. Er hoffte auf ein persönliches Glück. Seine Hoffnung hieß: Lea. Unser jüdischer Zuschneider aus dem Osten der Stadt New York hatte ein großes, ein höchst persönliches Ziel: Lea und seine Kinder.

Man muß es sagen, weil es die Wahrheit ist: Mein Vater war lieber Mitglied im »Verein der Lemberger« als in der »Schneidergewerkschaft«. Er war ja nur ein kleiner, verhinderter, jüdischer Bürger. Er sagte sich: »Was will man machen? In der Gewerkschaft muß ich sein, sonst verliere ich meine Arbeit.«

So einer war dieser Fischmann. Eine »Schande für das internationale Proletariat«, sagen die Genossen und sehen mich vorwurfsvoll an. Aber was kann ich dazu? Er war eben nicht anders.

Und endlich.

Endlich konnte er uns die Schiffskarten schicken.

Endlich.

Bald werden Malke und Leib, Jossels Eltern, ganz allein in Strody sein. Mr. Fishmann überlegte: »Vielleicht lasse ich sie eines Tages auch nachkommen. Sie sollen ihre Schenke verkaufen und dann hier mit uns, ihren Kindern, leben.« Aber vorläufig wollte er noch nichts von seinen Plänen schreiben.

Etwa zur gleichen Zeit spielten sie im »Verein der Lemberger« ein Theaterstück, natürlich ein jiddisches. Von der Emigration handelte dieses Stück. Der Hauptdarsteller – »ein Held wie ein Makkabäer«, dachte Jossel zufrieden – rief hinein ins bravorufende Publikum: »Ein Jude kann nicht früh genug fliehen aus den verfluchten Ländern Europas! Er kann sich nicht früh genug unter das Sternenbanner der Freiheit stellen!«

Mr. Fishmann war, wie alle anderen, sehr gerührt, als er erfuhr, daß der Hauptdarsteller zugleich der Verfasser des sehr zu Herzen gehenden Stückes in vier Akten mit einem Vor- und Nachspiel sei. Alle im Verein lobten diese doppelte Begabung. Jossel schrieb noch am gleichen Abend einen begeisterten Brief nach Osteuropa, darin stand auch jener Satz von dem »man kann nicht früh genug fliehen ...«

Aber wir kamen nicht.

Aus einem sehr einfachen, gar nicht literarischen Grunde:

Es herrschte zu jener Zeit gerade eine heftige Scharlachepidemie in Galizien, und als ich von einem fast halbjährigen Krankenlager wieder aufstehen konnte, da erkrankte mein jüngerer Bruder Hersch, und wieder mußte die Reise verschoben werden.

Und in Amerika wartete der Vater.

Es war ein ziemlich merkwürdiges Verhältnis, das ich, das Kind, zu meinem »amerikanischen Vater« hatte. Eigentlich von mir aus gar keins. Wie viele Tausende jüdische Kinder, deren

Vater in die Emigration vorausfuhr, haben die gleichen Gefühle wie ich kennenlernen müssen!

Da kam oft der Briefträger Pinje ins Haus und legte schielend und mit großem Geschrei einen Brief auf den Tisch, nicht ohne sich vorher einen Schnaps gesichert zu haben. Ich sah, wie die Mutter sich wie eine Durstige über den Brief stürzte und wie sie zuweilen auch weinte. Ich erinnere mich noch gut an die erste Zeit ohne Vater. Ich mußte etwas auf ein Papier malen, auch Hersch, dem man dabei die Hand führte, und alle sagten ihm: »Jetzt schickst du deinem Vater Grüße, Hersch.«

Wenn man kurz nach der Abfahrt meines Vaters bei uns in Strody von einem gewissen »Jossel« sprach, fragte Hersch, der Jüngere von uns beiden:

»Jossel? Wer ist das?«

Alle schalten ihn, die Mutter und die Großeltern.

»Das ist doch dein Vater!« schrien sie ihn an, lachend, ärgerlich, erschrocken.

Hersch erinnerte sich für einen Augenblick an einen Mann mit einem Bart.

»Wo ist jetzt mein Vater?« fragte er.

»In Amerika«, weinte Malke.

»Wo ist das?«

»Du wirst es bald erfahren«, sagte Leib traurig und streichelte den Kopf des Kleinen. Malke, die das sah, wandte sich rasch ab, sie hatte wohl Gewissensbisse, doch es war schon zu spät.

Lange blieb meinem Bruder die Erinnerung an den dunklen Bart nicht. Jedesmal fragte er, was es auf sich habe mit dem Vater, mit den Briefen, mit Amerika. Und jedesmal gaben sie ihm Auskunft, ärgerlich, zornig, erschrocken, lachend.

Und dann waren die Schiffskarten da, aber wir konnten ja nicht fahren. Und als auch Hersch endlich genesen war, da erkrankte Großmutter an Gallensteinen. Man schrieb dem ungeduldigen Vater, der erklärte natürlich sein Einverständnis, daß wir bleiben sollten, bis Großmutter wieder gesund wäre.

An manchen Sabbatnachmittagen ging Mutter mit uns beiden spazieren. Es war ein schönes Gehen unter den hundertjährigen Bäumen an der Bezirkshauptmannschaft. Wir verließen den Ort, die Luft war lind, wir setzten uns auf eine Wiese, Mutter zeigte uns den blauen Himmel.

»Morgen sieht euer Vater den gleichen Himmel«, sagte sie. »Heute ist bei uns Tag und bei ihm Nacht, morgen ist bei ihm Tag und bei uns Nacht.«

Wir blinzelten nachdenklich nach oben, verstanden aber nicht recht.

Mutter tröstete uns: »Wenn ihr größer seid, werdet ihr mich verstehen.«

Wir blickten alle drei auf die Wolken, die wie Menschenköpfe aussahen, manche sogar wie riesige, schreckliche Tiere. Aber kein Kind brauchte Angst zu haben, denn sie waren sehr, sehr hoch. Erst verhüllte sich der Himmel mit verwittertem Grau, dann lösten sich diese Wolken wieder in Bläue auf. Grün dehnte sich das Wiesengras zu unseren Füßen. Hersch wollte Blumen pflücken.

»Das darf ein Jude am Schabbes nicht tun«, belehrte ihn die Mutter.

Vom vielen Blicken in den Himmel wurden wir schläfrig. Die Telegraphendrähte surrten.

Schon begann das Jahr 1914.

Viele Kinder, die mit uns im Cheder gewesen, kamen nie wieder. Sie waren gestorben. An Scharlach. Während der Melamed Mottke Reich auf andere einschrie, saß ich, ein Sechsjähriger, mit den etwas Älteren auf einer Eckbank der düsteren Chederstube. Wir unterhielten uns flüsternd über das Wunder vom Leben und das vom Sterben. Die Welt wurde mir plötzlich unermeßlich groß und arm und traurig. Wir sprachen von unseren toten Mitschülern. »Nun ja«, sagten die Zehnjährigen, die schon sehr klug waren, denn sie übersetzten mit Leichtigkeit die fünf Bücher Moses' und noch einige andere Bände. »Nun ja, man ist tot, aber ist man wirklich tot? Was heißt tot? Sieh mal da durchs Fenster. Da ist der Himmel, die Wolken. Und meinst du nicht, daß da auch der Itschke, der Schmul und der David sind?« Und ich saß da und fürchtete mich und träumte von ihnen, und ich stellte sie mir vor, mit langen Hemden, mit Flügeln auf dem Rücken, mit hängenden Haaren.

Bis der Melamed dazwischenfuhr, uns mit dem gefürchteten Siebenender auseinandertrieb und brüllte, wie sonst nur seine Frau ihn anzubrüllen pflegte.

»Der Böse soll euch erwischen, ihr Nichtsnutze, ihr Verbrecher, ihr Diebe, ihr ... ihr ... ihr ...!«

Ich erlebte noch das »neue Zeitalter« in Galizien. Bogenlampen, drei an der Zahl, wurden auf dem Marktplatz aufgestellt. Ganz Strody versammelte sich zu diesem festlichen Ereignis vor der Bezirkshauptmannschaft und sah es, sprachlos vor Erstaunen, in den Glaskugeln violett zischen, verlöschen, wieder aufflammen. Es herrschte diese ganze Nacht hindurch ein unbeschreiblicher Jubel, ein tolles Schreien im Städtchen. Es mögen wohl alle den Beginn einer neuen Epoche gespürt haben.

Dann wieder kamen Komödianten nach Strody, ins Haus der Fischmanns. Ich weiß noch heute, was sie spielten. Es war ein jiddischer Schwank, mit einer »jiddischen Mamme« und zwei Söhnen, von denen der eine über alle Maßen dumm war. Die Schenke war zu einem Theatersaal umgebaut worden. Man hatte vor einer Wand vier Fässer aufgestellt und darauf ein paar Bretter gelegt. Der Vorhang, der nie funktionierte, war aus ein paar zusammengesteckten Tischdecken entstanden.

War das ein Theater!

Und ein dankbares Publikum!

Im Hause der Fischmanns wurde wohl vorher und erst recht nachher nie wieder so viel gelacht wie bei dieser Theatervorstellung zu Beginn des Jahres 1914.

Wir Enkel des Wirtes saßen natürlich ganz vorn vor den Fässern und Brettern, die für das kleine Judenstädtchen wirklich die Welt bedeuteten.

Vor uns, auf der Bühne, saß die »gute jiddische Mamme«. Sie jammerte: »Oih und weh! Wie gräme ich mich, daß der jüngere Sohn ein so dummer Sohn is'.«

Und sie rief ihn, der mitten unter den Zuschauern saß, hinauf zu sich. »Komm, ich werde dir beibringen, wie man klug is'. Wenn du jetzt zu den Nachbarn gehst und fragst: ›Ratet mal, was ich bin‹, und sie wissen's nich', dann sagste mit sooo 'nem klugen Gesicht (sie machte eins, daß wir vor Lachen von den Bänken fielen) – dann sagste: ›Ich bin hungrig‹, und schon biste klug. Haste verstanden?«

»Ja«, nickte der Dummkopf. (Lachen, »So-siehste-aus«-Rufe.)

»Und was mußte fragen?«

»Ratet, was ich bin?« (Bravo!)

»Und was sagste zum Schluß?«

»Ich bin hungrig, Mamme.« (Bravo! Bravo!)

»Schön, also geh' zu den Nachbarn.«

Jemand zog am Vorhang, aber der rührte sich nicht von der Stelle. »Bravo!« riefen da die begeisterten Zuschauer, und die »gute jiddische Mamme« sang dafür zur Belohnung ein Couplet.

Dann verwandelte sich die Bühne, das heißt: gar nichts verwandelte sich. Mein Großvater mußte nur den »Nachbarn« eine Schüssel mit Heringen und Kartoffeln hinaufreichen, denn die Nachbarn waren »gerade beim Essen«. (Auf dieses Essen werden die armen Komödianten, die immer das gleiche Theaterstück spielten, von Ort zu Ort und von Abend zu Abend sehnlichst gewartet haben.) Da trat, von uns allen mit Johlen begrüßt, der Dummkopf auf die Bühne.

Der Dialog, der sich entspann, ließ die Wände und Petroleumlampen wackeln.

»Ratet, was ich bin?« fragte der Dumme. (Großes Gelächter im Zuschauerraum, »Ruhe«-Schreie von der Bühne.)

»Ein Narr biste, ein Esel«, schrien die kauenden Nachbarn im Chor. (Wieder brüllendes Gelächter, wieder »Ruhe«-Schreie von der Bühne.)

»Nein, habt's nich' geraten!« frohlockte der Dumme und meckerte wie eine Ziege. (Gelächter, brausender Beifall, »Ruhe«-Schreie von der Bühne.)

»Nun, was biste?« fragte der kauende Chor der Nachbarn.

(Jetzt kein Gelächter, ganz große Stille, wie vor der Verkündung eines Gerichtsurteils.)

»Ich will essen, hahaha«, sagte der Dumme.

Das war Anfang 1914.

Jeden Abend setzte sich die Mutter an unser Bett. Sie sagte, mehr für sich als zu uns:

»Irgendwie regelt sich schon alles in der Welt.«

Ein Seufzer und ein Wissen. So sprach sie sich Trost zu. Wir verstanden nicht.

»Später«, tröstete uns die Mutter.

»Warum ist der Vater von uns fort?« wollte ich wissen.

»Um euch glücklicher zu machen«, seufzte die Mutter. Wir verstanden nicht.

»Später«, vertröstete uns die Mutter.

»Warum ist der Vater nach Amerika?« fragten wir.

»Weil es dort keine Antisemiten gibt«, sagte die Mutter.

»Was ist das?«

»Später.«

Mutter dachte wohl an Kischinew. Ihre Hand fuhr zitternd über meinen Kopf.

Vater wird wohl Ende Juni den Brief erhalten haben, daß unsere Überfahrt nun im August erfolgen würde. Großmutter war wieder gesund geworden. Da brach der Krieg aus.

Jossel Fischmann las gerade eine der jiddischen Zeitungen von New York, da gab es ihm plötzlich einen Stich, mitten ins Herz.

»Österreich-Ungarn hat den Krieg erklärt. Gegen Serbien.« So berichteten fett und schreiend die Schlagzeilen der ersten Seite.

Es schien Jossel, als habe er einen Hieb vor die Stirn erhalten. Ganz New York sprach vom »europäischen Krieg«. Besonders im Osten der Stadt, dort wo die grauen Boarding-Houses standen, brodelte es wild durch die Straßen, Höfe, Treppenhäuser, Wohnungen und durch alle Menschen.

»Was wird Lea jetzt tun? Hoffentlich fährt sie gleich, es ist zwar erst Juli, aber sie wird, hoffe ich, trotzdem gleich fahren ...« Jossel schloß die Augen, öffnete sie wieder. »Die Sonne, ach, brennt pechschwarz über der ganzen Welt«, sagte er zu Leon Selzer.

Der meinte: »Lange wird der Krieg nicht dauern.«

»Der Krieg wird sehr lange dauern«, widersprach der Kischinewer.

Jossel und Leon Selzer waren wütend. Dieser Kischinewer Besserwisser! Immer sagt er das Gegenteil, dieser Schwarzseher!

Frau Sally hatte großes Mitleid mit Jossel. »Ein armer Kerl. Bis jetzt hat er gewartet. Und was nun?«

Und dann las Jossel, ein paar Tage später, eine neue Nachricht: »Die Russen marschieren auf den Fluß Stryj zu ...«

Ihm blieb vor Schreck die Zunge beim Lesen stecken. »Auch die Russen im Krieg gegen Österreich-Ungarn ... Und schon am Stryj ...?« Er spürte, wie sich eine Kruste um sein Herz bildete, dann barst alles, die Kruste und das arme Herz. Er nahm die Zeitung noch einmal in die Hand und las Wort für Wort die »Neuesten Meldungen«. Es war aber noch immer dasselbe Wort: »Stryj«.

»Meine Leute wohnen in Strody am Flusse Stryj. Und ...«, sagte Jossel tonlos, zögernd, einen halben Satz.

Während einer Arbeitspause las er diese Meldung, in der Fabrikkantine. Es begann ganz sachte, dann immer stärker in ihm zu bohren, zu rufen, zu fordern:

»Nach Europa, nach Strody ...«

Sein Herz schrie, sein Herz gellte, sein Herz jammerte, sein Herz befahl:

»Nach Strody ...«

Jossel ließ alles liegen und stehen und stürzte nach Hause. Er begann stumm und hastig zu packen. Er besaß noch den gleichen Koffer, mit dem er vor Jahren hergekommen war. Draußen, vor dem offenen Türrahmen, stand das ganze Boarding-House und murmelte aufgeregt:

»Ein weicher Mann, dieser Mr. Fishmann. Er hat keine Nerven. Er kann nicht abwarten, man muß im Leben abwarten können. Auch wenn der Boden schon unter den Füßen brennt, muß man noch stehen bleiben. Hören Sie auf uns! Die Füße sollen stärker sein als der Boden!«

»Schöne Ratschläge«, bedankte sich Jossel, ohne aufzusehen. »Aber nicht für meine Füße. Es ist leichter, anderen gute Ratschläge zu geben, als sich selbst.«

Der Kischinewer kam gelaufen.

»Verrückter! Wegfahren? Zu was? Wozu? Sie können dort nicht helfen! Meinen Sie, daß man auf Sie hören wird, wenn Sie ankommen und sagen: ›Liebe Europäer, ich komme, um meine Familie abzuholen, hört gefälligst mit eurem Krieg auf, wenigstens laßt mich meine Privatsachen regeln, meinetwegen könnt ihr nachher machen, was ihr wollt ...‹ – Bleiben Sie hier und warten Sie ab, das ist klüger.«

»Ich fahre«, keuchte Jossel, er versuchte die Kofferschlösser zu schließen.

Leon Selzer und Sally, seine Frau, eilten herbei.

»Bleib hier«, baten sie ihn erschrocken.

»Ich fahre!«

»Ein Jude soll niemals Gott versuchen«, beschwor ihn Leon.

»Ich fahre!« sagte Jossel Fischmann und ging davon.

Noch in der gleichen Nacht stieß ein dänischer Dampfer in See. Kurs nach Europa. Good bye, Mr. Fishmann.

Amerika versank. Ewig blieb nur der Himmel, an dem der Mond fröstelnd hinanstieg.

Jossel stand die ganzen Tage vorn am Schiff, als könnte er nicht mehr warten. »Mit dieser Seite wird das Schiff zuerst in Europa anstoßen«, eilten seine Gedanken voraus. Aus ist der Traum von der amerikanischen Lebensfreude, von Kindern, die Talente entwickeln, von einer Lea, die glücklich lächelt.

Aus ist der Traum, Mr. Fishmann, you were a very excellent man.

Wasser, Horizont, Aufregung, Angst, Unruhe, Ozean, Starren in die Ferne ...

Kopenhagen.

Diese Stadt liegt in Europa ...

Die Erde bebt

Das war ein Tag! Auf dem Markte stand das Volk und wartete: die Händler, die Bauern, die Marktweiber, der Melamed Mottke Reich, wir Schüler, die Pferde, die Wagen. Obwohl, wie sich sehr bald herausstellte, der Moment eigentlich nicht zu leichtfertigen Gesprächen geeignet war, wurden doch solche geführt. An diesem wirklich historischen Tage, ich war damals sieben Jahre alt, hörte ich mit knallroten Ohren in meinem Leben zum ersten Mal eine Zote, die ich kaum hier wiedergeben kann, denn sie eignet sich nicht zum Niederschreiben. Ich durchlebte noch jetzt diese Sekunden der qualvollen Erkenntnis, in denen mir das Zusammenleben von Mann und Weib auf einmal nicht mehr als »Idyll von Vater und Mutter« präsentiert wurde. Und gerade, als ich begann, mich des aufkommenden Gedankens zu schämen, der meine Eltern und Großeltern in Verbindung mit dieser soeben gehörten Zote brachte, gerade da erschien der alt gewordene Gendarm Róman. Er machte ganz den Eindruck eines ausgedienten Zirkuspferdes, das selbst noch auf dem Wege zum Schindanger mit der Grazie der hohen Schule in den Tod zu traben versucht. Aber wie klapprig ist dieser letzte Gang! Die Beine schienen unter der Last der vergangenen Jahre noch krummer geworden zu sein, der Hals noch länger und dürrer, der Kopf noch grünlicher und gleichgültiger. So stand er nun vor uns, läutete einige Male, dann, als keiner mehr sprach, begann er mit einer beinahe rostigen Stimme zu verkünden:

»Also, Strodyer, also er ist ausgebrochen, also ist es doch wahrhaftig wahr ...«

So erklärte die Welt unserem Städtchen Strody den Krieg.

An diesem Tage lief mein Großvater, wie so viele andere, auf den Markt, um Neuigkeiten zu erfahren. Sie standen in kleinen Gruppen herum. Manche marschierten diskutierend rings um den Markt, Runde um Runde, bis hinein in die Abenddämmerung, selbst noch als es violett in den Glaskugeln der drei Bogenlampen aufzischte und ein höchst modernes Licht auf die erregt gestikulierenden Hände fiel. Wir Kinder blieben an diesem Abend bis nach Mitternacht in der Schenke, wo die Menschen kamen und gingen wie nie zuvor. »Krieg« war das gewaltige Wort, das ihnen unzählige Male zwischen Bart und Schnurrbart herausfiel, aber für uns Kinder, die wir an vergangene Kriege dachten, hatte dieses Wort den metallenen Klang von Schildern und Schwertern – wir rochen Romantik, dort, wo man sehr bald nichts als Menschenblut und Karbol riechen sollte.

Großvater hatte draußen auf dem Markt den Doktor Nachum Spiegel erwischt, der noch in später Abendstunde mit hochrotem Kopf und mit Augen, die wie die Augen einer verfolgten Maus hin und her irrten, aus dem breiten Eisentor der Bezirkshauptmannschaft heraustrat. Behend sprang der neugierige Leib auf ihn zu und schleppte den Erschöpften in die Schenke.

Doktor Spiegel ließ sich, ohne Widerstand zu leisten, abführen. Ein Widerstand ist ja nutzlos, wenn der Krieg erklärt ist. Die Mobilmachungsorder war erlassen, da hieß es nur: Marschieren. Da mußte man singen: »Gott erhalte, Gott beschütze unsern Kaiser, unser Land!« Unter solchen psychischen Voraussetzungen hatte Großvater mit dem Arzt ein leichtes Spiel.

Ich sehe mich noch an der Seite meiner Mutter sitzen, und uns gegenüber sitzt der Doktor, sitzt dieser »Studierte«, und jeder fragt sich, und jeder fragt ihn, was denn sein Gesicht so verändert habe, warum denn die Züge um so viel härter und tiefer seien als sonst.

Man kennt ja die Intellektuellen, diese Mediziner, Apotheker, Advokaten, die ein verdammtes Schicksal in kleine Landstädtchen verbannt. Man kennt sie und ihre Rache, die sie dafür an der Menschheit nehmen ... In den Landstädtchen der ganzen Welt spielen sie mit ihren Gesprächen den lieben Gott persönlich. Sie rächen sich bitter an der tödlichen Langeweile, der sie ausgeliefert sind wie ein lebenslänglich Verurteilter. Und indem sie das Denken und Fühlen »ihres« Städtchens hämisch und griesgrämig formen und kneten, haben sie ihrem verdammten Schicksal einen rechten Schabernack gespielt.

Natürlich gibt es Ausnahmen.

Monsieur Spiegel fils à Paris behauptet, sein Vater sei eine solche Ausnahme gewesen. Ich kann es nicht beurteilen, denn zum Urteilen war ich damals zu jung. Aber ich war nicht zu jung, um zu hören und die Grundgedanken von Gesprächen zu verstehen. Seit mehr als drei Jahren war ich ja Schüler des Melamed Mottke Reich, und seit einem Jahre nahm ich deutsche und polnische Stunden bei seiner energischen Tochter, der etwas dicklichen Gittel.

Vielleicht also war der Doktor Nachum Spiegel wirklich eine Ausnahme. Sei es wie es sei: dies erzählte er uns am Tage des Kriegsausbruches:

Er sei beim Bezirkshauptmann gewesen und habe, wie immer, vor dem Betreten des grauen Gebäudes gedacht, ob wohl dieser Mann da drin, dieser Backenbart mit dem haltlosen Kinn dazwischen, ob wohl dieser Bezirkshauptmann eigentlich noch lebe oder nur eine guterhaltene Mumie mit eingebautem Phonograph sei ... »Doch wie erschrocken war ich! Ich habe ihn noch nie so jung, so klug, so lebendig gesehen wie vor einer Stunde.«

»Vivat, es lebe Österreich-Ungarn!« Mit diesen Worten habe ihn der Bezirkshauptmann begrüßt. »Vivat! Hoch!« Dann sprachen sie vom Krieg, der heute erklärt worden war. Trotz der Kraftanstrengung, die der Alte mit den patriotischen Ausrufen geleistet hatte (erinnert ihr euch noch des Pfiffes des nunmehr toten Aron Amtmann?), sah er ganz und gar nicht wie ein wrakkes Schiff aus. Weit aufgeknöpft saß er vor seinem Schreibtisch.

(»*Ein* Wunder hat also der Krieg schon vollbracht«, versicherte der Doktor kopfschüttelnd den Fischmanns.)

»Ich glaube, wir Österreicher haben nicht anders können«, habe ihm die ergraute Obrigkeit wohl im Zustand des Überwachseins erklärt. »Da haben uns die Serben, diese Mörder, unseren hochverehrten Herrn Thronfolger in Sarajewo niedergeschossen, und wir Österreicher waren eben diesertwegen gezwungen, ihnen ein Ultimatum zu stellen. Lieber Doktor, ich glaube, wir haben dieses Ultimatum gar nicht so gemeint. Man hat es in Wien eben halt geschrieben, wie man eben schreiben tut, wenn man etwas tun muß. Es war vielleicht ein Ultimatum für die Wiener und gar nicht für die Serben«, habe der sonst trottelhafte Alte klug mit dem Kopf gewackelt. »Und jetzt haben es diese elendigen Spitzbuben abgelehnt. *Abgelehnt!* Nun, was sollten wir schon tun? Von allen Seiten schreit die Welt da draußen: Österreich-Ungarn wird einen Krieg machen müssen! *Müssen!* schreien die. Einen Krieg, Doktor! Ich frage mich nur: der Thronfolger ist tot, das wissen wir. Aber was soll man eigentlich für einen toten Thronfolger, für eine Leiche sozusagen, wenn es auch eine königliche Leiche ist – soll man dafür jetzt einen Krieg anfangen? Aber natürlich, wir in Strody machen ja die ›große Politik‹ nicht. Die wird ja in Wien entschieden. Und vielleicht haben die recht, man kann sich halt nicht alles gefallen lassen. Also wenn die in Wien meinen, also schön, da fangen wir eben an. Gegen Serbien wird das sowieso ein Kinderspiel. Weil wir ja viel, viel größer sind. Serbien muß sterben, Doktor!«

»Ich war eben Zeuge eines großen historischen Momentes«, versicherte uns der Doktor Spiegel, die wir alle, Kinder wie Erwachsene, atemlos an seinen Lippen hingen. »Noch einmal hat sich ein Sterbender zu einer Größe seiner Gedanken erhoben, die nur der Tod einem Wesen eingibt. Aber jetzt wird dieser Körper um so schneller zusammenklappen. Österreich-Ungarn ist ... (er flüsterte ein Wort, das ich nicht hören konnte, denn er flüsterte es nur meinem Großvater ins Ohr) ...«

Der verstand aber auch nicht, denn er fragte zurück: »Sprecht Ihr vom Krieg?«

»Schon von seinem Ende.«

»Gottseidank«, atmete Großvater auf. Er war bereit, eine Hoffnung auch von einem »Modernen« anzunehmen, selbst von einem, der sich rasiert, im Sommer barhaupt herumläuft und nicht mal richtig beten kann. »Also wird es nicht lange dauern. Vielleicht vier Wochen?«

Aber der Doktor meinte sehr bestimmt:

»Es wird wohl länger dauern und nicht nur bei Serbien bleiben. Auch Rußland wird sich schlagen wollen, auch Deutschland, vielleicht auch Frankreich. Die ganze Welt hat ja darauf gewartet, daß einer das Signal gibt. Nun hat's Wien gegeben.«

»Ach was!« schüttelte Großvater enttäuscht den Kopf. »Ich habse immer für 'nen gebildeten Menschen gehalten. Warum machen Sie solche Witze?«

»Heute jubeln sie in vielen Ländern, die Militärs«, beharrte Doktor Spiegel. »Nichts ist so populär wie der Krieg.«

»Aber in Wien ist doch ein Parlament«, jammerte Leib. »Das sind doch alles kluge Köpfe, die Herren Parlamentarier. Die werden doch etwas unternehmen, die klugen Herren Politiker.«

»Das werden sie auch«, pflichtete ihm der Doktor bei. »Jetzt werden sie suchen ...«

»Was suchen?«

»Den Schuldigen, lieber Fischmann«, lächelte der Doktor. »Herum zanken werden sich jetzt alle. Die Tschechen mit den

Polen, die Ruthenen mit den Bosniern, die Bukowiner mit den Wienern. Aber schuldig wird immer der andere sein. Ganz zum Schluß wird es dann sicher mal heißen: ›Schuld an allem ist der Jud'!‹ Das ist immer die einfachste Lösung, das gibt ihnen Einigkeit.«

Großvater fragte ängstlich: »Aber der Mörder von Sarajewo ist doch kein Jude? Gott behüte uns vor einer solchen Schande!«

»Das hätte bloß noch gefehlt«, brummte Spiegel. »Aber was weiß man, wie alles noch kommt. Geprügelt muß doch einer werden.«

»Und wer wird den Krieg verlieren?« fragte alles wild durcheinander.

Der Doktor sagte: »Ihr seid doch Juden, und trotzdem stellt Ihr so 'ne dumme Frage. Ist denn schon jemals ein Krieg gewonnen worden? Keiner gewinnt Kriege. Was hat schon dem Titus sein Sieg gegen die Juden genützt? Ist er vielleicht deswegen nicht auch gestorben? Ach was, alles umsonst.« Hier lachte er selbstgefällig auf, wahrscheinlich mag er gedacht haben, das sei kein schlechter Gedanke, dieser Gedanke von der Nutzlosigkeit von Siegen.

»Wenn Ihr noch lachen könnt!« sagte Großvater ganz erleichtert.

Doktor Spiegel zuckte die Achseln. Ihm kam gerade die Idee, daß dieses Land in einigen Jahren vielleicht gar nicht mehr österreichisches Land sein würde. Vielleicht würde durch den Krieg der jahrhundertalte Kampf und Glaube der polnischen Nation in Erfüllung gehen. Warschau wird nicht mehr dem Zaren, und Galizien nicht mehr dem Kaiser Franz Joseph untertan sein. Mächtig werden nach diesem Kriege durch die heute noch bestehende Monarchie die Todes- und Geburtshymnen schallen. »Noch ist Polen nicht verloren ...«, klang es dem Doktor Spiegel in den Ohren. Würde der österreichisch-ungarische Absolutismus an diesem Kriege zerschellen? Würde Polen, das alte, stolze Polen seine Wiedergeburt erleben ...?

»Was soll ich aber machen?« fragte meine Mutter ganz verzweifelt. »Unsere Reise nach Amerika ...«

»Sofort fahren«, sprach der Doktor, ohne lange zu überlegen.

»Sie kann gut warten, bis der Krieg zu Ende ist«, schlug Großmutter müde vor. Ihre Krankheit hatte sie tüchtig mitgenommen.

»Das sage ich auch«, erklärte Leib entschieden.

Jetzt kam etwas, was ich mein ganzes Leben lang nicht vergessen werde. Mutter sagte zögernd:

»Außerdem ist die Wäsche noch nicht gewaschen ...«

Das alles spielte sich in der Schenke und im anstoßenden kleinen Raum der Fischmanns ab. Draußen aber, unter den Kastanienbäumen, brannten noch immer die drei Bogenlampen. Es wurde so laut gestritten auf diesem nächtlichen Markt, daß die Worte bis zu uns hereindrangen: Männerstimmen, Kinderstimmen, Weiberstimmen, jiddische, polnische, ruthenische Flüche.

»Krieg ...«

Die Zeit schien still zu stehen.

»Krieg ...«

Alle zitterten vor diesem Wort, das einen klirrenden, beklemmenden Ton zurückließ. In den Grenzorten Europas gesellte sich an diesem Tag ein speziell drohender Klang hinzu.

Und Strody befand sich in der Nähe der russischen Grenze.

Die Herzen setzten einen Schlag aus.

»Krieg ...«

Die Fensterläden verschoben sich. Klopfte nicht eine Faust gegen die Scheiben ...?

»Jossel ...«, dachte Mutter.

Wir Kinder, aufgezogen mit der Geschichte des jüdischen Volkes, dachten an den kleinen David mit der Steinschleuder, wir dachten an Goliath, den hilflosen Riesen.

Es war also Krieg, aber ändern konnten wir Strodyer nichts daran.

Der Doktor sollte nur zu recht behalten.

Sehr bald kam Rußland dazu.

Es folgte alles Schlag auf Schlag.

Wir gingen plötzlich nicht mehr ins Cheder. Keiner hatte uns zwar die Erlaubnis gegeben, vom Schulunterricht wegzubleiben, aber irgendwie hatte sich diese Atmosphäre der Entfesselung aller Triebe, des Endes einer geregelten und der Beginn einer zügellosen Epoche, auch auf uns Kinder übertragen. Mit einem Male war das Cheder des Melamed Mottke Reich so leer geworden, daß die k. u. k. Kommission ganz sicherlich die jetzt dort herrschende Luft auch ohne ein paar Kronen für hygienisch einwandfrei befunden hätte. Nur hatte da gerade der k. u. k. Staat andere Sorgen. Wir liefen den ganzen Tag frei und unbeaufsichtigt durch Strody. Am meisten hielten wir uns, eine Truppe von etwa zwanzig Knaben, alle meines Alters, in der Nähe des kleinen Bahnhofes auf. Über die glühenden Geleise rollten ununterbrochen, drei Tage und drei Nächte lang, vollbeladene Militärlastzüge nach dem Osten, ratternd, polternd, Züge ohne Ende. Uns schien es, als berste die Erde.

In ehemaligen Viehwagen standen singend Soldaten mit Blumen in der Hand, an den Mützen, auf den Flintenläufen. Batterien, Kanonen, Haubitzen, mit großen Zeltbahnen verhüllt, wuchteten auf offenen Güterwagen, die noch kürzlich Holz, Metalle, Steine oder Maschinen transportiert hatten. Pferde wieherten aus den mit Stroh belegten Wagen. Gestern waren es noch simple Friedenspferde gewesen, jetzt fuhren sie als Kriegspferde an die Front.

Nachts humpelten Wagenzüge durch die Straßen Strodys. Soldatentransporte, Munitionskolonnen, Mobilisierungsmaterial, graue Zeltwagen mit dem Roten Kreuz.

Bei Fischmanns waren Offiziere einquartiert. Mutter stand, wenn wir Kinder nach Hause kamen, immer am Plättbrett. Sie plättete unsere Wäsche, die, endlich gewaschen, nach Amerika mitgenommen werden sollte. Ab und zu kam ein Offizier, der bat Mutter, sie möge doch ein paar Falten aus seinem Waffenrock herausbügeln. Sie tat es, aber sie tat es seufzend. Sie wollte ja keine Zeit verlieren, die Arme. Sie hoffte noch.

Auf einmal, das Städtchen glich schon seit etlichen Tagen einem Heerlager, auf einmal vernahmen wir am hellichten Tage, mitten im Sommer war es, fernes Gewittergrollen.

Man brauchte nicht lange zu fragen, was das sei. Schon fuhren Lazarettwagen zurück, beladen mit Verwundeten. Schon glich der Osten Galiziens einem von schweren Erdbeben heimgesuchten Lande. Rauchwolken stiegen gen Himmel, und Soldaten mit verbundenem Kopf, den Arm in der Binde oder zwischen Krücken hinkend, überschwemmten das ganze Gebiet mit ätzendem, giftigem Karbolgeruch. Die österreichisch-ungarischen Truppen begannen ihren Rückzug. Mit zogen sie die verängstigte Zivilbevölkerung. Immer näher kam das ferne Gewitter. Man riet uns, das Städtchen zu räumen.

Züge für Zivilisten gab es nicht mehr. Großvater versuchte, einen größeren Leiterwagen zu beschaffen, was ihm erst nach vielen Mühen gelang. Schnell warfen wir ein paar Kisten auf den Wagen, dann wurde aber alles wieder abgeworfen, sonst hätten die Menschen keinen Platz gehabt.

Aschfahl im Gesicht sagte Großvater:

»Alles dalassen. Nur die Menschen ... In ein paar Tagen sind wir wieder zurück.«

»Wir müssen wenigstens das Wichtigste verstecken«, riet die müde Großmutter. »Vor den Kosaken.«

Mutter stammelte: »Und meine Wäsche für Amerika?«

»Bringt mir alles in den Keller!« schrie Großvater ungeduldig.

Mit einer Petroleumlampe suchten wir uns hier eine dunkle Ecke. Dann warfen wir Kartoffeln, Kohlen, Stroh und Fässer über alles. Vor die Tür des Kellerraumes, in dem sich das Versteck befand, stellten wir Möbel, Kisten, Säcke mit Getreide. Dann stiegen wir wieder hinauf ins Haus, zogen hinter uns die hölzerne Kellertreppe in den Hof, zerschlugen sie mit Äxten und ließen die Holzteile liegen.

Dann stürzten wir uns auf den Wagen. Mutter hielt einen Sack auf den Knien, darin lagen ihre beiden silbernen Sabbatleuchter und ein Strumpf, ein einzelner linker Strumpf von Vater. Wir Kinder saßen auf zwei zusammengebundenen Kissen. Die Sonne brannte unbarmherzig.

Die Hemden klebten naß auf den hohlen Rücken der Flüchtlinge.

Staub wirbelte in den Gassen Strodys.

Die Pferde schüttelten sich und wieherten klagend über die schwere Last, die sie zu ziehen hatten.

Soldaten marschierten in unendlichen Zügen.

Frische Truppen marschierten geschlossen und hart zur Front, vom Westen nach dem Osten.

Abgekämpfte Truppen marschierten in losen und gesprengten Kolonnen zurück, aus dem Osten nach dem Westen.

Unser Wagen blieb eingekeilt zwischen diesen Truppentransporten stehen. Wir befanden uns noch immer in Strody. In einer Stunde hatten wir uns noch keine fünfhundert Meter vom Hause der Fischmanns entfernt.

Immer stickiger stank es nach Karbol.

Immer näher krochen die dumpfen Kanonenschläge.

Wir wollten es kaum glauben, als sich endlich doch noch die Räder unseres Wagens zu drehen begannen. Die Luft heulte wie eine Wahnsinnige, als wir Strody verließen.

Wir fuhren nicht freiwillig. Wir flüchteten nicht aus eigenen Stücken aus dem »unzivilisierten Osteuropa« in die »zivilisierten westeuropäischen Länder«. Die »Enge der Heimat« war für mich Siebenjährigen wahrlich keine Enge gewesen. Nichts zog mich in die weite Welt, sondern der Krieg stieß mich aus Strody hinaus, nicht wie einen Menschen, nicht wie ein Kind – wie ein seelenloses Stück Kriegsmaterial. Ich verstand ja gar nicht, was das ist: flüchten, emigrieren. Die, zu denen ich mich flüchtete, brachten mir das alles sehr schnell bei. Ich lernte schneller und früher, als ich es wohl sonst gelernt hätte: die Niedertracht einer Welt kennen, die über ihrem festgeklebten Hosenboden ein Schild hängen hat: »Wir Verwurzelten sind mächtig stolz auf unser Verwurzeltsein.« Und ein anderes hängt daneben: »Hau ab, Entwurzelter, wir verachten dich!«

So wurde ich ein Entwurzelter, ein Verachteter, ein Gehetzter.

Doch setzen wir uns wieder in den Wagen der Fischmanns. Keiner der Erwachsenen wagte daran zu denken, daß der Krieg längere Zeit dauern könnte. Keiner wagte daher die furchtbare Überlegung anzustellen, ob diese Flucht vor den Russen, dieser plötzliche Abschied von Strody eine endgültige Abreise ins Unbekannte sei. Trotzdem flog Grauen und Lähmung von einem erschrockenen Gesicht zum anderen.

»Kommt bald Amerika«, fragte Hersch, mein Bruder.

»Sei still«, preßte Mutter hervor.

Dann begann sie zu weinen. Bis jetzt hatte sie stillgehalten. Marschierende Soldaten sangen das passende Lied: »Muß i denn, muß i denn, zu – um Städtele hinaus, Städtele hinaus, u – und du mein Schatz bleibst hier ...« In dem Städtele Strody blieb kein Schatz zurück, denn Strody befand sich da auf einmal, so von heute auf morgen, mitten im österreichisch-ungarischen Kampfgebiet.

Hersch, der seit Wochen auf die Amerikareise vorbereitet war, glaubte wirklich, wir befänden uns auf dem Wege zum Schiff.

»Wann sind wir in Amerika, Mamme?«

»Still!!« schrie der alte Leib, gellend, bellend. Zum erstenmal wurden wir Kinder von ihm angefahren. Die Erwachsenen merkten es nicht einmal, wir begannen zu weinen.

Die breiten Straßen, die hier vor langen Jahren, in weiser Voraussicht, aus militärtechnischen Gründen angelegt worden waren, erwiesen sich dennoch als zu schmal. Man hatte bei ihrem Bau nur an die Soldaten und nicht an uns Flüchtlinge gedacht. Jeden Augenblick mußte unser Wagen halten. Die

Straße war verstopft. Unabsehbar zog sich die Kolonne der Leiterwagen mit der fliehenden Zivilbevölkerung in die Länge.

In geheimnisvoller Hast, über die Hälfte der Straße einnehmend, marschierten die Soldatenreihen. Fliehende Mückenschwärme bestätigten die Schwüle des langsam abbröckelnden Sommertages.

Schnell brach Finsternis herein, sternenlos war sie, stockdüster. Nichts sahen wir mehr von den Soldaten, nur ihre Marschschritte waren am Ohr zu vernehmen. Die Fischmanns hörten in ihrem sich schüttelnden Gefährt die forschen, knalligen Befehle der Offiziere und der Korporale. Entsetzlich fern erschien uns in dieser ersten Flüchtlingsnacht der Himmel.

Unzählige Wagenräder drehten sich widerwillig in der drükkenden Dunkelheit. Die Bodenbretter in den Leiterwagen stöhnten. Es knirschte der Straßensand unter der ungewohnten Belastung. In den Bäumen, die wir nicht sehen, sondern nur ahnen konnten, flüsterte wütend ein gefesselter Wind.

Nur langsam kamen wir vorwärts. Der Morgen dämmerte bereits, und noch immer waren wir nicht an einem Ziele angelangt. Noch immer rückten wir nur sehr langsam vor auf der schnurgeraden Landstraße. Hier und da bemerkten wir mit übernächtigen Augen rechts und links von der Straße Soldaten auf Patronenkisten sitzen. Neben den müden Soldaten standen die Gewehre in Pyramidenform.

Höher stieg die Sonne des neuen Tages. Viele Flüchtlinge waren zu Fuß, denn nur wenige hatten einen Wagen finden können. Sie flüchteten oft gleich querfeldein. Sie liefen, rannten, keuchten weg vom Osten, der in Flammen stand. Hilflos schlenkerten sie mit Armen und Beinen.

Wir wurden immer mehr gegen die Karpaten zurückgeschoben, denn die Russen drangen immer weiter ins Land ein. Stumm und weiß waren die Menschen geworden. Die Großeltern saßen sich gegenüber, ohne ein Wort zu wechseln, sie saßen da und blickten den Boden unter ihren Füßen an, der alle Tage ein anderer war. Sie klappten zusammen. Die Schweißtropfen verschwanden nicht mehr von der gelblichen Stirne des Großvaters. Spitz stach der Kehlkopf aus dem mageren Hals hervor. Selbst das Gesicht der Großmutter bestand nur noch aus hoffnungslosen Falten, es wurde blaß von den schlaflosen Nächten, kalkig und breiig. Erschöpft und vergebens suchten beide nach Vergleichen – nach Vergleichen von starker Eindringlichkeit, die den Juden immer wieder Hoffnung spenden. Aber keinem von ihnen fiel etwas ein. Nur ein Vergleich ging dem alten Leib durch den Kopf, jene Geschichte vom russisch-japanischen Krieg und der »Schuld der Juden« an der russischen Niederlage, wie man in Rußland nach dem Mißerfolg erklärt hatte. Dieser Vergleich aber spendete keine tröstende Hoffnung.

Wo wir Fischmanns auch hinkamen, überall wurde gepackt. Viele waren schon reisefertig. Eine taube Aufregung in allen Orten, die wir passierten. In jedem Winkel saßen Flüchtlinge, auf Säcken, Stühlen, Kissen, ein Stück Brot in der Hand, manche mit einer roten polnischen Wurst. In den Augen stand immer wieder nur eine ängstliche Frage:

»Wann werden die Russen hier einziehen?«

Weiter ratterte der Wagen mit uns Leuten aus Strody auf den galizischen Straßen. Die Felder rochen stark, in den Wäldern spielte der Sommer mit den Schatten der Bäume, tiefblau war der Himmel, er war wolkenlos. Plötzlich erschienen zwei Punkte am Horizont. Erst war jeder Punkt so winzig wie ein Floh, wie ein ganz kleiner Floh. Doch sie kamen immer näher und näher, wurden größer, immer größer.

Auf der langsam ansteigenden Straße, die, wie man uns sagte, direkt in die Karpaten hineinführen sollte, auf der Straße also blieben alle Wagen stehen. Alle Köpfe legten sich wie auf Kommando in den Nacken hinein und starrten nach oben. Die Kutscher wiesen mit ihren Peitschen in den Himmel. Es sah aus, als wollten diese Peitschen gemeinsam die Punkte herunterholen.

Zum erstenmal im Leben sahen wir Strodyer Flugzeuge. Es bedurfte erst eines Krieges, um uns mit dieser großen, technischen Errungenschaft des zwanzigsten Jahrhunderts bekanntzumachen. Es waren zwei russische Maschinen. Die Soldaten, die an unseren Wagen standen und mit uns in den Himmel stierten, erklärten es uns.

»Die russischen haben Pfauenaugen«, sagte einer.

»Die deutschen haben ein schwarzes Kreuz«, meinte ein zweiter.

»Zwei Kreuze«, verbesserte ihn ein dritter.

»Meinetwegen hundert Kreuze«, brummte Großvater, »aber ganz unter uns, wie lange dauert eigentlich euer Krieg da noch, Herr Soldat?«

»Na, Alter, höchstens noch bis zum ersten Jänner!«

Die erwachsenen Fischmanns erschraken. Nun glaubten sie es schon beinahe selber.

Mutter dachte an Amerika, sie dachte verzweifelt: »Jossel ...« Sie wollte nur an den Namen denken, an nichts weiter. Nur an nichts weiter denken jetzt ...

»Wir haben keine Wintersachen für die Kinder mitgenommen«, bemerkte Großmutter zu ihrem Schreck.

»Wir haben vieles nicht mitgenommen«, dachte Leib stumm und blickte verbissen an sich und an uns anderen Fischmanns herunter.

An einer Straßenbiegung hingen drei Spione an uralten Bäumen, drei Gehängte, zwei Männer und eine Frau. Einer von den Männern trug Popenkleidung. Mutter preßte uns aufschreiend an sich, aber es war schon zu spät, denn wir hatten die gräßlich verzerrten, blauroten Totengesichter bereits gesehen. Die Großeltern sahen weg, sie weinten beide.

Der Bauer unseres Wagens spuckte aus, kräftig spuckte er vor diesen baumelnden »Verrätern« aus, damit es alle sehen konnten.

Alle Bauern auf der Landstraße spuckten so öffentlich aus.

Dann bekreuzigte sich unser Bauer heimlich.

Alle Bauern taten so wie er.

Wir mußten uns sehr beeilen, denn hinter uns wurden die Brükken gesprengt. Pioniere trieben uns unglückliche Zivilisten zu noch größerer Eile an. Sie hatten keine Zeit, sie hielten schon die glimmenden Zündschnuren in der Hand.

In einer kleinen Stadt, nicht weit von den Karpaten, ließ uns die kriegführende Welt zum erstenmal verschnaufen. Wir hatten hier Bekannte, man behandelte uns wie Kranke, mit leiser Stimme sprach man zu uns, gab uns das beste Essen, die besten Betten im Haus. Und gleichzeitig begannen die Gastgeber selbst ihre Habseligkeiten zusammenzupacken.

»Die Russen stoßen immer weiter vor«, raunte einer dem anderen zu.

Namen wie Lemberg, Komarow klangen wie Kanonendonner.

Zwischen den Flüssen Stryj und Magierow, so hieß es, haben sich die österreichischen Truppen aufgestellt. Sie sind in den Schlachten um Lemberg geschlagen worden. Werden sie jetzt den wilden Reiterregimentern, den Kosaken, standhalten können? Diesem russischen Koloß, diesem wilden Bären?

Der Himmel im Osten überzog sich rötlich.

Eine Ecke des Himmels blieb blau, aber nicht sehr lange Zeit.

Sie erstickte zwischen zusammengejagten grauen Wolken.

Das Telegramm

Was inzwischen mit Jossel Fischmann geschieht, ist furchtbar, unglaublich furchtbar.

Da ist das Jahr 1914 und der Krieg.

Da ist das Schiff, das soeben aus Amerika eintrifft.

Da ist Jossel, der vom Hafen wegstürzt, in die fremde Stadt hinein, zu einer Zeit, wo viele Menschen aus den Fabriken strömen, aus den Werkstätten, die ihre Pforten gerade schlossen.

Da läuft er vor uns her. Wir sehen nur den Rücken, an dem die Arme kraftlos nach unten geklappt sind wie zwei Klingen eines Messers, dessen Federmechanismus zerstört ist.

Da ist endlich ein Postgebäude.

Jossel verschwindet durch eine Tür. Wir folgen ihm.

Jetzt steht er vor einem Schalter.

Hinter diesem Schalter sitzt ein rundlicher Postbeamter, der dem aufgeregten Manne den Zettel aus der Hand nimmt.

Der Text des Telegrammes ist deutsch, mit Fehlern zwar, aber der Rundliche versteht die deutsche Sprache und also auch das Telegramm.

»Diese Worte riechen mir brenzlich«, zuckt es ihm auf dänisch durch den Kopf. »Vielleicht ist der Absender ein Spion. Im Kriege gibt es viele Spione. Die Zeitungen bringen jeden Tag Geschichten über solche Hochstapler. Man müßte sich doch so 'nen Spion mal genauer ansehen ...«

Sehr vorsichtig, unauffällig wie ein Privatdetektiv, blinzelt der Postbeamte über das Telegrammformular hinweg. Aha! Da steht ja dieser Spion vor ihm, in etwa fünfunddreißig Zentimeter Abstand. Er sieht ihn sich ganz scharf an. Er tastet ihn ab, mit seinen Augen, die unwillkürlich zwei schmale Schlitze geworden sind. Jeden Millimeter des Gesichtes, jede Hauterhebung, jede Senkung – ganz genau sieht er ihn sich an. Er findet aber, daß dieser Mann eigentlich nicht wie ein Spion aussieht. Das scheint ihm doppelt verdächtig.

»Wenn er wie ein Spion aussehen würde«, so grübelt er

schwitzend hinter seinem langweiligen Schalter und denkt dabei blitzschnell an alle Kriminalgeschichten, die er bisher in seinen freien Stunden mit großem Verständnis gelesen hat – »wenn, dann wäre er sicherlich keiner. Aber mit diesem einfältigen Gesicht. Mit diesem kleinen Spitzbart. Mit dieser blassen, fast gelblichen Stirn. Mit diesen eingefallenen Backen, diesem schiefen Klemmer ...!«

Er zweifelt schon gar nicht mehr. Warum sollte er auch zweifeln? Da hat er doch alle Verdachtsmomente:

»Ein sonderbares Telegramm, ein sonderbarer Text mit einem Geheimwort. Mitten hinein in die Ostfront. Dort wo jetzt heftige Kämpfe toben, zwischen Russen und Österreichern. Alle Zeitungen bringen ja täglich Berichte.«

»habt keine moire vor dem krieg bin in europa jossel.«

Fünfmal liest der Kopenhagener dieses Telegramm, aber auf einmal merkt er, wie lächerlich eigentlich sein Verdacht ist, wie lächerlich die ganze Kriegspsychose, der er, ein Däne, so mir nichts dir nichts zum Opfer zu fallen drohte. »Ach was! Was geht mich das Ganze überhaupt an«, denkt er befreit, und es ist ihm dabei wirklich viel leichter zu Mute als soeben noch. »Ach was! Mein Land ist neutral, warum soll ich es nicht auch sein? Er sieht, wenn ich ihn jetzt noch einmal betrachte, eher wie ein ängstlicher Familienvater aus. Vielleicht hat er da unten in dem Hexenkessel Verwandte, der arme Mann.«

»Was heißt ›moire‹?« fragt er deutsch. Er fragt freundlich, ja beinahe schon hilfsbereit.

Jossel Fischmann weiß es nicht. Er spricht nicht genug deutsch, um es übersetzen zu können. Außerdem hat er wirklich geglaubt, »moire« sei auch ein deutsches Wort.

»Auf jiddisch heißt es ›moire‹ und ›fear‹ heißt es auf englisch«, sagt er ratlos. Dann hat er eine Idee: »Das ist das, was ich habe«, erklärt er dem Beamten, »genau was ich habe.«

Der versteht nicht.

»Ich bin erschrocken, weil meine Frau, meine Kinder und meine Eltern dort wohnen, wo sie jetzt Krieg machen«, versucht Jossel noch verständlicher zu sein. »Und weil ich bin erschrocken, habe ich ›moire‹ ...«

»Also Angst!« ruft der Kopenhagener ganz erfreut aus und setzt dieses Wort ein.

»Meinetwegen Angst«, drängt Jossel. Er weiß nur, daß er »moire« hat. Und ihm ist nur wichtig, daß seine Familie in Strody seine Ankunft in Europa erfährt.

Der dänische Beamte, der sein kleines Dänemark, aber nicht die großen anderen kennt, gibt ihm noch schnell einen Trost mit auf den Weg.

»In vier Wochen, lieber Freund, ist der Krieg aus«, sagt er fröhlich. »Dann brauchen Sie keine ›moire‹ mehr zu haben.«

Er reicht ihm zum Abschied die Hand durch den Schalter und ein kleines Päckchen. In dem Päckchen liegt ein belegtes Brot.

Jossel lehnt erschrocken ab.

»Es ist was Gutes«, zwingt ihn der Beamte gutmütig. »Butterbrot mit Schinken, nehmen Sie nur. Das ist mein Vesper, aber ich habe keinen Hunger.«

Er weiß ja nicht, daß Jossel Fischmann keinen Schinken ißt. Er weiß ja nicht, daß Gott dem Jossel das Schinkenessen verboten hat. Er weiß ja nicht, daß dieser Jossel das Paketchen später im Zuge liegen lassen muß.

Lieber Freund aus Kopenhagen, es ist so schön, wenn man nicht alles weiß.

Auf alle Fälle bist du ein feiner Kerl, Kopenhagener!

Ich danke dir, wenn auch reichlich spät.

Jossel Fischmann hat es wohl damals vergessen.

Es wird nicht viel anders gewesen sein:

Das Telegramm wurde nach dem Osten gefunkt, es ging über Deutschland.

Die deutschen »Militärbehörden vom Inlanddienst« hoben die Nasen, als sie den Text lasen. Als sie ihn zum zweiten Mal lasen, hatten sie schon den Eindruck, als explodiere vor ihnen eine Granate. Sie waren noch nie an der Front gewesen, diese Herren »Militärs vom Inlanddienst«.

Um ganz sicher zu gehen, leiteten sie das Telegramm an die »Politische Polizei«. Diese gab es sofort an das »Oberste Kriegsamt« und an das »Auswärtige Amt« weiter. Diese beiden zentralen Ämter, Sitz Berlin, vertrauten das Telegramm unverzüglich ihren Spionageabteilungen zur besonders sorgfältigen Bearbeitung an. Hundert Beamte lasen. Hundert Beamte suchten einen Geheimschlüssel. Hundert Beamte bohrten in ihren Beamtengehirnen nach dem Sinn der Worte:

»habt keine angst vor dem krieg bin in europa jossel.«

Sie strengten sich wirklich redlich an, fanden aber trotzdem keine Lösung des Geheimnisses. Deshalb kabelten sie das Telegramm an die zuständigen Behörden des verbündeten Staates Österreich-Ungarn.

Für ein solches Schriftstück waren in der k. u. k. Monarchie sieben Behörden kompetent. Alle sieben suchten mit der Leidenschaft von Spürhunden.

Aber auch Wien mühte sich, wie Berlin es schon getan hatte, ohne Erfolg ab.

»Schade, daß wir den Berlinern nicht zeigen können, was wir können«, bedauerte der Hofrat Sekira.

Verzweifelt schlug sein Kanzleirat vor, man solle das Telegramm einfach weitergehen lassen, nach Strody, dann würde sich schon »etwas« ergeben.

Er schaute erschauernd auf den gewaltigen Kriegsschauplatz, der in seinem Büro in Gestalt einer bunten Landkarte an der Wand angebracht war, und bemerkte, nicht ohne Befriedigung, daß ja die Russen (»Jeder Schuß ein Russ'!«) seit gestern diesen wichtigen Ort verlassen hatten und einen Kilometer von den tapferen österreichisch-ungarischen Soldaten zurückgeschlagen worden waren. Also wird man doch, so hoffte der Kanzleirat seinem vorgesetzten Hofrat vor, dieser Empfängerin Lea Fischmann (»Wir müssen schleunigst einen Akt anlegen, Herr Hofrat!«) habhaft werden können.

Zur gleichen Zeit funkte Wien nach Berlin, man möge die Grenzen Dänemarks scharf bewachen lassen.

Mit dem geheimnisvollen Telegramm reiste inzwischen ein hoher Mann der Stelle K., das war die »Überwachungsstelle für Kriegsspionage« nach dem befreiten Strody am Flusse Stryj. Aber leider war, so stellte dieser hohe Mann fest, das Haus der Fischmanns, in welchem diese Lea Fischmann doch sicherlich gewohnt haben mußte, leer und verlassen. Alle Häuser in Strody waren geräumt, zum Teil auch zerstört. Wände waren eingestürzt, die Schornsteine von den Dächern wegrasiert, die Trümmer rauchten noch, und in der Ferne donnerte es.

Das ganze Milieu erschien dem Manne der Stelle K. wenig geheuer. Er fuhr schleunigst zurück, um zu berichten. In Wien zeigte man sich nun wirklich deutlich unbefriedigt.

»Warum ist die Empfängerin nicht in Strody geblieben?« fragte reichlich scharfsinnig der Kanzleirat. Er seufzte, denn er konnte seine Enttäuschung nicht verbergen.

Hofrat Sekira wußte den Grund. »Sicherlich ist es eine sehr Raffinierte vom Fach. Aba, lieba Kanzleirat, man wird sie schon noch fassen, dieses ausgekochte Frauenzimmer! Es gibt ja viele Bäume in unserer Monarchie. Einer steht auch für sie bereit!«

Dieses »ausgekochte Frauenzimmer«, meine Mutter, wußte von alledem nichts. Sie war gerade damit beschäftigt, ihren beiden Kindern mit einem Staubkamm etliche Läuse aus dem frischgewaschenen Haar herauszukämmen. So einen heroischen Kampf führte sie in diesen Tagen. Die Zinkwanne mit dem schmutzigen Waschwasser stand als »corpus delicti« noch neben ihr.

»Es gibt viele Bäume, und einer steht auch für sie bereit«, versicherte amtlich und also drohend der privatim recht gemütliche Hofrat Sekira, Chef des Sicherheitsbüros.

Wir werden ja sehen.

Und nun nimmt die Zivilisation, die Ordnung, das Gesetz, die Kultur, und was weiß ich was noch, seinen Lauf.

Der Zug aus Dänemark, in dem mein Vater saß, fuhr in die deutsche Grenzstation ein.

An der Paßsperre standen vier unscheinbare Herren, die wie Weinreisende aussahen.

Es waren aber keine Weinreisenden, sondern vier Spezialisten für Kriegsspionage, die eigens aus Berlin gekommen waren, um Jossel Fischmann zu empfangen.

Jossel zeigte seine Papiere.

Die Vier betrachteten, einer nach dem anderen, diese Papiere, den Mann, dann sich untereinander. Sie nickten sich zu: »Aha, das also ist der Mann mit dem Telegramm.«

Der Untersetzteste von den Vieren begann zu lächeln. Es war so ein Lächeln, das aussieht wie eine Eisportion in der Julisonne.

Geradezu süßlich sagte er:

»Bitte, treten Sie mal beiseite, bitteschön.«

Jossel tat, was ihm befohlen war, und wartete. Er wußte nicht, in welche gefährliche Situation er da hineingeraten war. Er nahm an, es würden heute vielleicht »alle Menschen mit F« kontrolliert werden. In Amerika war er ja bei seiner Ankunft auch kontrolliert worden. Also harrte er aus, keineswegs mutlos und gar nicht ängstlich.

Er bemerkte, ohne sich etwa sehr dafür zu interessieren, daß alle Reisenden ihre Papiere vorzeigen mußten, und so sah er auch, daß alle die Sperre passieren durften. Nur er, ganz allein er, stand zuletzt noch da, umringt von den Vieren. Keiner sonst außer ihm war genötigt worden, auf die Seite zu treten. »Sicherlich bin ich heute der Einzige mit F«, dachte Jossel Fischmann.

Als der Bahnhof endlich verlassen dalag, nahmen die vier ernsten Herren den einsamen Jossel noch mehr in ihre lückenlose Umklammerung und schoben ihn so, sachte aber energisch, in die kahle Wachstube des Bahnhofes. Noch immer sah Jossel so aus, wie er in Kopenhagen ausgesehen hatte. Nur die Beamten waren anders. Es waren weder Postbeamte, noch Kopenhagener.

Auf dem Tisch lag ein Blatt Papier. Neben dem Papier lag braun und herzlos eine Reitpeitsche, die gewalttätig über den Tischrand hing. Ihr unteres Ende hatte sich wie ein Seil verschlungen und bildete einen Ring, in dem Jossels Kopf gut hätte ersticken können. Wie eine Schlinge am Galgen baumelte dieser Ring, als sich die vier ernsten Herren an den Tisch begaben.

»Wo kommen Sie her?«

»Aus Amerika.«

»Was haben Sie dort gemacht?«

Jossel erzählte, mehr in Jiddisch als in Deutsch, er sei Zuschneider bei den großen Rosenberg Brothers gewesen, im Osten von New York.

»Was tun Sie jetzt in Europa?«

Jossel gab seine Aufklärung, so gut er halt dazu in der Lage war. Er habe gelesen, daß die Russen über die Grenze sind. »Und da habe ich gehabt Angst für das Leben meiner Lieben«, bat er ein wenig radebrechend um Entschuldigung. Er sagte auch tatsächlich »Angst«, dachte aber noch immer »moire«. Einer der Herren schrieb alles, Wort für Wort, mit.

»Und wohin wollen Sie also jetzt?« wollte man noch ganz genau von ihm wissen.

»Nach Strody am Flusse Stryj«, sagte Jossel.

Man bedeutete ihm, er solle sich ausziehen.

Jossel versicherte, er habe nichts bei sich.

»Dalli!« schnauzte ihn einer an. Da zog er sich schweigend aus.

Erst das Jackett, die Weste, die Schuhe.

Dann die Hosen, die Unterhosen, das Oberhemd, das Unterhemd.

Auf einen barschen Anschnauzer hin streifte er noch schnell die Socken von den Füßen.

»Jetzt bin ich nackt, wie es vorgeschrieben ist«, dachte Jossel und fror.

Die vier Spezialisten begannen zu arbeiten.

Einer besah sich das Schuhwerk. Er fand leider nichts.

Der zweite untersuchte Anzug, Wäsche, Hut und Kofferwäsche. Fand nichts.

Der dritte blickte dem gehorsamen Jossel Fischmann in den offenen Mund, ließ ihn dann die Beine spreizen, riß den After auseinander (»Au!« schrie Jossel erschrocken). Aber auch dieser gründliche Sucher fand leider nichts.

Der vierte Spezialist saß am Tisch und dachte nach.

Dieser Herr war in seinen Mußestunden Mitarbeiter einer lokalen Berliner Zeitung »Mit Gott für Kaiser und Vaterland«, für die er wirkungsvolle Artikel über »Spionage- und Kriminalfälle der Woche« schrieb. Außerdem verfaßte er von Zeit zu Zeit ein Kriegsgedicht, worauf er aus vaterländischen und künstlerischen Gründen besonders stolz war.

»Die Spionage«, so dachte er jetzt lange und angestrengt nach, »ist die unerschöpfliche Geschichte des Gebrauches aller nur möglichen Mittel zur Vernichtung des Gegners.

Eine Aufzählung aller Listen, die im geheimen Nachrichtendienst Anwendung finden, um Spionage oder Gegenspionage zu leisten, bei Durchführung zu bluffen oder zu täuschen, könnte viele Bände füllen.

Die Erfindungsgabe der männlichen sowohl als auch der weiblichen Spione kennt keine Grenzen, von denen sich der werte Leser unseres Blattes keine Vorstellung machen kann.

Kürzlich versuchte, wie ich von zuverlässiger Seite in Erfahrung bringen konnte, an der deutsch-dänischen Grenze ein lang gesuchter Spion in der täuschenden Maske eines jüdischen Schnorrers unsere Spionageabteilung zu überlisten.

Jedoch gelang es trotzdem, ihn zu überführen. Er sieht jetzt seiner wohlverdienten Strafe in ihr gerechtes Auge.«

So einfach ist dieser Beruf.

In einem geschlossenen Abteil des fahrplanmäßigen Expreßzuges ging es durch die norddeutsche Tiefebene. Jossel trug Handschellen. Er saß umzingelt von den vier steifen Zivilisten, die nichts sprachen, kein Wort, sie spielten nicht einmal Skat.

Jossel sagte, die Lippen kreidig, die Zähne klapperten:

»Sie haben sich tacke geirrt. Glauben Sie mir. Sie haben laufen lassen den richtigen Verbrecher. Mich aber, den unschuldigen Menschen, der ich bin, haben Sie verhaftet.«

Als er diese schwierigen Sätze endlich heraus hatte, fühlte er in sich ein großes Mitleid aufsteigen. Jossel Fischmann ist ein etwas schwerer Mensch gewesen, der nur zögernd zum Leben Stellung nahm, der nur langsam nachdachte, der viel zu ernst war, um mit dieser doch gar nicht ernsten Welt fertig werden zu können. Das zeigte sich am besten wohl, als er da plötzlich tüchtig in der Tinte saß. Denn was kommt ihm da auf, diesem Juden Jossel? Ein Mitleid mit den vier Herren, die sich geirrt haben.

»Mich, den Unschuldigen, haben Sie verhaftet ...«

»Kann schon sein«, sagte, ohne eine Miene zu verziehen, der Untersetzteste der Vier.

Der Wagen klopfte auf den zusammengeschraubten Schienen sei monotones Lied. In Jossels Ohren sangen die Räder des Zuges den Refrain eines Liedes, das die Juden um die Jahrhundertwende herum in allen Ländern gesungen hatten. In Kijew und in Nishniy-Nowgorod, in San Franzisko und in Strody, überall hatte man einst dieses »tröstende« Lied von dem französischen Hauptmann Dreyfus gekannt:

»Weißt du, warum du leidest, Dreyfus?
Weil du bist ein Jude, Dreyfus.«

Diese Worte kamen ihm in den Sinn, sie gaben ihm tatsächlich einen starken Mut, und er begann tapfer sein ganzes Herz auszuschütten.

»So und so verhält es sich mit mir, dem Jossel Fischmann«, sprach er.

»Des und deswegen bin ich nach Amerika und habe drüben schwer gearbeitet.«

»Meine Frau und die Kinder haben schon lange ihre Schiffskarten, aber aus diesem und jenem Grunde konnten sie lange nicht kommen.«

Sein ganzes Leben breitete er vor seinen Wächtern aus. Er war nicht sehr gewandt im Gebrauch der deutschen Sprache und deshalb gezwungen, vieles mit den Händen zu untermalen. An den Händen baumelten Handschellen.

»Kann schon sein«, sagte der Untersetzteste undurchdringlich. Für sich dachte er: »Mauschel nur weiter, Jud'. Das Mauscheln wird dir schon noch vergehn, Itzigleben.«

In Berlin wurde Jossel in einen hohen, verschließbaren Pferdewagen hineingestoßen. Nach etwa fünf Minuten hielten die Pferde. Vom Hof aus ging es sofort zum Verhör.

Er stand vor einem schlanken Offizier, der hielt Jossels Papiere in der Hand und musterte scharf den Vorgeführten, mit halbgeschlossenen, aber ganz strengen Augen.

Jossel war halbtot vor Schreck.

»Warum haben Sie Ihr Aussehen verändert?« wurde er auf einmal brutal gefragt.

»Wieso verändert, Herr Offizier?«

»Mann! Verstellen Sie sich nicht!« Jedes Wort war ein dumpfer Paukenschlag. Plötzlich brüllte der Offizier los, daß Jossel zurücktaumelte. »Das hilft Ihnen hier nichts! Verstanden!!«

Jossel würgte, Jossel nickte, Jossel dachte sich eine Hilfe zurecht: »Warum schreit er so, und was kann ich schon tun? Nicht viel kann ich tun. Ich werde nicken. Zu allem werde ich nicken. Nicken schadet nie.«

»Auf Ihrem Bild tragen Sie einen fast viereckigen Bart, und heute tragen Sie einen kürzeren und spitzen. Warum das, Sie!«

Jossel machte ein sehr erstauntes Gesicht. Er war auch erstaunt, er hatte jetzt verstanden. Aber hatte er wirklich richtig verstanden? Auf alle Fälle begann er eine lange Erklärung abzugeben:

»Mechel Pollatschek in New York hat mir gesagt ... hat gesagt, daß ein spitzer Bart ist heutzutage praktischer. Ein junger jüdischer Mann von heute trägt nicht mehr so große Bärte wie die Zaddikim von Cholm ... hat mir Mechel Pollatschek in New York gesagt ...«

»Wollen Sie mich zum Narren halten!« schrie der Offizier.

»Was heißt zum Narren halten?« schüttelte Jossel fragend und ängstlich den Kopf. Er verstand diese Redewendung »zum Narren halten« nicht. Er verstand überhaupt nicht, weshalb man ihn hier festhielt. »Aber jedenfalls sind Sie gegen mich, Herr Offizier«, stellte er traurig und laut fest.

Dem blieb die Spucke weg. Doch er bezähmte sich.

»Was ist mit Ihrem Telegramm da?« überrumpelte er den Gefangenen.

Jossel sah plötzlich sein Telegramm vor sich: »habt keine angst vor dem krieg bin in europa jossel ...«

»Warum ist es nicht in Strody?« fragte er ganz verdattert.

Er erzählte noch einmal seine ganze Geschichte, mit allen Einzelheiten, alles wurde zu Protokoll genommen, zum Schluß unterschrieb er. Die nasse Feder in der zittrigen Hand, mit Tränen in der stammelnden Stimme, so wiederholte er immer wieder:

»Was wollense denn von mir haben, Herr Offizier? Ich habe doch gemußt wegfahren von New York, als ich die Zeitungen las. Wenn Sie hätten gehabt zwei Kinder und eine Frau ... und die Eltern, solche Eltern wie ich, wären Sie auch gefahren. Was wollense denn von mir haben, Herr Offizier ...?«

Er jammerte in einem furchtbaren Deutsch, aber ganz gut verständlich.

»Machen Sie keinen Quatsch«, sagte der Offizier, diesmal ohne zu schreien, fast zögernd sagte er das, und ließ den Verzweifelten abführen.

Was gibt es nicht für komische Berufe und komische Menschen? Da erinnere ich mich gerade des Sargtischlers Schmul Fischl in Strody, der alle Erwachsenen und Kinder auf der Straße anhielt, sie von Kopf bis Fuß musterte und dann laut sagte: »Ein Meter achtzig« oder »Ein Meter fünfzig.«

Er hatte – was hätte man schon dagegen machen können? – die etwas eigenartige Gewohnheit, den Strodyern schon bei Lebzeiten das Sargmaß zu nehmen. Unsere Längen standen fein säuberlich in seinem Notizbuch.

Aber was ist so ein Schmul Fischl für ein harmloser Mensch, wenn man ihn mit jenen Herren vergleicht, die von Berufs wegen Spione zu entlarven haben.

Wehe dem armen Unbekannten, der von ihnen verdächtigt wird! Und verdächtigt wird von ihnen *jeder* Unbekannte! Wehe dem armen Menschen! Wehe, wenn diese Gattung, die aus dem Verfolgungswahn einen Beruf gemacht hat, ein Opfer wittert!

Da befand sich nun Jossel Fischmann, der Spionage verdächtigt, in einer Zelle eines Berliner Gefängnisses und war vollauf damit beschäftigt, nicht vor Schreck wahnsinnig zu werden. Er hatte in Amerika und vorher in Strody schon einige Erfahrungen mit Behörden gemacht, und seine zwar nicht vollkommen gereifte Erfahrung ließ ihn glauben, daß es nicht immer die Intelligentesten, aber oft die Bequemsten der Nationen sind, die von ihnen beamtet werden. Verzweifelt fragte er sich und seinen Gott, was nun wohl mit ihm geschehen würde. Da hatte ihn dieser Offizier vernommen, der wie ein Knabe aussah, der ihn angeschrien hatte, wie man einen Verbrecher anschreit – und dieser Offizier hatte nun sein Schicksal in der Hand. Wie wollte denn der entscheiden? »Kann sich denn so ein feiner und gepflegter Offizier in meine Lage hineinfühlen? Kann er sich denn hineindenken in mein Leben? Kennt er denn die Welt, in der ich aufwuchs und die, aus der ich komme? Und hat er mich denn überhaupt verstanden, mich mit meinem ›Deutsch‹? Wie kann er mich denn schuldig sprechen? Und wofür denn, wofür denn?«

Aber nicht nur Jossel machte sich schwere Gedanken. Auch der verantwortliche Offizier, der ihn vernommen hatte, saß wohl jetzt vor seinem Schreibtisch, das aufgeschlagene Protokoll vor sich, den Kopf nachdenklich in die weichen Hände gestützt – so saß er wohl da und grübelte hin und grübelte her. Und endlich kam er zu einer Entscheidung, der ich, der Sohn des »Spions«, meine Hochachtung nicht versagen kann. Man berücksichtige, daß der Krieg tobte, nicht nur auf den Schlachtfeldern, sondern auch in den Köpfen. Es gab nicht viel vernünftig denkende und noch weniger vernünftig handelnde Menschen damals.

Der Offizier, der zwar brutal, aber auch sentimental sein konnte, hatte einfach den Eindruck, daß dieser Jude, dieser Jossel Fischmann, ihm die Wahrheit gesagt habe. Trotzdem: Krieg ist Krieg, Vorsicht ist deshalb geboten. Er erstattete umgehend den vorgesetzten Dienststellen Bericht. Diese Herren waren natürlich enttäuscht. Hatten sie doch angenommen, daß man einen ganz kapitalen »Fang« gemacht habe. Solche Ergebnisse vorwegzunehmen, war ja ihre Aufgabe, dafür wurden sie doch bezahlt. Und außerdem (»Sonderbar, woher die Zeitungen nur so schnell ihre Informationen beziehen!«) hatte eine lokale Berliner Zeitung »Mit Gott für Kaiser und Vaterland« erstaunliche Einzelheiten über diesen Spionagefall veröffentlicht – Einzelheiten, die auch von anderen Blättern nachgedruckt worden waren. Eine fatale Geschichte, im Ganzen gesehen.

Was tun?

Nach einer dreistündigen Beratung beschlossen sie, den verdächtigen Fischmann zwar freizulassen, aber ihn dennoch sozusagen weiter zu verdächtigen, da sie nicht ganz sicher waren. Ein sehr gewandter Mann wurde beauftragt, ihn bis an die Grenze zu »beschatten«.

An der Grenze warteten schon die »Kameraden Schnürschuh«. So wurden die Österreicher während des Krieges freundlich, aber auch mit einem leichten Anflug ins Spöttische von den Deutschen genannt, weil die österreichischen Soldaten nicht wie die deutschen hohe Stiefel, sondern Schnürstiefel mit Wickelgamaschen trugen.

Mein Vater ließ nicht lange auf sich warten.

Auf der Flucht

Auf einmal war in das Karpatenstädtchen, wo wir die erste längere Rast nach dem Verlassen Strodys machen wollten, der höchste jüdische Feiertag gekommen. Eigentlich sollte der kleine Ort schon geräumt sein, denn die Russen hatten wieder einen erfolgreichen Vorstoß unternommen. Ihr altes verlorenes Gebiet war von ihnen zurückerobert worden und noch neues dazu. Jetzt marschierten und ritten sie im Eiltempo gen Westen, dort lagen die Österreicher, verschanzt in den Gräben, zwischen den Schluchten und auf den Bergen.

Die Stadt galt denn auch seit gestern als geräumt, nur die Juden weigerten sich, an ihrem Feiertag einen Wagen zu besteigen.

»Gott wird schon helfen, wenn man betet«, sagten die Alten. »Man muß auch leiden können, als Jude. Auf, kommt zu den großen Gebeten!«

Bereits eine Stunde vor Beginn des Feiertages bemerkten die letzten Soldaten, die den Auftrag hatten, die Brücke zu sprengen, um den Russen den Weg abzuschneiden und sie aufzuhalten, wie sich die Juden mit den Schatten des Tages in die kleinen Gassen begaben. Wie diese fanatisch gläubigen Graubärte hasteten, hin zu dem Bethaus, das ihrer wartete.

Keiner konnte sich setzen, weder die Alten, noch die Frauen, noch die Fremden, die Hergeflüchteten, denn es war kein Platz für Bänke da.

Wir standen dichtgedrängt an unsere Mutter, die in der Frauenabteilung betete. Draußen in der Welt schmetterten vernehmbar die Kanonen, nicht Posaunen wie zum Tage des Jüngsten Gerichtes. Und an der Brücke trafen die Pioniere die ersten Vorbereitungen zur Sprengung.

Die Luft im Bethaus war zum Ersticken angefüllt mit dem Geruch der düster flackernden Totenkerzen, der weiten Gebetmäntel, der vergilbten Folianten aus vergangenen Jahrhunderten.

Die Oberkörper warfen sich hin und her, während die Füße wie die Füße von Soldaten auf dem Holzboden feststanden. Bärte flogen mit den Körpern durch die dicke, stickige Luft. Die Männer hatten ihre Schuhe abgestreift, in Socken standen sie vor Gott, denn sie hatten viel zu erbitten, und an einem solchen Tage muß man sich ehrfürchtig nahen. Sie schlugen sich erregt an die Brust und bekannten zerknirscht ihre kleinen und großen Sünden. Sie trugen über den Anzügen weiße, mit Silberfäden benähte Sterbegewänder. In vielen Gesichtern spiegelte sich ingrimmiger Schrecken wider, der sich rätselhaft mit Glauben, Ehrfurcht, ja Begeisterung paarte.

Immer mehr gerieten sie in Ekstase. Das Haus versank im Geschrei der Gebete, und nur die Ostwand des Bethauses blieb, diese Wand, die hier, an der Grenze zwischen Krieg und Frieden, zur Klagemauer der gequälten Menschheit wurde.

Schon seit dem frühen Morgen standen vor dieser Wand ehrwürdige, achtunggebietende Greise. Aus ihren Schädeln stachen die besessenen Augen wieder nach innen zurück, suchten nach Sünden, jeder nach seinen eigenen, jeder nach den Sünden seiner eigenen Familie und seines eigenen Volkes, zitternd vor Furcht und hoffend, daß ihnen Vergebung werde.

Wir baten um Errettung, wir alle, Kinder und Erwachsene, jammerten und flehten mit unseren hellen, dunklen, vibrierenden, schwelgerischen und ergreifend gläubigen Stimmen. Aber die Kanonen, die platzenden Schrapnelle, das Winseln der Verwundeten waren an diesem Tage wohl stärker zu vernehmen als wir.

Hier, im Bethaus, war das wahre Vaterland, die Heimat der Juden. Hier waren sie bei Ihm. Da gab es keine Bauern, da gab es keine Pogrome. Heute bestimmt nicht, denn heute waren die anderen mit sich selbst beschäftigt. Heute konnten die Juden im Osten zum ersten Male ungestört zu Gott reden, ohne Angst und ohne Hast. Heute konnten sie sich Ihm verständlich machen.

»Erhöre unser Flehen . . .!«

Was den Juden in dem kleinen Karpatenstädtchen die große Kraft zu beten gab, das war das Wissen, daß sie jetzt nicht allein vor Ihm standen. Am gleichen Tage wie sie versammelten sich ja die Juden in Paris, in London, in New York, in Berlin, in Wien – und alle sprachen mit Ihm, beteten, weinten, flehten. In allen Ländern suchte und bekannte heute ein jeder Jude seine Sünden, aufgewühlt, wehklagend, hoffend, daß Gott ihm in Seiner großen Gnade und Barmherzigkeit verzeihen würde.

Es kam das gewaltigste, das stumme Gebet, vor dem alle Stimmen jäh auseinanderbrechen. Da darf keiner ein Wort sprechen, da müssen sie alle in der ganzen Welt vor Gott dastehen und Ihm ins Angesicht sehen, gerade und offen, und keiner kann sich hinter Verbeugungen verstecken, denn der jüdische Gott liebt keine Verbeugungen, sondern fragt gleich: »Warum senkt dieser Mensch seinen Kopf? Was hat er zu verbergen?«

Alle standen erschöpft, mit dem Blick gen Osten, und nur die Lippen bewegten sich ergriffen in den stummen Tönen der letzten, der hüllenlosen Beichte. Ich verstand noch nicht die ganze Größe dieses außergewöhnlichen Tages – aber ich fühlte doch seinen Hauch. Ich wurde so mitgerissen von der gläubigen Stimmung, daß mir, dem Kinde, ungewollt einzelne Gesichter auffielen, die Verdrossenheit und Ungeduld widerspiegelten.

Mutter, neben den anderen Frauen, zählte in schlichter Rede all ihr Leid auf. Ganz ruhig war sie, als sie zu Ihm sagte:

»Mein Vater wurde erschlagen, weil er ein Jude war. Meine Mutter wurde erschlagen, weil sie Jüdin war. Meine Brüder wurden erschlagen, weil sie Juden waren. Alle fielen in Kischinew, am gleichen Tage alle vier, die Deine Kinder blieben bis zuletzt.«

Ich höre sie noch jetzt diese Worte sprechen. Sie sprach ohne Geschrei. Sie wußte, daß sie nicht viel Zeit hatte. Gott konnte heute nicht nur sie allein erhören. Sie mußte also kurz und auch möglichst ruhig sein. Aber auf einmal verlor sie doch die Gewalt über sich und schrie und weinte wie alle anderen:

»Was aber willst Du von meinen unschuldigen Kindern ...?«

Da geschah es.

Mit einem Knall platzten alle Scheiben des Gotteshauses.

Alle Fensterscheiben im Städtchen platzten in diesem Augenblick.

Platt stemmten sich die eben noch so Lauten stumm und taub gegen die Wände.

Wir hörten nichts als ein dünnes Pfeifen, das von irgendwo, von weither angeflogen kam.

Als schrumpften alle Eingeweide zusammen, so krümmten wir uns furchtsam demütig, verstört, und viele suchten unter ihren weißen Gebetmänteln Schutz.

Schwarz und offen standen die Münder, und die Augen lagen riesengroß und aufgeschreckt in den flackernden Gesichtern ...

Noch einmal, nach langen Minuten, versuchte die Menge sich aufzurichten.

Eine sammelnde, trotzige, tapfere Stimme brach hervor, die des alten Vorbeters.

Schaurig blies das alte Widderhorn.

Noch einmal schrien die Betenden auf, aber diese Stimmen klangen nicht mehr trotzig, nicht mehr tapfer, es klang, als schreie ein verwundeter Soldat. Es ertönte nur noch ein kurzes, ein letztes Jammern, dann war es aus.

Über den Karpaten flatterte ein Gebet aus einem Städtchen, in dem eine Brücke gesprengt worden war. Das Flehen konnte sich nicht erheben, es flatterte ängstlich, immer ängstlicher im Kreise umher. Es flattert noch heute über den dunklen Bäumen der Karpaten. Es wird ewig dort flattern.

Die Flügel des Gebetes waren von Sprengstücken getroffen worden.

Nach dieser mir unvergeßlich bleibenden Stadt an den Karpatenbergen kam ein Tag, der für mich das Ende meiner Kindheit bedeutet. An diesem Tage sollte der Tod uns berühren. Er hielt uns nicht fest, er ließ uns nur seine knochige Hand spüren. Aber das genügte.

Ich schilderte den Beginn dieses denkwürdigen Tages auf den ersten Seiten des Buches ...

Wir waren wohl eine Stunde gefahren, und der Nebel war endlich so weit zurückgewichen, daß wir bequem die schwarzen Umrisse der bewaldeten Berge vor uns erkennen konnten, da legte sich plötzlich, es war gegen sieben Uhr morgens, eine fieberhafte Stille über sämtliche Wagen. Es schien sich mit einem Male die Luft zu ändern – und mit ihr der Atem der Flüchtlinge. Wer sich umdrehte, erblaßte, zog den Kopf ein, wandte die Augen schnell wieder nach vorn. Furcht ergriff die Menschen, selbst die Pferde unterließen ihr rasselndes Wiehern und sträubten ihre Mähnen. Die Räder ratterten ausgedörrt und würgend. Kalt lief es den Juden über die Haut.

Wir Fischmanns kauerten uns auf die Bodenbretter unseres Wagens, als wir hinter uns die Reiter gewahrten. Hände schoben uns Kinder lautlos in die äußerste Ecke, wo wir wie Bündel verstaut wurden.

Immer kleiner ward der Abstand. Je näher die reitende

Gruppe kam, desto sicherer wurde die Gewißheit, daß es Russen waren. Sie hatten lange Lanzen mit flatternden Läppchen. Die Pferde waren niedrig und flink.

Ach, wie fern erschienen uns mit einem Male die nahen Berge, die wie verlegen auf die vor Jahren aus militärischen Gründen angelegte Straße blickten. Rechts vor ihr lag ein bläulich schimmerndes Gehölz, und links standen einige einsame Bauerngehöfte. An den nackten Lattenzäunen lehnten Bäuerinnen, nur mit Rock und Hemd bekleidet.

Gerade als der Wagen mit uns Leuten aus Strody an einem solchen Gehöft vorbei wollte, wurden wir von den Russen überholt. Dumpf stampfend schlugen die umhüllten Hufe der dunklen Pferde auf der festen Straßendecke auf. Mit doppelten, über der Brust gekreuzten Patronengürteln, braungebrannt und breitknochig, saßen die Kosaken auf ihren Pferden. Fast erschienen sie uns verängstigten Fischmanns als übernatürliche, unbesiegbare Wesen aus einer anderen Welt.

Wir erschraken bis außerhalb unserer Fußspitzen, aber es geschah uns nichts. Die Russen nahmen von uns ebensowenig Notiz wie die österreichischen Soldaten. Sie ritten straff und schweigend hinter ihrem Ataman her, nur ihre Augen untersuchten mißtrauisch jeden Baum im nahen Wald.

Ich zählte sie, ich konnte ja bereits bis hunderttausend zählen.

Unter den vielen Flüchtlingen war ich der einzige, der jetzt sprach, denn ich wußte weder was Furcht, noch was Mut bedeutet.

»Es sind zwölf«, sagte ich laut. Da hielt mir die Mutter den Mund zu, daß mich die Zähne schmerzten – und erst von diesem Augenblick an begann ich dunkel zu ahnen, in welcher Gefahr wir uns befanden.

Und schon brach der Krieg, der nackte Krieg mit Tod und Mord, vor meinen Kinderaugen aus.

Gerade als die ersten Kosakenpferde stillstanden und einer der Reiter mit weit vorgestreckter Lanze auf den Wald zeigte, kam aus diesem Gehölz ein helles Geknatter.

Im Nu zersprang die Landschaft wie sprödes Glas.

Wild jagten die kleinen Russenpferde über die Wiese.

Mutter warf mit einem unmenschlichen Schrei uns Kindern die mitgenommenen Kissen über den Kopf.

Unaufhörlich knatterten die Schüsse aus den Bäumen heraus.

Es schien uns, als sähen wir blitzende Punkte in der Luft.

Zwei Pferde rasten reiterlos die Straße zurück.

Irgend jemand riß mich vom Wagen und stieß mich in die Richtung eines Hauses.

Ich lief geduckt, über uns flogen die Kugeln (»... pfijjj, pfijjj, pfijjj ...«), und ich fiel über die Schwelle eines Hauses, mit offenem Munde, mit kindlichem Keuchen, ohne zu schreien.

Drinnen standen die Bäuerinnen am Fenster und bekreuzten sich bei jeder Schußsalve. Mutter lag mit einem Male auf einer Bank, mit geschlossenen Augen, und die Großeltern bemühten sich händeringend, sie wieder zu sich zu bringen.

Draußen war kein Wagen mehr bemannt. Die Flüchtlinge kauerten zwischen den Rädern, in den Straßengräben, soweit sie nicht mehr eines der wenigen Gehöfte hatten gewinnen können.

Durch das Fenster sahen die Bäuerinnen und wir Kinder, um die sich niemand kümmerte, daß von den zwölf Kosaken nur zwei hatten entfliehen können. Die anderen lagen auf der Wiese, hier einer, da einer, mitten auf der schönen, großen, grünen Wiese, vor dem lebendig gewordenen Wald.

»Wie Misthaufen liegen sie da«, sagte eine von den Bäuerinnen.

»Da kommen die Unsrigen!« schrie eine andere.

Es waren ungarische Infanteristen, in dunkelblauer Uniform. Als sie an den Toten vorbeikamen, schossen sie noch ein paar Schüsse ab. Sie knallten vor Freude in die Luft, dann hängten sie sich bunte Bänder an die blauen Kappen, rote, weiße und grüne Bänder. Dies taten sie zum Zeichen des Sieges und der Freude, daß die Russen es waren, die lagen. Es war noch zu Anfang des großen Krieges.

Mutter kam inzwischen zu sich. Sie erhob sich mühsam. Bebend griff sie nach uns, zog uns vom Fenster weg und setzte sich in eine Ecke der großen Bauernstube. Hier sah ich sie sich schütteln, als wäre sie von Sinnen. Ich hörte sie schluchzen, ganz trocken und tränenlos. Sie küßte uns mit kalten Lippen, daß uns der Atem verging. Dann plötzlich ließ sie von uns ab und verstummte. Sie zitterte nur noch am ganzen Körper. Sie zitterte noch, als wir wieder den Wagen bestiegen. Sie zitterte noch am Abend im Städtchen K.

Die Luft aber wehte wie an gewöhnlichen Tagen. Sie strich über die Erde, als sei nichts geschehen in der Welt. Sie wehte weithin, verschwägert mit Wald, Hügeln und zierlichen Gräsern. Nur mit den Menschen war sie an diesem Tage wohl nicht verschwägert. Die Natur hatte sich von ihnen zurückgezogen.

Manche werden es einen glücklichen Zufall nennen und manche gar ein Wunder, daß wir das Städtchen K. noch am gleichen Tage erreichten. Denn es war der Tag, an dem der letzte Zug aus dem Osten flüchtete.

Wir sprangen vom Leiterwagen und stürzten über die Schienen auf die schreiende, sich schlagende, rücksichtslos kämpfende Menge zu, die diesen Zug umringte.

Kaum erreichten wir den Perron, als Fausthiebe auf uns niederfielen. Wir hieben zurück. Wir versuchten, uns wie die anderen gegen die Fenster und Türen des Zuges zu stemmen. Verzweifelte krochen auf die Dächer der Wagen. Vergebens bemühten sich Soldaten, die Kämpfenden über die Schienen abzudrängen. Das Gebrüll nahm immer mehr zu, schwoll immer mehr an, keiner gab nach, keiner wollte zurückbleiben, keiner wollte den Kosaken, diesen »Brandstiftern, Frauenschändern, Kinderabschlächtern« in die Hände fallen.

Eine traurige Panik herrschte. Der wildeste Taumel hatte alle gepackt. So mögen wohl Menschen versuchen, die Rettungsboote zu erreichen, wenn ihr Schiff im Sinken ist. Hersch und ich hieben blind und wild auf andere ein, schrien dabei nach unserer Mutter, und die Mutter schrie nach uns. Wir kämpften mit den Füßen, den Knien, den Schultern, den Ellenbogen, den Armen, den Händen, den Fingern, den Nägeln, wir kratzten um uns, wir bissen in fremde Finger, in Waden, wir stießen andere Kinder von den Trittbrettern.

Schwer keuchend, mit blutenden Händen, befanden wir uns endlich mit der Mutter in einem Viehwagen. Wir saßen auf einem Strohhaufen, der noch nach dem Staub der Lagerböden roch. Die Großeltern werden in einem anderen Wagen untergekommen sein, dachten wir.

Durch die Löcher in der Schiebetür unseres Viehwagens sahen wir auf den zweiten Perron. Dort rollten ohne Unterbrechung lange Soldatenzüge, Lastzüge mit Kanonen, Pferden, Materialien. Die Soldaten trugen Eichenlaub an den Kappen. Gesang dröhnte über die beiden Schienen hinweg zu dem Flüchtlingszug herüber. An den Wagenwänden der Soldatenzüge stand mit Kreide geschrieben:

»6 Pferde oder 40 Mann.«

»Jeder Schuß ein Russ'.«

»Was kostet Rußland?«

Vorläufig aber kampierten die Russen in einer zerstörten österreichischen Provinz, und an der Barriere vor dem Bahnhof in diesem Städtchen K. standen jammernde, verhärmte, schimpfende, klagende, anklagende Frauen mit ihren Kindern im Arm, und alte Männer standen da – Menschen vieler Religionen und Nationen. Diese zurückbleibenden Unglücklichen verfluchten nicht etwa den Krieg, sondern uns »Glückliche«, die wir in dem endlich abrollenden Zug saßen.

Immer kleiner wurden ihre drohenden Fäuste, immer weniger Steine schlugen gegen die Wagenwände, immer leiser wurde ihr Geschrei des Hasses und des Protestes.

Wir fuhren.

Die Schienen tasteten sich hinaus, sie liefen ins Ungewisse. Hämmernd und stoßend zottelten die Wagen mit den Vertriebenen durch den ersten Kriegsherbst. Jeder Stoß der Räder saß zugleich in den Rippen der Flüchtlinge. Stück für Stück blieb das bisherige Leben zurück. Wie Laub im Sturmwind, so fielen die guten Triebe von diesen Menschen ab. Nur die wenigsten erlitten keinen nennenswerten Schaden in den kommenden Jahren.

Die Geschichte dieses letzten Flüchtlingszuges mit uns Juden aus Galizien ist in vielem lehrreich. Man versperrte die Türen der Wagen und ließ uns auf den Bahnhöfen unterwegs nur unter Bewachung Luft schnappen. Natürlich waren sich alle »guten Österreicher« darüber einig, daß auch Flüchtlinge Landeskinder seien. »Fleisch von unserem Fleisch, Blut von unserem Blut« und so weiter. Überhaupt gaben wir viel Zeitungs- und Rednerstoff ab.

Es wimmelte nur so von Komitees und Arbeit. Aber leider schien sich alles zu komplizieren, weil wir aus Galizien kamen. Ich stelle mir vor, wie viel Reden mit folgendem Inhalt sich über das Hilfswerk ergossen haben mögen:

»Ganz abgesehen davon, daß die meisten der Flüchtlinge galizische Juden sind – was natürlich gar keine Rolle spielt – ganz abgesehen davon wie gesagt, gibt es für uns verantwortliche Menschen noch einen ganz objektiven, vaterländischen Grund, nämlich: die Zuversicht im Hinterland, die von den armen Flüchtlingen empfindlich, wenn auch ungewollt, gestört werden könnte. Für uns Behörden und für uns Männer und Frauen, die wir uns freiwillig dem nationalen Hilfswerk zur Verfügung gestellt haben, für uns ergibt sich eben und leider aus der Verwicklung all dieser Probleme eine sogenannte Zwickmühle, aus der herauszukommen es gar nicht so einfach ist, wie sich dieses vielleicht in den Augen von Nichtfachmännern ausnehmen könnte ...«

Wir Armen! Vor den Russen geflüchtet, gerieten wir in die Hände von »Fachleuten für Flüchtlingswesen«, in die Hände von »Organisation, Ordnung und vaterländischer Solidarität«. Man schob unseren Flüchtlingszug von einer Stadt in die andere.

Die Atmosphäre dieses traurigen Flüchtlingslebens habe ich damals mit sehr wachen, jungen Sinnen in mich aufgenommen. Dieser Flüchtlingszug, die Flüchtlingsbaracken, die Läuse und Wanzen, die mildtätigen Damen – und vor allem diese in mitleidigen Ausrufen notdürftig verborgene Abscheu vor uns »galizischen, dreckigen Judenkindern«: das ist es, was in mir, in meinen Erinnerungen, wie eine nie verheilende Wunde brennt, die mir, dem Siebenjährigen eine verrohte Welt beibrachte, ohne vor Scham zu vergehen.

Erst kam der Zug nach Wien. Aber da gab es, wie dort jede Zeitung witzelte (ich las später solche »Witze«) schon »mehr Flüchtlinge als Wiener«, also durften wir den Zug nicht verlassen.

Er zottelte weiter auf den Schienen.

Nach Budapest.

Dann von Budapest nach Prag.

Alle Zwischenstationen berührte dieser aus alten Pferdewagen zusammengestellte Zug des Elends. Seine unfreiwilligen Insassen hockten auf Strohbündeln, die in Fäulnis übergegangen waren. Und auf jedem Bahnhof warteten unser bereits Damen, die aus sichtbarer Wohltätigkeit und aus großen Körben kleine belegte Brote verteilten.

Da wir nirgends aussteigen durften, gingen diese Damen – begleitet von Herren, die zu diesen Damen sehr höflich waren – von Wagen zu Wagen. Dieses, ihr freiwilliges Gehen von Wagen zu Wagen, erschien ihnen, da wir arme galizische Flüchtlinge sehr unsauber waren (Seufzer, entsetzter Augenaufschlag, Händeringen, »Achja!«) als eine nicht zu unterschätzende patriotische Leistung für das k. u. k. Vaterland.

Und dabei hatten die Damen und ihre höflichen Begleiter (höflich zu den Damen wohlgemerkt) nicht einmal ganz so unrecht mit ihrem Urteil über unsere mangelnde Sauberkeit. Aber ich stelle mir oft vor, wie wohl diese feinen Damen und Herren ausgesehen haben würden, wenn *sie* diese stinkenden, stickigen Viehwagen seit Tagen nicht hätten verlassen dürfen.

In diesen verschlossenen, rollenden Eisenkästen fehlte ja nicht nur Luft, es fehlte auch Wasser. In unserem filzigen Haar und in den verstaubten Kleidern kroch Ungeziefer herum. Wir hatten uns ganz übel wundgekratzt. Und so konnten denn die scharf beobachtenden Damen mit sicherlich großem Erstaunen: »zuckende Körper- und besonders Kopfbewegungen« sowie »seltsame, fast tierisch zu nennende Blicke, die Furcht vor der ungewohnten Umgebung verraten«, feststellen und dann mit wirklich echter Rührung in den »Flüchtlingshilfsstellen« berichten, daß die »seelische Konstellation der galizischen Flüchtlingskinder eine fast exotische« sei.

Damals sprach ich, der verlauste und verschmutzte kleine »exotische« Flüchtling, außer meiner Muttersprache jiddisch, auch noch ganz gut polnisch, deutsch und etwas ruthenisch. Ich übersetzte schon hebräische Texte aus der Bibel, konnte aus dem Gebetbuche ganze Seiten auswendig hersagen. Was mir und den anderen Flüchtlingen fehlte, war: Wasser, frische Luft, eine Bürste, unsere Freiheit und der Friede.

In einem dieser Wagen kauerte eine Frau, die selbst bei der Brot- und Kaffeeverteilung die Hände ihrer beiden Kinder nicht freigeben wollte. Bei Nacht schlief sie nur halb, und am Tage wachte sie nur halb, aber Tag und Nacht fühlte sie so die Hände ihrer Kinder. Diese Frau war Lea Fischmann, meine Mutter.

Immer weiter stampfte der Zug, von Ort zu Ort, suchte eine Stadt. Mutter dachte an Amerika, an Vater. Der Zug knatterte weiter, durch Österreich-Ungarn, immer im Kreise herum. Mutter dachte ängstlich an die Großeltern, wir hatten uns verloren. Auch ich fragte nach ihnen. Auch Hersch fragte. Aber keiner von uns beiden fragte nach Vater. Wir hatten ganz vergessen, daß wir einen Vater hatten, der in New York lebt.

Einmal ließ man uns doch aussteigen. Wir kamen in eine der vielen Flüchtlingsbaracken. Hundertfünfzig lagen bereits dort, als man uns mit noch zweihundert dazwischenstopfte.

Von draußen sah man, daß Türen und Scheiben eingetreten und zerbrochen waren. Drinnen stanken die Wanzen, die Läuse, das restliche Ungeziefer, die dreckigen Strohhaufen und die verfaulten Matratzen, die uns mitleidige Bürgerseelen gespendet hatten. Es stanken in zerlumpten, zerdrückten, verstaubten, beschmutzten Kleidern: die Flüchtlinge – Kinder, Weiber, armseliges, geplagtes Pack, kümmerliche Menschenreste.

Noch hieß es:

»Es sind Österreicher, brave Landsleute, die Zuflucht vor den Russen suchen ...«

Zwölf Monate später waren aus den Landsleuten »verdammte Galizier« geworden.

Vorläufig sah man noch das Elend. Die mildtätigen Gefühle waren noch nicht abgestumpft. Noch gab ein jeder, der halbwegs konnte, nicht nur aus Mitleid, sondern auch aus Solidarität. Keiner wußte ja, ob nicht eines Tages die Russen doch noch das ganze Land überschwemmen würden. Man half aus dem Gefühl der eigenen Schwäche heraus – gegenüber diesem furchtbaren Krieg und seinem bisherigen Sieger. Indem man Sachen zum Anziehen brachte – es war bereits empfindlich kalt geworden – und Brote, Würste, Bestecke und Teller anschleppte, schlug man auf diese Weise den Feind zurück und beruhigte seine eigene Angst. Daß diese Auslegung keine so abwegige ist, bewiesen die kommenden Monate, als nämlich die Russen zurückgingen und mit ihnen die Mildtätigkeit.

Aber ich will nicht vergessen, was sich gehört: ich habe all denen zu danken, die das Helfen als eine menschliche Pflicht und Verpflichtung ansahen und nicht als einen Zeitvertreib oder um »auch dabei gewesen« zu sein. Ich danke allen, die mich damals nicht verhungern ließen, die mich kleiden und wärmen wollten, und besonders danke ich jenen, die für meine arme Mutter gute Worte des Trostes fanden, als sie sie mit uns im Elend sahen, das nicht wir verursacht hatten.

Schon damals verstand ich, daß gute Menschen sehr rar sind.

Die meisten Leute schrien uns in dieser Stadt, in der die Flüchtlingsbaracke stand, die zwei Worte nach, die sich von da ab wie Pech an meine Füße hefteten:

»Dreckiger Jud'!«

Von unseren Leiden sprach man wenig und später nie. Die Welt, die den Krieg begonnen und geduldet hat, machte viele unter uns von heute auf morgen zu Bettlern, zu Schnorrern, zu Asozialen, zu Haltlosen. Denn die meisten von uns verloren ja in diesen Jahren alles, was einem den Halt gibt: Heimat, Familie, das eigene Dach und vor allem den Glauben an sich selbst.

In den zwei riesigen Sälen, in denen die Flüchtlinge schlafen sollten, plärrten Säuglinge, bekamen Epileptiker ihre Anfälle, einige wurden sogar wahnsinnig.

Das »Rote Kreuz« war gezwungen, eine besondere Rettungswache in unserer Baracke zu errichten (bald, bald sollte es heißen: »Für die verdammten galizischen Juden!«). Es wurden Salben gegen das Ungeziefer ausgegeben, für die wundgekratzten Bißstellen. Es gab Reispuder für die Kinder, einen Rabbiner für uns, mehrere Popen für die Christen und Milch für die stillenden Frauen.

Die Mütter hatten ihre Not mit den Köpfen ihrer Kinder. Meine Mutter mußte täglich unser Haar waschen, denn die Läuse, die sich einnisteten, waren nur auf vierundzwanzig Stunden zu verdrängen. Sie tötete wohl die alten Tiere, aber noch in der gleichen Nacht bewies die junge Brut, daß sie nicht schwächer zu stechen verstand als ihre auf einem Spiegel zerknackten Erzeuger. Immer unruhiger, immer abgespannter wurde Mutter. Ihr Feldzug war keine Badekur, sie fiel zusehends in sich zusammen, und sie war doch noch so jung.

(»Es gibt viele Bäume in unserer Monarchie, einer steht auch für sie bereit«, frohlockte in diesen Tagen der gemütliche Hofrat Sekira, Chef des Sicherheitsbüros.)

Um etwas Geld zu verdienen, nahmen die Flüchtlinge die Suche nach Arbeit auf. Sie nähten Militärdecken, stopften Zigaretten, strickten Socken, klöppelten Spitzen. Auch wir wollten ein paar Heller verdienen. Mutter holte sich ein Paket Tabak und tausend lange, weiße Zigarettenhülsen. Der Tabak war noch feucht und duftete stark, als sie ihn auf einem großen Papierbogen ausbreitete. Sie ergriff, nicht sehr geschickt, das kleine Holzstäbchen und die Schere, und begann, die leicht zerreißbaren Zigarettenhülsen auszustopfen. Ich legte immer fünfzig Stück zusammen und schnitt die Tabaksenden von den fertigen Zigaretten ab. Hersch füllte dann die bereitstehenden leeren Schachteln. Wir Kinder lernten lachend diese Arbeit, auf die wir sehr stolz waren. Mutter war sehr traurig.

Dann sehe ich uns in einer niedrigen Lehmhütte wohnen, das letzte »Gebäude« der Stadt, direkt am Rande endloser Krautfelder und in der Nähe der Bahnstation.

Ich sehe mich und andere Kinder, Flüchtlingskinder. Auf den Feldern stehen hochbeladene Krautwagen, die nicht weggeführt werden können, weil Pferde fehlen. Wir schleichen uns heran. Wir stehlen täglich hundert und noch mehr Krautköpfe. Das ist unsere einzige Nahrung.

Wir stehlen bald auch andere Sachen. Auf den Schienen des Bahnhofes warten offene Güterwagen vergebens auf Lokomotiven, die ja alle in den Krieg gezogen sind. Auf diesen Wagen liegen greifbar viele nützliche Schätze: Holz, Kohlen. Krautköpfe, unheimliche Berge von Krautköpfen.

Mutter weiß nicht, daß wir stehlen. Sie glaubt, wir bekämen das Kraut in der Stadt geschenkt, von den einheimischen, mitleidigen Juden. Wie weint sie jedesmal, wenn wir mit vollen Säcken ankommen – aber wie würde sie erst weinen, wenn sie wüßte, daß ihre beiden Kinder zu einer richtigen Diebesbande gehören, gebildet aus Flüchtlingskindern und angeführt von einem siebzehnjährigen Rotkopf.

Sie hat keine Kraft mehr. Sie weint viel. Sehr viel. Alle Tage gibt es Kraut. Morgens, mittags und abends – immer nur Kraut. Wir stehlen mehr, als wir essen können. Je länger wir herumstrolchen, desto mehr Freude finden wir daran. Wenn die Mutter uns ausfragt, wo wir gewesen, erzählen wir ihr auf eine meisterhafte Art die glaubwürdigsten Geschichten. Wir bestehlen Fremde und belügen die Mutter.

Und jeden Abend sucht uns Mutter, trotz unseres Protestes, immer wieder nach Läusen und Flöhen ab. Auf Flohjagd zu gehen ist wenigstens interessant. Diese kleinen Biester verstecken sich geschickt in die verstaubten Nähte der Hosen und der Jacken, und wenn man sie fangen möchte, springen sie genauso flink davon wie wir von den Krautfeldern oder von den Güterwagen, wenn uns jemand greifen will. Läuse dagegen sind eine langweilige Tierrasse: richtig dicke, nichtsnutzige Blutsauger, die sich kaum rühren, wenn sie Mutter mit angenäßten Fingerspitzen aus unseren Haarbüscheln herausklaubt, sie dann auf einen Spiegel wirft und mit dem Fingernagel zerknackt.

Wir stehlen, lügen, führen schmutzige Reden über alle Erwachsenen, rauchen sogar schon Zigaretten, die einer unserer Freunde aus einem Laden in der Stadt stiehlt. Mutter aber quält uns jeden Morgen und jeden Abend mit der blöden Wascherei. Sie tut so, als sei uns nichts geschehen, so, als habe sich, wenigstens für uns Kinder, nichts geändert. Sie hat ja von diesem fürchterlichen Bandenleben nichts gewußt. Wir logen zu meisterhaft.

Und dieses Leben führten wir Flüchtlingskinder ein ganzes Jahr. So tief hinab stieß uns der Krieg, den ich nie aufhören werde zu hassen.

Um etwas mehr zu verdienen, läßt sich Mutter in der Stadt braune Tabakblätter geben und schneidet sich mit einem Messer den Tabak selbst, so wie sie einst in Strody Nudeln geschnitten hatte, nur noch viel feiner. Nach und nach verarbeitet sie auf diese Weise 50.000 Zigarettenhülsen, die gleiche Anzahl geht mir durch die nach nassem Tabak riechenden kleinen Hände. Dann tritt die große Wendung in unserem Leben ein ...

Eines Tages wurde Mutter auf der Straße mit ihrem Namen gerufen. Sie wandte sich mit einem erschreckten Aufschrei um, da stand Riwke Singer aus Strody hinter ihr.

Zuerst weinten die beiden Frauen, dann gingen sie zusammen in die Wohnung der Singers. Die waren zu ihrem Glück schon in die Stadt gekommen, bevor die Konzentrationsbaracken errichtet worden waren. Sie hatten wirklich eine echte, eine richtige Wohnung mit einem Fenster und zwei Türen und sogar mit Holzfußboden.

Die Frauen sahen zu diesem Fenster hinaus. Das Haus stand am anderen Ende der Stadt. Auf einem freien Gelände wurden von Soldaten Löcher gegraben, andere Soldaten schütteten in jedes Loch einen ganzen Eimer Kalk hinein. Riwke erklärte meiner erstaunten Mutter, dieser Kalk verhindere, daß sich die Cholera weiter verbreite.

»Aber warum sind die Löcher so groß?«

»Das sind Massengräber. Für die Soldaten, die hier im Lazarett sterben.«

Dann kam Riwkes Mann, Mendel Singer, in die Stube, er hustete und krächzte noch genauso wie in Strody. Er brachte eine wichtige Neuigkeit aus der Stadt mit.

»Viele Flüchtlinge werden jetzt nach Deutschland fahren. Man braucht dort Arbeiter. Auch Frauen können Arbeit finden.«

Mutter ging zurück in die Lehmhütte und schmierte uns Kindern Salbe auf die zerkratzte Kopfhaut.

Nachts lag sie auf dem Strohhaufen, zwischen Hersch und mir, und schlief nicht.

Auch ich schlief oft halbe Nächte nicht, aber ich ließ es mir nicht anmerken.

Es roch stark nach Kraut.

Mutter wälzte sich unruhig hin und her, ein wacher Traum verschmolz zu einer großen, noch unklaren Lockung: Deutschland, Herr von Schiller, Herr von Lessing ...

Wenn wir von unserer Diebesstreife heimkehrten – für Mutter: von unseren Spaziergängen in die Stadt –, wenn wir für das

Zigarettengeschäft unser tägliches Quantum gestopft und abgeliefert hatten, wusch sie uns die Köpfe mit Petroleum.

Abends zerknackte sie dann wieder Läuse, die auf das Spiegelglas fielen, ihren Friedhof.

Dann schmierte sie Salbe auf die Kratzwunden.

Dann warf sie sich müde ins Stroh, nicht ohne uns vorher gründlich gewaschen zu haben. Aber sie schlief fast nicht.

Das war jetzt ihr Leben und das ihrer Kinder: Läuse zerknakken, auf Flohjagd gehen, das Strohlager, schlaflose Nächte, Kraut, Kraut, Kraut ...

(Wußte sie vielleicht doch etwas von unserem Eigenleben, von unserem Stehlen, Lügen, Herumtreiben ...?)

Sie begann schon zu wiegen. In der einen Hand lag Deutschland und in der anderen die Lehmhütte. Es fuhren viele. Sollte sie zu jenen gehören, die hier zurückbleiben? Sollte sie den ganzen Krieg über hier hausen und machtlos zusehen, wie ihre Kinder immer mehr verkommen? ...

Sie zögerte noch, als Riwke Singer uns aufsuchte, um sich zu verabschieden.

Was sollte sie machen? Auch fahren?

Schon berechnete sie, daß es von Deutschland aus noch näher nach Amerika sei als von hier. Die Schiffskarten hielt sie wohlverwahrt auf ihrer Brust, in einem Beutel, der an einem festen Band hing.

»Warum besinnst du dich so lange? Ist denn die Wahl zwischen Deutschland und *diesem* Leben so schwer?« fragte Riwke.

»Aber meine Schwiegereltern?«

»Kannst du sie jetzt finden?«

Lea wußte keine Antwort.

»Wenn der Krieg zu Ende ist, wirst du sie suchen. Aber jetzt mußt du von hier fort. Du mußt schon um deiner Kinder willen fort von hier!«

Wir Kinder gaben ihr wohl den Anstoß.

Die Kommission

Diesmal war es ein österreichischer Grenzbahnhof. Diesmal standen nicht berliner, sondern wiener Herren auf dem zugigen Perron und erwarteten Jossel Fischmann. Sie trugen kein unauffälliges Zivil, sondern dunkle Militärmäntel.

Hinter ihnen stand ein Unterarzt, ein gewisser Doktor Spiegel, natürlich »einer von den krummbeinigen jüdischen Ärzten in unserem Heere«.

Ganz zufällig hatte man an Hand von Akten festgestellt, daß aus diesem Nest Strody ein Arzt in einem Kriegslazarett Dienst tat, in Klosterneuburg bei Wien. Man hatte ihn mitgenommen, damit er, dem Verdächtigen gegenübergestellt, feststelle, ob der Mann, der sich Jossel Fischmann nannte, überhaupt das Recht habe, sich Jossel Fischmann zu nennen.

Die Herren standen ernst und schweigend wie ein wartendes Standgericht da. Der Wind wirbelte Papier und Dreck über die Geleise. Auf der Elbe lag Nebel, ein brummendes Schiffssignal bohrte sich warnend durch diesen grauen, undurchsichtigen Herbsttag. Ein Zug nach Deutschland passierte soeben den Bahnhof. Darinnen saßen Flüchtlinge, vielleicht auch wir.

»Unser Zug aus Berlin hat natürlich Verspätung«, ärgerten sich die wartenden Herren. Sie waren sehr ungehalten, ungeduldig. Sie schlugen mißmutig die Mantelkragen hoch. Doktor Spiegel stand etwas abseits, verlassen, die Mütze sehr unglücklich auf den Hinterkopf geschoben. Er dachte frierend:

»Was machen die hohen Herrschaften wieder mal für ein Theater! Wer wird es schon sein, wenn nicht der Jossel? Wer hat ein Interesse, sich Jossel Fischmann zu nennen, wenn er es nicht muß?«

Dann kam der Zug.

Jossel lief direkt auf die Offiziere zu. Hinter ihm schneuzte sich sein »Schatten« in ein grünes Taschentuch, das gemeldete Zeichen. Die Herren begannen schon vorzurücken. Doch als Jossel das graue Gesicht des Doktor Nachum Spiegel plötzlich vor sich auftauchen sah, bog er von der sich in Bewegung setzenden Offiziersgruppe ab und stürzte sich auf den einsamen Arzt, dessen skeptisches, verdrießliches Gesicht stärker auffiel als die Uniform. Er mochte anhaben, was er auch wollte: Sein Gesicht ließ alles, selbst das farbigste Tuch, verblassen.

Jossel schrie mit verstopfter Stimme, ohne sich zu wundern, diesem Strodyer zu begegnen:

»Wo ist meine Lea, Doktor?«

Der drückte ihm recht unmilitärisch beide Hände und log, zwar unsicher, aber ohne zu erröten:

»Sie sind alle, sicherlich, ganz bestimmt in Wien.«

Es wurden sofort zwei Protokolle angefertigt.

Doktor Spiegel diktierte für das eine seine klaren Angaben und beeidete sie.

»Wer weiß?« murmelte der Hauptmann Sedlotschek. »Diese Juden stecken ja doch alle unter einer Decke, alle.«

In dem andern Protokoll aber wurden die Personalien des Jossel Fischmann für die Militärbehörden notiert. »Dein Jahrgang«, wurde ihm gesagt, »dein Jahrgang ist bereits assentiert. Du hast dich innerhalb von fünf Tagen, in Wien, in dem und dem Bezirk, in der und der Straße, zur Nachassentierung zu melden.« (Nanu, die Herren Offiziere sagten »Du«?)

Jossel stammelte ehrerbietig, er sei doch nur aus Amerika gekommen, um seine Frau und die Kinder zu holen.

Die Herren Offiziere blickten auf die Papiere, die österreichische Papiere waren.

»In fünf Tagen«, sagte der Hauptmann kurz. »Verstanden!«

»Nein«, erwiderte Jossel beteppert.

Da gaben sie es ihm schriftlich.

»Was diese Juden für Arbeit machen!« knurrte Hauptmann Sedlotschek. »Diese Herumtreiber, die! Diese ewigen Aus- und Einwanderer, die! Nur mit Juden hat man diese Arbeit!«

»Extra eine Nachassentierung müssen wir für unsere Herren Juden einrichten«, sekundierte ihm der Oberleutnant Wagener, der bekannt war für seine feschen Witze.

Doktor Nachum Spiegel schwieg nicht. Er sagte:

»Meine Herren!« (Was hätte er sonst sagen sollen, kluger und tapferer Leser?)

»Aber ich bitt' Sie! *Sie* meinen wir doch nicht«, lächelten der Hauptmann und sein Oberleutnant. Beide schlugen sie dem jüdischen Arzt »aus unserem Heere« sehr, sehr freundschaftlich auf die widerstrebende Schulter.

Vier Tage suchte Jossel in Wien.

In allen Baracken, in den »Flüchtlingshilfsstellen«, und auf der Straße.

Am fünften Tage suchte er nicht mehr. Er meldete sich zur Nachassentierung.

Es bestand kein Zweifel, daß man ihn, bei seinen Augen und in seinem augenblicklichen Zustand, für »untauglich« erklären würde. Er sah zerknittert aus wie eine ungebügelte Hose. Sehr ruhig also und nackt trat er vor die Untersuchungskommission.

Er kam vor diese Kommission zu einer Zeit, da alle wehrfähigen Männer bereits draußen standen, und wo es galt, unter allen Umständen aus den bisher Verschonten etliche hunderttausend Mann herauszupressen. An diesem Tage waren viele Finanzbeamte, Beamte aus den verschiedenen Ministerien und sonstige, bisher in der Heimat Verbliebene vor die Kommission beordert worden, beinahe schon getrieben worden, wie wehrloses Treibwild vor die Büchsen der Jäger. Und da standen sie nun alle in einem ungeheizten Saale, nackt und blaß und schlotternd vor Kälte, zitternd vor Angst, und warteten, bis die Reihe an sie kam, in die Kammer, wo die Kommission saß, einzutreten.

Vor dem langen Tisch der Kommission war auf dem geölten Fußboden ein weißer Kreis mit Kreide gemalt, und da hinein mußte sich Jossel stellen.

Seine Papiere lagen auf dem Tisch. Die Herren steckten ihre Nasen in diese Akten. »Ach, das ist interessant! Der Mann vor uns kommt direkt aus Amerika!«

Ein Unterarzt ohne Namen untersuchte den abgemagerten Jossel. Er sagte laut und strebsam seine Befunde. Eine Schreibkraft wiederholte diese Angaben und schrieb sie nieder. Am Tisch spielte ein Regimentsarzt mit seinem Klemmer. Der Generalstabsarzt blätterte in Akten. Die Stimme des Unterarztes diktierte:

»Schlank gebauter Mann in gutem Ernährungszustand und von frischem Aussehen.«

»Größe ein Meter siebenundsechzig.«

»Gewicht zweiundsechzig Komma drei Kilogramm.«

»Brustumfang einundachtzig Strich ein halb.«

»Herz ohne Befund.«

»Lunge ohne Befund.«

»Nervensysteme und Sinneswerkzeuge mit Ausnahme der Augen: regelrecht.«

»Augenbefund: es besteht Kurzsichtigkeit auf beiden Augen. Sehleistung ohne Glas: Rechts eins Strich vierzig, links sechs Strich dreißig. Sehleistung mit Glas: Rechts sechs Strich dreißig, links sechs Strich vierundzwanzig bis achtzehn.«

»Puls mittelkräftig, regelmäßig, fünfundachtzig Schläge.«

»Harnbefund: klar und gelb, ohne Eiweiß und Zucker.«

Jossel war vollkommen gefühllos.

Er spürte nicht die tastenden, knetenden, klopfenden und horchenden Finger des Arztes.

Er dachte nur: »Ich bin nach Europa gefahren, um meine Frau zu suchen, meine Kinder, meine Eltern, bin augenleidend, werde wieder freigelassen, ich bin doch nicht nach Europa gekommen, um Soldat zu werden, sondern um meine Frau zu suchen, meine Kinder, ich bin augenleidend, ich werde doch freigelassen ...«

Keiner schien die Seelenqualen des Jossel Fischmann zu sehen, im Gegenteil, die Herren am Tisch schienen zu finden, daß er gutes Material abgeben würde. Noch bevor eigentlich der ganze ärztliche Befund schriftlich festgelegt war, hatte der Vorgesetzte dieses Büros bereits eine Order mit seinem Namen geschmückt. Diese Order sollte dazu dienen, den Soldaten Jossel Fischmann draußen im Kriege auszuweisen. Fast hätte man meinen können, daß dem Manne, der aus dem Zivilisten Jossel einen Soldaten Fischmann machte, dieses Amt ungeheure Freude bereite. Denn heiter lächelnd reichte er das unterschriebene Blatt seinem Nebenmanne. Hatte er überhaupt die medizinische Meinung des untersuchenden Arztes gehört? Und wenn ja, kümmerte er sich denn um das Urteil eines namenlosen Unterarztes, ließ er sich denn stören von akademischen Befunden? Er verließ sich auf seinen Blick.

»... ich bin doch nicht nach Europa gekommen, um Soldat zu werden, sondern um meine Frau zu suchen, meine Kinder, meine Eltern ...«

Immer im Kreise dachte Jossel. Sogar noch, als alles bereits entschieden war. Ein Wort riß ihn aus seinen unmilitärischen Träumen:

»Frontdiensttauglich«, sagte eine Stimme in Uniform.

»Frontdiensttauglich«, wiederholte die Schreibkraft.

»Frontdiensttauglich?« fragte Jossel beteppert.

Da gaben sie es ihm schriftlich.

»Unmöglich«, rief der Doktor Spiegel aus, als Jossel zu ihm kam, zusammengebrochen, das Aussehen krankhaft blaß.

»Unmöglich! Du bist nicht frontdiensttauglich! Zieh deinen Rock aus. Ich will dein Herz untersuchen.«

Doktor Spiegel war sehr erregt. Jossel Fischmann aber war es nicht, ganz und gar nicht. Apathisch streifte er den Rock ab, kraftlos kroch er aus dem Hemd.

Der Doktor horchte. Ihm gefiel weder das Herz, noch fand er, daß die Lunge ganz normal arbeite.

»Und was haben sie zu deinen Augen gesagt?«

»Ich weiß nicht«, sagte Jossel verworren.

»Noch immer das alte Leiden«, stellte Doktor Spiegel fest. »Beiderseitige, alte Hornhauttrübungen. Die Sehstärke ist auch mit Gläsern nicht wesentlich zu bessern.«

Jossel zog sich schwach und unbeholfen wieder an.

Er werde noch heute mit dem zuständigen Regimentsarzt sprechen, einem wichtigen Herrn der Kommission, versprach Doktor Spiegel. Er wußte ja nicht, daß gerade dieser Regimentsarzt während der ganzen Untersuchung, die von einem Unterarzt vorgenommen worden war, nur genau sechzehn Sekunden auf den zukünftigen Soldaten Fischmann geschaut hatte. Traumverloren hatten sich die Augen dieses Herrn auf jene Stelle des nackten Mannes verirrt, die spezifisch jüdisch ist. Dann hatte er sich nach diesen sechzehn Sekunden wieder ab- und der Betrachtung seines neuen Klemmers zugewandt, der gute Herr Regimentsarzt. Er besaß nämlich diesen neuen goldenen Klemmer erst seit zwei Tagen.

Solche Verwicklungen konnte natürlich der Doktor Spiegel nicht ahnen. Aber auf Verwicklungen solcher Art beruht im Grunde genommen die ganze Welt.

Und so zog denn mein Vater hinaus ins Feld.

Die Regimentskapelle spielte:

»Ee-wig bla-ibt mit Hab-sburgs Kro-o-ne
Ö-ste-er-ra-eichs Ge-e-schick ve-e-reint!
Heil Franz Jo-o-seph, Heil E-li-isen!
Ö-ste-e-ra-ich wi-ird eee-wi-ig stehn ...!!!«

In Deutschland

Da marschiert nun also mein Vater. Was aber wurde inzwischen aus seiner Familie?

Wir lebten seit Wochen in Deutschland, in einem kleinen sächsischen Städtchen. Mutter ging jeden Morgen in eine Fabrik, Metallwarenfabrik Scheibe & Koch. Dort wurden Granaten gedreht, und sie hatte nichts weiter zu tun, als Stahlringe aus Kisten herauszunehmen, sie zu zählen, mit Öl abzureiben und in das Lager der Fabrik zu bringen, das auf der anderen Seite des Werkgrundstückes lag. Mittags kam sie schnell nach Hause, sie machte schon am Abend vorher das Essen und brauchte es nur noch aufzuwärmen.

Wir Kinder gingen zur Schule. Zuerst kam ich mit Hersch in die gleiche, die niedrigste Klasse. Nach zwei Wochen wurde ich um eine Klasse versetzt, und nach drei Monaten wieder um eine. Ich machte rasch Fortschritte, auch Hersch wurde bald in der ersten Klasse einer der besten Schüler. Als die sechs besten Schüler jeder Klasse von dem Rektor der Volksschule prämiiert wurden, brachten wir beide der Mutter zwei gleiche Bücher ans Fabriktor: »Die Kriegssparküche. Billige und vaterländische Ratschläge für die deutsche Heldenfrau.«

Aber sonst hatte Mutter nicht viel Grund zum Freuen. Sie hatte schon viele Karten nach Wien, nach Prag, an alle »Hilfsstellen für Flüchtlinge« geschrieben, aber niemand wußte, wo sich die Großeltern befanden. Sie schrieb auch Briefe nach Amerika. Nach New York, an Vater. Eines Tages kam, auf großen Umwegen, der erste Brief zurück. Wie war sie erschrokken. Da stand in drei Sprachen: »Adressat mit unbekanntem Ziel verzogen.« Sie erhielt so nach und nach alle ihre Amerikabriefe zurück. Was war los mit Vater? Ihr Gesicht, unter dem rauhen und dunklen Haar, wurde immer schmaler und trauriger.

Ich erinnere mich, daß sie nur wenig zu sich nahm, nach zwei Löffeln hatte sie meist genug, und ich glaube nicht, daß es damals materielle Not war, die sie abhielt, mehr zu essen. Immerhin verdiente sie, wenn auch nicht viel, so doch genug für uns drei. Aber sie war wohl schon satt von dem bitteren Leben, das sie seit Monaten in sich hineingeschluckt hatte. Sie war immer blaß zu jener Zeit. Ihre Augen waren verweint, aber ich gestehe, daß ich sie in all diesen Monaten nie in unserer Gegenwart hatte weinen sehen. Wir wurden von ihr in unseren freien Stunden in den Hof des Hauses, wo sich unser Zimmer befand, hinuntergeschickt, um mit Gleichaltrigen zu spielen. Wir hatten schon am ersten Tag unserer Ankunft Freunde entdeckt. Mutter wollte ihr zerwühlendes Los allein tragen.

Mit uns Kindern war eine Wandlung zum Guten vor sich gegangen. Heute weiß ich, daß das Stehlen des Krautes, das Belügen der Mutter, das verbotene Klettern auf offene Güterwagen, das heimliche Rauchen gestohlener Zigaretten nichts anderes war als eine Form des Selbsterhaltungstriebes von Kindern, die noch von keinen sozialen, moralischen und ethischen Hemmungen wissen. Wir hatten gehungert, die erwachsenen Flüchtlinge bekamen auf ehrliche Weise sehr wenig, wir hausten am Rande eines Feldes, auf dem Hunderttausende von Krautköpfen wuchsen. Was lag da näher, als daß ein Siebenjähriger, inmitten einer Bande von Knaben, sich diese Krautköpfe holte. Und dann: das Klettern auf Güterwagen, mit Hosen, die nicht gut noch mehr zerrissen werden konnten. Dieses geheimnisvolle Abladen von Waren, von Holz, von Kohlen und Früchten aus Waggons, die scheinbar extra für uns »von dem immer wieder ausgleichenden Schicksal« hingestellt worden waren. Nun wohl, unser Stehlen und Lügen war sicherlich ein recht wildes, nicht ungefährliches Abgleiten in menschliche Tiefen, aber es war auch viel kindliches Spiel in diesem Ernst. Da ich weder in Strody, noch nach der »Lehmhütten-Zeit« jemals wieder gleiche asoziale Neigungen zeigte, glaube ich berechtigt zu sein, die Hauptschuld an dieser »kriminellen Kindheit« dem Krieg zu geben, diesem Untier, das eine ganze Welt in blutgierige Barbarei stieß.

Doch zurück zu Mutter. Wie muß sie sich in Deutschland gesorgt haben.

Da ist Amerika, da ist Strody, ein Krieg ohne Ende, ein Leben voll entsetzlicher Ausweglosigkeit. Und wo ist Vater? Sie will es wissen.

Nachts legte sie sich jenen Strumpf, den sie als einziges mit den beiden silbernen Leuchtern aus Strody mitgebracht hatte, unter das Kopfkissen. Als sie noch ein kleines kischinewer Mädchen gewesen war, hatte ihr eine alte Muhme verraten, daß man es so machen müsse, wolle man mit einem Abwesenden im Traume sprechen. Vor dem Schlafengehen müsse man dreimal sagen: »Komm zu mir und sage, was du jetzt treibst, und wie es dir geht.«

Mutter tat denn auch so, aber sie träumte nur von einem Sarg. Aber – »Gott sei Dank«, seufzte sie erleichtert auf – es lag nicht Jossel darin, sondern sie selbst. Da war sie sehr beruhigt.

Und wieder schrieb sie an alle »Hilfsstellen«: »Wo sind Leib und Malke Fischmann aus Strody?« Mutter ließ in Wien unsere jetzige Adresse notieren. »Vielleicht suchen die Großeltern auch nach uns«, dachte sie.

Eines Tages erhielten wir die Mitteilung, daß die Frau Malke Fischmann und ihr Mann Leib Fischmann, Flüchtlinge aus Strody, beide in der gleichen Woche gestorben seien, die Frau als erste, vier Tage darauf der Mann. Sie lägen in Levin begraben, einem kleinen böhmischen Ort, in der Nähe von Leitmeritz, wohin sie sich geflüchtet hatten.

Mutter zog die Schuhe von den Füßen. Sie setzte sich auf ein niedriges Bänkchen, ein Licht brannte Tag und Nacht. Sie sprach mit uns Gebete. Sie gab sich wieder viel Mühe, um nicht in unserer Gegenwart zu weinen. Aber nachts hörte ich sie neben mir, ihre Schultern zuckten, und unser gemeinsames Kissen wurde naß. Unser gemeinsames Kissen. Wir hatten nur ein Bett im Zimmer, und darin schliefen wir zu dritt.

Und nun hatten wir keine Großeltern mehr.

Dann verlor Mutter die Stelle in der Fabrik. Ich weiß eigentlich nicht genau weshalb – es kann sein, daß sie zu schwach war, oder weil sie während der Trauertage nicht zur Arbeit gegangen war, oder aber: sie mußte vielleicht aufhören, weil sie Ausländerin war.

Jedenfalls blieb sie zwei, drei Wochen zu Hause, lief aber viel herum, um eine andere Beschäftigung zu finden. Denn von was sollten wir leben?

Ausländerin ... Damals wußte ich nicht, was das heißt. Später habe ich die Tragik dieses Begriffes »Fremder« hundertfach spüren müssen. Da war nun meine Mutter in einem wildfremden, kriegführenden Land, dessen Sprache sie nur mangelhaft beherrschte, mit ihren beiden Kindern – und sie mußte uns drei ernähren. Das ist oft schon für Einheimische schwer, um wieviel schwerer mußte es aber für eine arme, ausländische Jüdin wie Mutter sein?

Aber ich will jetzt erzählen, wie »wir Ausländer« damals während des Krieges von den deutschen Amtsstellen behandelt wurden.

Wir gingen, Mutter und wir zwei an ihrer Hand, zur Polizei des kleinen sächsischen Städtchens, um uns anzumelden.

Im Polizeibüro saß ein junger Mann, mit einem angeborenen Klumpfuß – und Mutter hatte gleich großes Mitleid mit ihm.

Wie war das damals trotz allem noch menschlich. Mutter hatte mit dem Beamten Mitleid – und der Beamte mit uns. Ich habe nicht viel so schöne Begegnungen zwischen zwei fremden Personen erlebt. Und hier handelte es sich um einen deutschen Beamten und eine »Galizierin«.

Als Mutter (wir standen vor einem Tisch), als sie nun zu erzählen begann, woher wir kämen, was wir alles erlebt hätten, da spürte der junge Mann, der vor uns saß, den Hauch einer Welt, die nicht in Zeitungen zu finden ist. Eine romantische Sehnsucht »etwas Gutes zu tun« packte diesen noch nicht verknöcherten Beamten. Etwas unschlüssig erhob er sich und bot meiner erschrockenen Mutter seinen Stuhl an.

Furchtsam fragte Mutter: »Kann ich hier in Deutschland bleiben?«

Der Knabe vor ihr sprach mit seinem ganzen Herzen:

»Warum denn nicht? Das wäre noch schöner! Ihr Österreicher seid unsere Waffenbrüder, natürlich können Sie bleiben.«

Er wollte, daß Mutter ihm noch mehr von der Flucht erzählte. Sie sprach ein fehlerhaftes Deutsch, trotzdem verstand er alles. Ein Sturm romantischer Empfindungen aus seiner frühesten Kindheit überfiel ihn, wühlte ihn auf. Er bat die Frau, einen Augenblick allein zu bleiben. Als er zurückkam, drückte er uns Kindern zwei Tafeln Schokolade in die Hand.

Auch in der Schule waren wir die »Kriegshelden«.

Wir blieben es, bis der Krieg für Deutschland verloren ging.

Dann wurden unsere Titel weniger schmeichelhaft.

Doch das ist eine andere Geschichte.

Hier muß ich noch eine Episode aus meiner Kindheit in der Fremde erzählen: Die Namensänderung meines Bruders Hersch. Eines Tages war aus ihm ein »Hermann« geworden, ein richtig deutscher Hermann.

Und das kam so:

Ostjuden, die hier schon seit Jahrzehnten ansässig waren, hatten meiner Mutter den sehr ernsthaft begründeten Rat gegeben, den Vornamen ihres Jüngsten zu ändern. Man dürfe, so sagten sie, das Schicksal nicht auf die Probe stellen. Freilich sei man tolerant in Deutschland. Man sei auch uns Flüchtlingen aus Galizien sehr menschlich entgegengekommen. Aber immerhin. Die Juden, die schon lange hier wohnten, hatten so ihre gewissen Erfahrungen.

»Ihr Ältester heißt Jakob? Nun gut, Jakob heißen viele Leute in Deutschland. Da wird er nicht besonders auffallen, er kann also weiter Jakob heißen«, meinte der Fleischer S. Klein. »Aber der zweite heißt Hersch, und das ist ein *unmöglicher* Name. Die Deutschen lieben nicht, daß einer anders ist. Mit ›Hersch‹ wird Ihr Kleiner hier, auch wenn er es sonst nicht ist, sein ganzes Leben lang ein Außenseiter bleiben. Rufen Sie ihn doch ›Hermann‹, das ist kein schlechter Name, da kann keiner witzeln, da kann ihm keiner nur wegen des Namens aus dem Wege gehen. Heißt einer hier Moses oder gar Abraham – du lieber Gott!! –, so kann er sich vor den Witzchen nicht retten. Das fängt im Kindergarten an, und selbst der Steinmetz, der den Namen in den Grabstein hämmert, macht sich noch einen Spaß mit ihm. Als wenn ›Emil‹ oder ›August‹ schöner wäre.«

»Aber wir wollen doch gar nicht hierbleiben«, wandte Mutter zaghaft ein. »Mein Mann ist in Amerika, und nach dem Kriege fahren wir sofort zu ihm.«

»Und wenn schon«, erwiderte der S. Klein. »In Amerika wird er dann weder Hersch noch Hermann heißen. Da gibt es wieder andere Sitten und andere Namen. Ich glaube, dort heißen die Hersche ›Harry‹ oder ›Henry‹.«

»Mir leuchtet das immer noch nicht ein«, wagte Mutter zu sagen.

Der Fleischer zuckte mit den Achseln. »Man muß dem Land, in dem man wohnt, entgegenkommen. Fremde Namen sind wohl überall wenig beliebt, und zuweilen sogar verhaßt. Und der Haß legt sich schnell auf die Träger solcher Namen. Wollen Sie das, junge Frau?«

»Nein!« schrie Mutter auf. »Ich bin ganz fremd in diesem Land. Ich will alles machen, was notwendig ist.«

»Das mit dem Namen ist notwendig«, belehrte sie Herr S. Klein.

Mutter begann das Leben einer Händlerin zu führen. Sie hatte zwar Arbeit in einer Fabrik, in einer Werkstatt oder in einem Laden gesucht, aber sie fand nichts, weil sie den einen zu schlecht deutsch sprach, den andern zu jiddisch, die dritten erklärten, sie nähmen keine Ausländer. So blieb meiner Mutter nichts anderes übrig, als durch das bekannte Zwischenhändlerloch zu schlüpfen, wo keiner Bedenken gleich welcher Art äußerte, und wo sie sich schwer und unermüdlich abrackern mußte, um uns zu ernähren.

Durch einen Zufall hatte sie einen rothaarigen Juden, einen gutherzigen Mann kennengelernt, der seit fünfzehn Jahren im Lande lebte und eine Altmetall- und Lumpenhandlung betrieb. Dieser Mann, ein Wilnaer Jude und also Russe, hatte sich jeden Tag zu einer bestimmten Stunde als »feindlicher Ausländer« bei der Militärpolizei zu melden, sonst aber blieb er völlig unbehelligt, er ging ungestört seinen Geschäften nach, die zu dieser Zeit in massenhaftem Aufkauf von Säcken bestanden, die er dann an berliner Grossisten weiterverkaufte. Dieser Wilnaer, selbst ein Eingewanderter, verstand wohl gerade deshalb die Notlage, in die meine stellungslose Mutter zu geraten drohte, und so gab er ihr die Möglichkeit, die umliegenden Dörfer nach gebrauchten Säcken abzuklopfen. Ich weiß, daß er ihr mehr bezahlte, als er sonst den Zwischenhändlern zu zahlen pflegte. Das mag wohl nicht zuletzt an uns Kindern gelegen haben, denn noch in späteren Jahren empfand der kinderlos gebliebene Altmetall- und Lumpenhändler ehrliche, oft fast väterliche Gefühle für meinen Bruder und für mich.

Meine Mutter, die arme kleine jüdische Mutter, verdiente das Brot für uns drei trotzdem nicht leicht. Tag für Tag, Woche für Woche, im Schnee und im Regen, so zog sie hinaus in die Dörfer und schleppte sich dann gegen Abend mit schweren Packen auf dem Rücken wieder zurück in die Stadt. Das harte Leben begann sie zu einem von jenen stillen Menschen zu formen, die nicht mehr in der Überzeugung leben, daß alles schon irgendwie von dem dazu Fähigen und Willigen geregelt würde.

Wohl sagte sie sich: »Nun, Gott will, daß der Mensch sich selber hilft, daß er seinen Willen zeigt und nicht die Hände in den Schoß legt.« Mutter wollte die Hände nicht in den Schoß legen. Sie wollte ihren Willen zeigen. Sie war ja sicher, daß Gott ihr helfen würde, dieses Unglück, das über die Familie der Fischmanns hereingebrochen war, wieder auszulöschen. Sie dachte oft, daß Gott, wenn er nur einmal an Kischinew, an Strody, an die Flucht, an die toten Fischmanns, an Jossel in

Amerika und an die armen Kinder denken würde, nur einmal, an dies allein nur – daß er dann seine Hilfe ohne Bedenken schenken würde. Und sie betete jeden Tag zu Gott, daß Er an das Schicksal der Fischmanns denken möge.

Im höchsten Dreck tippelte sie auf den Landstraßen, von Dorf zu Dorf, und überall duftete es nach Blumenzucht, nach Obst und nach Gemüse. Die Hühner gackerten ihr entgegen, die Hofzäune waren grün gestrichen, es ratterten von weitem die Sägewerke an den Rändern der Wälder. Die Bauern waren im Krieg, und die Bäuerinnen sprachen freundlich mit meiner Mutter. Auf den grasbewachsenen Höfen plagten sich die Mägde ganz allein mit den Heuhaufen und den Mähmaschinen ab, denn die Knechte kämpften in Frankreich und Rußland. Aus den Melkeimern stieg der müden Mutter säuerlicher Dunst in die Nase. Oft saß sie in der Bauernstube und trank warme Milch, die man ihr umsonst reichte. Sie wurde schnell bekannt. In allen kleinen Flecken nannte man sie »die Sack-Lea«. Auf ihrem Rücken, der nie Lasten getragen hatte, schleppte sie die Säcke in die Stadt, zu dem Rothaarigen, der schon auf sie wartete.

Auch wir warteten auf die arme Mutter.

Herrlich waren die Stunden, wenn sie in der Stadt blieb und mit uns durch die Straßen ging. Sie war stolz auf uns, ihre Kinder, weil wir ein fehlerfreies Deutsch und ohne jeglichen Akzent sprachen. Sie aber sprach noch immer ein Gemisch von Jiddisch und Deutsch und mit uns Kindern nur jiddisch. »Mutter, sprich doch nicht jiddisch auf der Straße«, baten wir sie oft. Wie brennt heute mein Gesicht, wenn ich daran denke, daß ich mich mit acht Jahren meiner Mutter schämte, weil sie, eine Emigrantin, mit uns in ihrer Muttersprache sprach. Aber ich wußte ja damals schon, daß, wenn ich auf der Straße jiddisch redete, die Straßenjungen »Mauscheljud'!« und »Hep, Jud'!« hinter uns herschreien würden – und daß die Erwachsenen, mit jener sauer-lächelnden Gebärde der Falschheit, die mir als Kind schon die Kehle würgte und mich zittern ließ vor Hilflosigkeit, ihre Sprößlinge von uns wegrufen würden, um diesen zuzuflüstern:

»Kommt, laßt die Judenstinker!«

Ich vergesse nicht jenen Tag, als einmal zwei meiner bisher intimsten Spielkameraden mir sagten: »Du bist ein Dreckjud', hat unsere Mamma gesagt, und mit Dreckjuden dürfen wir nicht mehr spielen.«

An diesem Tag, die Mutter war unterwegs in den Dörfern, hatte ich, das Kind, Gedanken und Gefühle wie ein Mörder.

Ich erinnere mich, daß ich wie erschlagen nach Hause eilte, diesmal ganz allein, denn die anderen Kinder hatten mich ja auf der Wiese stehenlassen.

Die Straße war dunkel.

Ich machte einen Bogen um das Haus, in dem wir wohnten, und schämte mich hineinzugehen.

Ich war also auch hier ein »Dreckjud'«.

Ich schluckte und schnaufte und kämpfte verzweifelt gegen meine Tränen an.

Wenn die »Mammas« jetzt gekommen wären (so zitterte ich wie ein getretener Hund), ich hätte sie umgebracht.

Diese Phantasie war, kein Wunder, vom Krieg stark beeinflußt. Ich griff mit beiden Händen in die Hosentaschen, zog sie blitzschnell mit zwei riesigen Pistolen heraus (ich hatte natürlich nichts in Händen, die Pistolen stellte ich mir vor) und sagte: »Jetzt seid ihr mausetot« oder »Das habt ihr von dem Dreckjuden!«

Ich wagte mich dann noch immer nicht ins Haus, und ich mußte erst geholt werden. Wie weinte ich an diesem Abend. Mutter ließ mich erst ausweinen, dann sprach sie auf mich ein. Ich verstand wenig von dem, was sie mir sagte, aber ihre Stimme tat mir so gut.

Wenn wir also gemeinsam durch die Straßen gingen, baten wir sie, doch nicht jiddisch zu sprechen. Was verstanden denn wir Kinder damals vom Leben? Mutter bemühte sich auch prompt, deutsch zu sprechen. Ich glaube sogar, sie war noch auf uns stolz. Böse war sie uns jedenfalls nicht deswegen.

Wir blieben vor den Läden stehen und nannten ihr das deutsche Wort für die ausgestellten Waren. Zuweilen setzten wir uns auf eine Bank, und Mutter erklärte uns, was sie später mit uns in Amerika vorhätte. Wir sollten Arzt oder Advokat oder Kaufmann oder Ingenieur werden, jedenfalls »was Rechtes«. Sie machte Pläne fürs nächste Jahr und die darauffolgenden. Wir lauschten aufmerksam und glaubten ihr alles aufs Wort. Sie ahnte ja nicht, und wir Kinder noch weniger, daß es sich für sie gar nicht mehr verlohnte, Pläne zu schmieden. Nächstes Jahr? Sie würde es nicht mehr erleben. Amerika? Sie würde es nie zu sehen bekommen.

»Nächstes Jahr, so Gott will...« träumte sie. Gott wollte aber nicht. Es sollte einer unserer letzten gemeinsamen Spaziergänge werden. Der Boden war bedeckt mit Blättern. Die Bäume sahen schon wie Skelette aus.

Wir gingen zurück in unsere Dachstube, die wir bewohnten. Da stand ein Bett, ein Tisch, ein Herd, zwei Stühle, ein Küchenschrank, auf dem die beiden silbernen Leuchter standen.

Freitag abend zündete Mutter in diesen Leuchtern die Kerzen an. Lange stand sie vor den zuckenden, flackernden Flämmchen, sie hielt die Hände vor dem Gesicht, und wir Kinder sahen von der anderen Seite des Tisches zu ihr auf. Nie kamen wir dahinter, ob Mutter beim Anzünden der Sabbatlichter weinte oder betete. Die Hände verhüllten das ganze Gesicht.

An diesen Abenden gingen wir früh zu Bett. Es brannte keine Lampe in der Stube, nur die Kerzen verglommen, die Dochte ertranken zum Schluß lautlos in dem flüssigen Talg.

Leise erzählte uns Mutter sonderbare Geschichten.

Sie erzählte viel von einem Ort, den sie Strody nannte.

Ich erinnerte mich an einen Brunnen, an zwei alte Leute, die ich »Großvater« und »Großmutter« gerufen hatte.

Hermann erinnerte sich an nichts mehr.

Dabei waren wir doch eigentlich noch gar nicht so lange weg von Strody.

Dann begann eine ratlose Zeit für mich. Ich bemerkte, daß Mutter sich erschreckend veränderte. Ich war doch noch ein Kind, und doch spürte ich, sah ich, wie sie litt, ohne daß ich wußte, an was.

Oft stöhnte sie auf, tief und kraftlos, auch wenn wir im Zimmer waren. Sie schickte uns nicht mehr auf den Hof, um allein zu sein mit ihrer Verzweiflung. Oft blickte sie uns an, als blickte sie durch Glas. War sie krank?

Energielos, ausgepumpt, todmüde fiel sie gleich auf das Bett, wenn sie nach Hause kam. Ich stand neben ihr. Ihre Lippen krampften sich im Weh zusammen. Aber sie sprach nicht.

Sie stellte uns das Essen auf den Tisch, sich selbst aber nahm sie nichts. Wenn wir sie fragten, warum sie nichts essen wolle, erhielten wir keine Antwort. Sie stützte ihren müden Kopf auf die hochgezogenen Knie und schwieg mit einem lauschenden Gesicht, aber ich glaube, sie belauschte nur sich selbst.

Immer einsamer und wortkarger wurde sie und oft sehr gereizt.

»Was hast du, Mutter?« fragte ich sie ängstlich. Wochenlang stellte ich täglich diese Frage.

Sie gab keine Antwort.

Sie überdachte wohl ihr Leben und fand, daß es keiner Antwort mehr bedürfe.

Sie wurde hart und manches Mal böse.

Der Soldat

Ich bin sicher, daß mein Vater ein schlechter Soldat war. Ich kann mir keinen unsoldatischeren Menschen vorstellen. Wie oft wird er sich verloren, verirrt und überflüssig vorgekommen sein.

Als man fand, daß die Truppe, bei der er stand, genug ausgebildet sei, verlud man sie. Im Morgengrauen stiegen die Soldaten in Viehwagen, an denen noch immer mit Kreide angemalt war:

»6 Pferde oder vierzig Mann.«

»Was kostet Rußland?«

»Jeder Schuß ein Russ'.«

Der Zug stampfte schwerbeladen nach dem Osten, und als er nachts hielt, wußte Jossel nicht, ob sie einen Tag oder ein ganzes Jahr gefahren waren. Mitten auf der Strecke setzte man sie ab.

Am Morgen erwachte Jossel, die Kälte hatte ihn geweckt. Zum ersten Mal in seinem Leben hatte er im Freien kampiert.

Am gleichen Vormittag sah er die ersten Verwundeten, sie lagen auf Stroh, Körper an Körper, winselnd und schreiend und übelriechend.

Jossel, der nie ein starker Krieger werden sollte, verlor bei diesem Anblick das Gleichgewicht und taumelte.

Als er wieder zu sich kam (innerhalb einer Viertelminute weckte ihn eine Ätherflasche auf), erkannte er, daß er bis jetzt noch nicht gewußt hatte, was »Krieg« ist.

Er hub an, ein flehendes Gebet nach dem andern zu murmeln. Er kam sich wie ein Schiffbrüchiger, wie ein Gestrandeter vor. Er hielt sich an einem Stück Holz fest. Plötzlich ging ihm auf, daß dieses Holz sein Gewehr war, der Schaft nach oben, der Lauf nach unten, ganz wider die Vorschrift.

»Was ist das!« schrie ihn einer an.

»Zu Befehl ...«, dachte Jossel mechanisch und sagte es vielleicht auch. Er drehte das Gewehr wieder in die vorschriftsmäßige Stellung. Schaft nach unten, Lauf nach oben, dabei wankte er, als sei er schon getroffen.

Was nützte es, daß es in ihm schrie, daß eine gemarterte Kreatur um Hilfe wimmerte, um Erbarmen. Daß er anklagte in lauten und stillen Klagelauten, die seine Seele zerschnitten. Was nützte es denn, daß er um Gerechtigkeit flehte, um Barmherzigkeit, mit der letzten Kraft, mit spitzen und leisen Schreien, die sein Herz zittern und alle seine Glieder schwanken machten -- Aber rührten sie *einen* Menschen? Schenkte ihm nur *ein* Mensch Gehör ...?

Nein. Und sicher war das sein Glück.

Der Krieg ist ein schwerer Beruf, und nicht jeder Jossel eignet sich dazu. Die erste Tat des Soldaten Fischmann im Kriege war: er lief sich die Füße wund. Das ist gar nicht zum Lachen. Er konnte eben die Lauferei nicht ertragen.

Unlustig und niedergeschlagen ging er, marschierte er, lief er nach vorn, legte sich auf den Bauch, kniete sich hin, je nach den Befehlen, die erteilt wurden. Vielleicht merkte er gar nicht, daß rings um ihn herum eine Welt zerbarst, auseinanderbrach. Er war ja viel zu stark mit uns beschäftigt.

Ich bezweifle selbst, daß er bemerkte, wie einsam er sich in seiner Marschkolonne ausnahm, in der alle eine rote Troddel als Auszeichnung, als Beinahe-Orden für gute Schießleistungen über der linken Brustseite hängen hatten – nur er nicht. Stundenlang marschierte er so kurzsichtig in der singenden Kolonne und fühlte nichts. Er besaß weder Patriotismus noch Kampfesgeist, noch Kriegsbegeisterung, noch sonst eine militärische Tugend.

Verwundet wurde er zunächst nicht. Er schritt sehr vorsichtig aus. Bei jedem Schritt, den er nach vorn tat, sah es aus, als sei er blind und als habe er kein Vertrauen. Es muß gestanden werden, daß er wirklich kein übermäßiges Vertrauen zu seinen Führern hatte. Dabei war der aktive Oberleutnant seiner Gruppe ein Jude namens Roth. Dieser Roth war ein baumlanger, tollkühner Kerl, ein Wiener Chemiker, der seine Soldaten immer wieder nach vorn stieß und dabei selber eine große Tapferkeit bewies. Aber auf Jossel wirkte die Tapferkeit überhaupt nicht. Sie spornte ihn nie an. Für ihn lag ja die ganze Geschichte anders: Er suchte seine Familie, er war deswegen aus Amerika gekommen – und da hielt man ihn fest, zwang ihn, Krieg zu führen und ließ ihn nicht wieder weg.

Als er das erste Mal auf Menschen schießen sollte (auf Menschen, die Gott nach Seinem Ebenbild geschaffen!!), sah er vor sich nicht die geduckt anspringenden, olivenfarbigen Russen, sondern nur Lea und die Kinder. Er schrie in dem allgemeinen Tumult unsere Namen. Er lief, trippelte ungeschickt seitwärts, immer wieder seitwärts. Zurück konnte er nicht, denn da standen die eigenen Offiziere mit gezogenem Revolver und hielten die Feiglinge auf. Zweimal drückte er sein Gewehr ab, aber in die Luft (nur nicht auf Menschen, o Gott!!) – dann fiel er hin, blieb liegen, rührte sich nicht, das gräßliche Getöse ging über ihn hinweg.

Hatte er Angst? War er ein Feigling? Ja und nein. Er fürchtete vor allem den ohrenbetäubenden Lärm.

Er war kein Kriegsheld, nein. Ein Held denkt nicht jede Minute: »Wo ist meine Frau?« Ein Held hat genug mit den Schlachten zu tun. Jossel aber hatte genug mit seiner Familie zu tun.

Er wurde noch vollends mutlos, als er vom jüdischen Oberleutnant Roth an einem Sabbat den Befehl erhielt, zu schießen! Am Sabbat ...!!

Aber der Krieg wurde alt, grau, lehmig, rostbraun, rostrot.

Geronnenes Blut, geronnene Tränen – das wurde der Krieg.

Es war kein Unterschied mehr, ob Sabbat oder nicht Sabbat.

Dann begann der Rückzug der Russen. Die Truppe meines Vaters, auf dem Vormarsch begriffen, hielt in einem Ort. Der hieß Strody.

Der Soldat betrat taumelnd ein Haus, an dessen Vorderfront ein eiserner Balkon hing – wie eine abgeschlagene Nase an einem verwüsteten Gesicht. Statt der Wände erhoben sich Ziegelhaufen in den Stuben, über denen ein schweigender Himmel funkelte.

In den Keller führte eine Leiter hinab, die Treppe war verschwunden. Der Soldat stieg hinunter, eine Kerze in der zitternden Hand haltend. Unten sah es wüst aus. Kisten waren erbrochen, Möbelstücke lagen zersplittert in allen Ecken zwischen aufgeschlagenen, leeren Fässern.

Der Soldat, der dies sah, wurde aschfahl. So aschfahl wie der alte Leib Fischmann, als wir fliehen mußten. Er steckte die Kerze in den abgeschlagenen Hals einer der verstaubten Flaschen, die leer herumlagen. Dann fiel ihm ein, daß er begonnen hatte, sich ein zukünftiges Glück aufzubauen. Daß er jeden

Schritt, der zu schreiten war, und jeden Bissen Brot, der zu essen war, berechnet hatte. Daß er geflüchtet war aus diesem Strody vor den anderen, weil sie ihn nicht wie einen Menschen leben ließen. Und daß nun, wo er das Glück schon sicher in seinen Händen gewähnt hatte, es wiederum die andern waren, die es ihm zerstört hatten. Er vergaß ganz, daß ein Jude sich nur an die eigene Brust schlagen darf, wenn er Sünden und Fehler sucht.

Seine Nerven ließen nach, sie schleiften hinter dem taumelnden Soldaten Fischmann wie ein nicht vorschriftsmäßig gegürtetes Schwert her. Ständig war er dem Zusammenbrechen nahe, und das Furchtbarste war, daß er keine Angst vor dem Tod mehr hatte. Es war keine Angst um *sein* Leben, die ihn unsere Namen wimmern ließ, wenn es vor und hinter ihm »Hurrah!« schrie.

Wie ein Strich war sein Gesicht geworden. Unaufhörlich goß der Regen auf den zerschossenen, grundlosen Morast Galiziens. Pferde lagen vor dem Soldaten, Pferde mit aufgerissenem Bauch, alle viere von sich gestreckt, stinkend und verwesend. Darunter lagen tote Menschen, mit aufgerissenem Bauch, alle viere von sich gestreckt, stinkend und verwesend. Dicke Fliegen und Würmer fielen vom faulenden Pferdefleisch auf faulendes Menschenfleisch ...

Der Soldat stolperte zwischen den Leichen und den anderen toten Kriegsmaterialien umher. Noch hie und da kam ihm der Gedanke, daß man doch fragen müsse: »Warum dies alles ...«, und er wurde schier wahnsinnig, weil er noch immer fragen konnte, aber keine Antwort erhielt. Die besten Soldaten waren jene, die keine Fragen mehr stellen konnten.

Für Jossel begann eine kritische Zeit. Jeder Soldat, der noch ein wenig Mensch bleibt, kennt diese Phase seiner Kriegszeit, wo der gefährlichste Feind, der tödlichste Gegner in einem selbst sitzt und von innen auf Herz und Gehirn und Seele zielt. Der Soldat Fischmann näherte sich bedenklich dieser Phase. Zwar trug er noch immer seine Ausrüstung vorschriftsmäßig, dennoch sah es schon aus, als liefe er nebenher.

Da kam der Brief, an den er wohl nicht mehr geglaubt hatte. Er erhielt auf seine vielen Anfragen endlich die Mitteilung, daß eine gewisse Frau Lea Fischmann, geborene Selzer (mit zwei Kindern) in Deutschland lebe, in Sachsen, in der und der Stadt, und daß der Leib Fischmann und Malke, seine Ehefrau, beide in Levin bei Aussig begraben lägen. Gerade als Vater dieses kurze, amtliche Schreiben erhielt, begannen die russischen Granaten über die österreichischen Stellungen hinwegzuheulen. Es wurde zum Angriff befohlen. Der Brief lag an der Brust, in der es »Nein, nein, nein . . .!!« schrie, aber seine Füße setzten sich gehorsam in Trab, in die Richtung, aus der mit den fliegenden, bleiernen Geschossen der Tod wie ein Hagel auf die schutzlosen Menschenleiber prasselte.

Es war aber nur ein kurzes Gefecht. Der Höllenlärm verstummte, die olivenfarbige Infanterie auf der anderen Seite machte nicht recht mit, und die Österreicher wurden zurückgeblasen.

Als Jossel um Urlaub bat, wurde er ihm bald gewährt. Er rannte hinter die Stellung, hinter die Front, hinter das Hinterland, aber nicht dem Krieg davon, denn das war unmöglich.

Es zitterten die Sträucher und die Spitzen der Gräser. Der Soldat trug sein Gewehr, er trug seinen Tornister, er bestieg einen Zug und setzte sich in eine Ecke. Mit dieser Ecke fuhr er nach Deutschland, nach Sachsen, in die und die Stadt.

Der Soldat Jossel Fischmann hatte zehn Tage Urlaub bekommen.

In Levin, auf der Strecke Leitmeritz – Tetschen, im Böhmischen, stieg er aus, suchte die Gräber seiner Eltern, sagte das Totengebet.

Dann saß er wieder im Zug.

Es ging da etwas Sonderbares mit ihm vor. Auf einmal waren die toten Eltern, der Krieg, seine Uniform – dies alles war plötzlich wie nicht geschehen, wie weggeflogen aus seinem Denken. Er fuhr, wie ein Mann fährt, der seine Frau und seine Kinder schon lange nicht mehr gesehen, der sie lange gesucht und endlich gefunden hat. Er vergaß und dachte sich in einen Zustand hinein, der gar nicht bestand. Er fing wieder in Kopenhagen an, als käme er eben vom Hafen, wo noch das Schiff aus Amerika seine Schornsteine in den dänischen Himmel streckte.

Tröstend redete er sich ein: »Die Hauptsache ist, daß wir uns wiedergefunden haben. Wir werden von vorn anfangen müssen. Was schadet es, daß die Wohnung in der ersten Zeit ohne Möbel sein wird. Wir brauchen keine Glocke an der Tür, keine Bilder an den Wänden, wichtig sind nur die Menschen. Ich werde bald wieder in Amerika arbeiten, und meine Lea wird Möbel kaufen, Bilder, eine Glocke, einen Spiegel, alles nach und nach.«

So malte er sich das neue Leben aus. Da fiel ihm aber wieder ein, daß er ja Soldat und nur auf Urlaub sei. Und daß man ihm und der Lea zuliebe nicht den Krieg zumachen wird, wie eine Schenke um Mitternacht, weil die Menschen auch mal ihre Ruhe haben wollen.

Das weit offene Tor

Hermann und ich waren an diesem Novembertage des Jahres 1915 ganz allein in der Dachstube, als schwere, zögernde Tritte die schmale Bodentreppe heraufkamen. Wir hörten diesen fremden Gang und begannen uns zu fürchten. Alle Augenblicke hielten die Schritte, zuletzt vor unserer Stube. Deutlich vernahm ich ein Schlucken, fast ein Röcheln, vor der verschlossenen Tür. Die Klinke wurde niedergedrückt, ganz sachte. Eine unbekannte Stimme fragte etwas.

Wir verhielten uns mäuschenstill. Wir hatten von der Mutter die strikte Anweisung, nur zu öffnen, wenn uns eine bekannte Stimme rief. Diese Stimme war aber ganz unbekannt. Ich ging also nicht an die Tür. Die Stimme da draußen klang überhaupt nicht wie eine Stimme, eher schon wie ein Gurgeln. Hermann begann zu weinen.

Es wurde später Nachmittag, die Schatten zogen sich immer mehr in die Länge. Der Fremde draußen redete immer noch begütigend durch die verschlossene Tür hindurch auf uns ein. Ich unterschied schon zwei Worte deutlich: den Namen meiner Mutter und meinen eigenen. Dann aber noch einen dritten Namen, ein Wort, das mir irgendwie bekannt vorkam, ich wußte jedoch nicht, wo ich es schon einmal gehört hatte. Sonst sprach der Mann ganz undeutlich. Ich machte nicht auf.

Endlich verstummte die Stimme ganz. In der Stube war es immer dunkler geworden.

Plötzlich wachte ich auf. Hatte ich geschlafen? Hermann lag ausgestreckt auf dem Bett, in den Kleidern, mit den Schuhen. Ich hörte draußen jemanden weinen, schluchzen. Das war doch die Mutter! Ich sprang zur Tür, schloß auf, da stand ein Mann und hielt die Mutter in den Armen, die sich schüttelnde, weinende Mutter.

»Mutter!« schrie ich.

Ich sprang auf den Mann zu und versuchte, ihn wegzustoßen.

Es geschah ein Wunder. Der große Mann ließ sofort von Mutter ab und wandte sich mir zu.

»Jaköble!«

Es war ein Schluchzer, ein Aufweinen. Er packte mich, der ich noch eben so stark gewesen war, und der ich jetzt ganz schwach wurde.

Ich spürte einen stachligen Bart an meinem Gesicht, dann schwebte ich in der Luft und wurde ins Zimmer getragen. Der Mann, der mich trug, war ein Soldat, aber die Uniform war keine von jenen, die ich bereits kannte.

»Vielleicht«, hoffte ich, »vielleicht ist es ein General.«

»Jaköble!« schrie der General, weinte der General, küßte der General. Er küßte mich, er küßte die Mutter, die immer wieder etwas mit erstickender Stimme fragte, es klang wie »Amerika ...«?

»Hier ist Hermann«, stellte ich vor und schob meinen jüngeren Bruder in den Vordergrund.

»Herschele!« schrie der Soldat.

»Der Vater«, schluchzte die Mutter, »der Vater ... ein Soldat ...«

Sie vermutete ihn in New York, da kam er als Soldat.

Wir Kinder staunten, stumm und dumm.

Unser Vater ...?

Mutter stand am Tisch und knetete Mehl und Milch, sie wollte etwas backen, etwas Heimatliches, aus Strody. Ihre Hände waren schwach, und verstohlen rollten Tränen über das gerötete Gesicht, hinein in den Teig. Ein Soldat saß bei ihr, eine schlotternde Uniform, das Gesicht fahl wie ein Schatten, die Schultern schmächtig: das war nun Jossel, ihr Mann.

So also müssen sie sich nach so vielen Jahren wiedersehen ...!

Ist er es denn wirklich ...?

Heimlich, von der Seite, sah sie ihn an. Sie bemerkte, daß sein Haar und sein Bart von vielen weißen Strähnen durchzogen waren.

Wie alt ist er eigentlich ...?

Ganz erschrocken rechnete sie bei sich nach. Das Herz krampfte sich ihr zusammen. Sie kam nicht höher als auf dreißig.

Wir Kinder spielten in einer Ecke, am Fenster, mit dem Gewehr und dem Tornister des Vaters. Ich erklärte Hermann, daß Vater ein General sei, denn er habe eine Generalsuniform.

»Ist ein General viel mehr als ein Soldat?« fragte Hermann.

»Doppelt so viel«, sagte ich, der kluge Jakob.

Mutter konnte sich nicht freuen.

Sie versuchte es verzweifelt. Dieses Wiedersehen verdiente es, aber es gelang ihr nicht. Sie dachte bereits an morgen. Er war Soldat. Warum war er Soldat geworden? Sie wollte nicht! Hatte sie deshalb gewartet, gelitten, gehofft? Sie knetete ihr »Nein« in den immer dicker werdenden gelben Teig.

Immer wieder hörten wir Kinder die gleiche Frage: »Warum bist du nicht in Amerika geblieben ...?«

Natürlich freute sie sich, daß er, unseretwegen, gekommen war. Und doch konnte sie es nicht verstehen. Ihre Angst vor dem, was sie noch nicht wußte, aber ahnte, war stärker als alles andere.

Gräßlich fraß sich Furcht in ihr Herz. Ihr Mann trug eine Uniform. Er war damit zur Rückkehr verurteilt. Es gab gar keinen Zweifel. Er mußte wieder zurück in den Krieg, den sie kannte, weil sie ihm eben erst entronnen war. Daß er noch nicht von seiner Abreise gesprochen hatte, war ihr nur Bestätigung.

Sie fuhr sich mit den mehligen Fingern über das Gesicht. Sie konnte sich nicht mehr halten, es brach in ihr der seit langem aufgespeicherte Schmerz auf, ihre Schultern zuckten wie in einem Anfall. So hatte ich sie nur weinen sehen, als wir uns 1914 vom Leiterwagen in das Bauerngehöft retteten.

So war dieses Wiedersehen ...

Die ersten drei Tage vergingen, und in diesen Tagen lief Mutter wie im Fieber umher. Überlaut und immer schneller gingen ihre Herzschläge neben Vater. Es waren Töne der beginnenden Unruhe. Es war die Frage: »Ein Wiedersehen – was aber nun ...?«

Er begann ihr immer wieder zu erzählen, was ihn aus Amerika weggeführt habe und was ihm alles passiert sei. Die Frau versuchte sich einzureden, daß sie jetzt ruhiger würde. Sein Atem neben ihr tat ihr wohl. Sie spürte ihren Mann neben sich, nach so vielen, vielen Jahren ...

»Vielleicht ist jetzt doch alles wieder gut«, versuchte sie sich zu betrügen. »Er wird bei mir bleiben, wir werden beide mit den Kindern hier wohnen, und nach dem Kriege zusammen nach Amerika fahren ...«

Da sagte ihr Vater die Wahrheit, die sie doch schon wußte.

»Mein Urlaub läuft in fünf Tagen ab.«

»Nein ...!!« schrie Mutter. »Nein ...!! Ich will nicht ...!!!«

Noch am gleichen Morgen mußte Vater einen Arzt holen. Mit schmerzverzerrtem Gesicht lag Mutter in den Kissen. Sie hatte nur einen Gedanken im Kopf:

»Er ist wegen mir gekommen, wegen mir ist er aus Amerika weggefahren, er muß bleiben, ich lasse ihn nicht wieder fort, wenn ich krank bin, wird er hierbleiben, ich will krank sein, ich will, daß er bleibt ...«

Der Arzt zuckte mit den Schultern. »Schwer zu sagen, was die Frau eigentlich hat. Schwer zu sagen. Hohes Fieber. Aber keine Lungengeschichte. Auch keine Rippenfellentzündung.«

Er wusch sich in der kleinen, weißen Emailleschüssel seine schönen, gepflegten Hände. Er machte große Umstände, zuckte immer wieder mit den Schultern. Mutter fragte ihn mit banger Stimme:

»Herr Doktor, wenn ich krank bin, muß er dann auch ... zurück ...?«

Der Arzt lächelte zweideutig, ging.

Wir Kinder durften nur noch sehr leise mit dem Gewehr und dem Tornister spielen. Das Gewehr fiel manches Mal um.

»Dafür können die Kinder nichts«, sagte Mutter böse aus den Kissen heraus. »Das kommt vom Gewehr ...«

Vater schämte sich. Fast hatte er in solchen Momenten die Empfindung, als sei er selber schuld am ganzen Krieg.

Er holte die Arzneien. Den ganzen Tag und die ganze Nacht saß er neben ihr und hielt ihre Hände. Er sprach kein Wort vom Krieg, nur von Amerika sprach er, er erzählte ihr von New York, von Sally Selzer, vom Kischinewer, vom »Verein der Lemberger« ...

»Dorthin werden wir gemeinsam fahren«, sagte er.

Mutter lächelte ungläubig, fast hinterlistig.

»An was denkt sie nur ...?« grübelte Vater unruhig. Er erzählte ihr von den großen, breiten Straßen, die es »drüben« gibt und die dreimal so breit sind wie der Markt in Strody.

Mutter ließ ihn erzählen, sie hielt ihre Augen geschlossen und dachte mit bleischwerem Gehirn: »... Werde ich krank bleiben ...? Will ich denn krank bleiben ...? Und wenn ich krank bleiben will – warum will ich es denn ...? Damit er bei mir bleibt ...? Kann er denn bei mir bleiben ...? Kann denn ein Soldat bleiben ...? Vielleicht ... wenn ich sehr, sehr schwer krank bin ... Ich will zu Gott beten, damit alles einen guten Ausgang nehme ... Ich will beten, daß er bleiben kann und daß ich, hinterher, genese ... Wie kann Gott wollen, daß er nicht bleibt, wenn ich krank bin ...«

Es waren bange Gedanken, die sie in Unruhe versetzten: »Bin ich wirklich schwer krank ...? Oder will ich es nur sein ...? Der Arzt zuckt jedesmal die Achseln, trotzdem spricht er von hohem Fieber ... Bin ich wirklich schwer krank ...?«

Wenn sie sich diese Frage stellte, fühlte sie, wie in ihr alles ganz hohl und kalt wurde.

In der zweiten Krankheitsnacht wuchsen ihre Schmerzen ins Unerträgliche. Früh um vier mußte Vater den Arzt holen, damit er ihr ein paar lindernde Spritzen gäbe. Als der Arzt kam und die Frau sah, erschrak er sehr. Eine Verschlimmerung war eingetreten, wie es schien.

»Ein Geschwür ist anscheinend aufgegangen«, meinte er draußen auf der Treppe. »Hat Ihre Frau in den letzten Tagen irgendeine Aufregung durchgemacht?«

Mutter träumte: »Wenn ich krank bleibe, wird er hierbleiben ...«

Das Gewehr fiel um ...

An diesem Tag kam der Arzt mehrere Male.

»Wie es scheint, hat sich das Geschwür mit Blut gefüllt. Operieren wäre das Beste.«

»Ich will nicht«, hauchte Mutter und ließ Vaters Hand nicht los.

»Du fährst nicht zurück ...«

Am nächsten Morgen wurde Vater von dem Arzt auf die Treppe hinausgerufen.

»Mann, halten Sie sich stark. Sie sind ein Soldat. Ihre Frau ist schwer, sehr schwer krank.«

»Ich bin ein Soldat«, dachte Vater und setzte sich schwach an Mutters Bett.

Zu der Hauswirtin sagte der Arzt: »Sie muß fürchterliche Schmerzen haben, diese Jüdin. Eine kleine tapfere Frau. Sie muß sehr stark sein, wenn sie so stumm daliegen kann. Hoffentlich geht es schnell mit ihr. Es ist kaum etwas zu machen ...«

Mutter konnte nichts mehr essen, der Magen behielt nichts mehr, er gab alles wieder von sich.

Sie mußte Eis schlucken. Die schmalen, bläulichen Lippen verkrampften sich, die Zähne schmerzten, so kalt war das Eis.

»Noch zwei Tage, dann ist mein Urlaub abgelaufen«, zählte Vater ohne Verstand.

Der Arzt war machtlos. Mutter zeigte für nichts Interesse. Sie hörte schon gar nicht mehr zu, wenn jemand mit ihr sprach. Trotzdem dachte sie noch, und immer an das eine:

»Wenn ich krank bin, wird er hierbleiben ...«

(Der Mensch soll nicht mit seinem Leben spielen. Es kommen Strecken, da verliert er die Gewalt über sich, da rutscht er sich selbst aus den Händen.)

Die vorletzte Nacht. Die Gaslampe, stark gedrosselt, knisterte gelblich und fahl. Mutter lag wie ein Hauch da, mit blutlosem Gesicht. Die Backenknochen staken durchsichtig in der dünnen Haut, als plötzlich das Fieber sie packte und durcheinanderschüttelte.

Vater versuchte sie zu halten. Wir Kinder waren aufgewacht und blickten erschreckt auf die Frau, die unsere Mutter war und die zu schreien versuchte. Aber dazu besaß sie schon die Kraft nicht mehr.

Mutter wimmerte:

»Polizeileutnant Solowkin ist der Mörder ... Mamme lauf schnell ... Lauf ... Auf dem Nwyjiplatz ... Kischinew ...«

Mutter wimmerte:

»Krieg ... Hierbleiben ... Jossel ... Nicht fortgehen ...«

Sie hauchte:

»Unter den Wagen ... Kinder ... Versteckt euch ... Sie schießen ... Versteck deine Kinder, Jossel ...«

Vaters Gesicht war noch bleicher als das der kranken Mutter. Sein Bart hing spitz nach unten, und die Augen waren rot umrändert vom vielen Wachen. Wir hielten die Eisenstäbe des geliehenen Bettes fest umklammert. Wir blickten erstaunt auf die zurückgesunkene Mutter und verstanden nichts. Wir hatten Angst.

Der Morgen dämmerte, als Vater endlich einschlief. Mutter aber erwachte wohl noch einmal zu vollem Bewußtsein, ihre Augen waren entsetzlich leer, als sie um sich blickte. Die beiden Falten in ihrem Gesicht, die ihren Ausgang vom Kinn nahmen und hochführten, mitten in die verzweifelten Augen hinein, fielen jäh hinab wie zwei Grabschluchten. Wissen und Angst gruben sich in das abgezehrte Gesicht. Sie wußte, daß sie bald von Jossel und den Kindern auf immer getrennt sein würde, denn sie blickte schon, als blicke sie bereits von OBEN auf ihre Lieben.

In den letzten Stunden schien es, als habe sich ihr Zustand gebessert. Zum ersten Male hatte sie die Speise, die ihr Vater einflößte, nicht wieder erbrochen. Vater sah schon eine Hoffnung, nur der Arzt (und Mutter selbst) verstand, daß der Magen schon tot war.

Mutter verlangte plötzlich, daß ihr Bett an die andere Wand gerückt würde, dann verlor sie wieder das Bewußtsein.

Da lag sie nun auf ihrem Bett, das ihr Totenbett werden sollte, und man sah nicht mehr, daß sie einst jung und schön gewesen war. Ihre Augen glichen jetzt tiefen Brunnen, in denen ein rätselhaftes Wasser spiegelt.

Gegen Abend wachte sie noch einmal auf, sie schickte Vater und Hermann aus der Stube, nur ich durfte bleiben. Mir sagte sie:

»Er ist wegen mir aus Amerika gekommen, das hätte er nicht tun sollen, hörst du ...?«

Ich nickte.

»Jetzt fahre ich für ihn fort, in ein anderes Amerika, hörst du ...?«

Ich nickte.

»Seid folgsam zu eurem Vater, du und Hersch ...«

Ich dachte: »Sie meint Hermann ...« und nickte.

»Seid folgsamer zu ihm, als ihr zu mir wart ...«

Ich schluckte, nickte.

Plötzlich begann sie mir Vorwürfe zu machen. Mutter hatte mich schon öfters gescholten, aber diesmal war es etwas ganz anderes, ein sonderbares Schelten, ein ungutes, es tat mir weh, als schlage sie mich. Ihr Geist war überklar, dünner als Glas. Er überschlug sich. Zweimal hätte ich ihr in der letzten Woche nicht folgen wollen, warf sie mir vor. Einmal sollte ich Zitronen holen, das andere Mal Salz, beide Male wäre ich nicht gleich gegangen, und sie habe erst schimpfen müssen. Dies warf sie mir jetzt vor. Fast gehässig sprach sie, mit einer mir völlig fremden Stimme. Ich begann mich zu fürchten. Sie hauchte zum Schluß ganz matt und fertig:

»Wenn ich jetzt sterbe ... wirst du es nicht mehr so schön haben ... Was wirst du jetzt machen ...?«

Zitternd stand ich am Bett und verstand sehr wenig von dem, was die Mutter von mir wollte. Ich mißverstand selbst die letzte Frage. Ich drehte mich um und zeigte auf den Tisch, wo meine Schulhefte lagen:

»Meine Rechenaufgaben«, versicherte ich ganz laut.

Trotzdem hörte sie es nicht mehr. Sie war schon tot. Ich hielt noch ihre Hand. Ich sah den ersten toten Menschen in meinem

Leben. Die auf der Flucht, die Erhenkten und Erschossenen, waren für mich keine Toten gewesen. Die Hände meiner Mutter waren noch warm. Um ihren erloschenen Blick, der von fragender Traurigkeit umgeben war, ruhte trotz allem ein leises, gedämpftes Lächeln.

Vater kam ins Zimmer gestürzt. Jammernd warf er sich über das Bett. Andere Menschen kamen, die ganze Stube war auf einmal voll unbekannter Personen, weinende, schreiende, gestikulierende, fremde Leute. An der Wand, im Bett, lag die lächelnde Mutter.

Mitten im Zimmer, an die Tischkante gelehnt, standen wir, die kleinen Fischmanns. Viel verstanden wir noch nicht vom Leben und vom Totsein, aber da alle weinten, begriffen wir doch, daß dieser Tag auf irgendeine Art ein wichtiger Tag sei. Ich war ganze acht Jahre alt. Ich machte mich weinend wieder an meine Schularbeiten. Jemand sagte mir, ich brauchte die Schularbeiten heute nicht zu machen. Ich war froh. Wenn die Schule einen Kriegssieg feierte, dann brauchte ich auch keine Schularbeiten zu machen.

»Aber ich muß doch morgen in die Schule«, schluchzte ich.

Jemand sagte, ich würde morgen nicht zur Schule gehen.

Ich freute mich noch mehr. »Wie bei einer Hindenburgfeier«, dachte ich.

Ich begann, immer noch weinend, meine Hefte, die Schulbücher wegzupacken. Zuletzt den Federkasten, den Bleistift, den Radiergummi, auf der einen Seite für Tinte, auf der anderen Seite für Blei.

Mutter war tot.

Jossel Fischmann, der Witwer, lief jammernd um den Tisch herum. Er rang nach Luft, er rang um seinen Verstand, aber er rang vergebens, die Gedanken sanken in sich zusammen, das Gehirn wurde stromlos, der Militärrock stand offen, ganz unvorschriftsmäßig.

Es war ein wunderschöner Herbsttag, als sie einen Sarg aus der Dachstube schoben. Der Sarg war nicht sehr schwer.

Die Straße, auf der der Leichenwagen fuhr, war entsetzlich lang – wie ein ewiges Unglück. Sie endete mit dem jüdischen Friedhof und seinem breiten Tor, das als einziges in dieser traurigen Straße weit offen stand.

Es war einmal ein kleines Mädchen in Kischinew. Es hatte nicht viel Glück mit dieser Stadt. Dann kam es nach Strody und wurde dort die Frau eines braven Mannes und die Mutter zweier Knaben. Aber auch Strody war kein guter Ausgangspunkt für das Glück. Sie war tot, bevor sie es gefunden hatte.

Ein Mädchen, eine Frau, eine Mutter – das alles war einmal gewesen. Im Sarg lag eine Leiche. Als man sie wusch, mußte man ihr den Brustbeutel, der um ihren Hals hing, lösen. In diesem Beutel befanden sich die verfallenen Schiffskarten.

Vater hatte keine Frau und wir keine Mutter mehr. Ihr Sterben kam so plötzlich, so unwahrscheinlich, daß sich alles in mir sträubt, dieses Sterben als »natürlichen Tod« hinzunehmen.

Ich sah den Vater, der wie ein kleines Kind weinte. Er fing Sätze an und verstummte gleich wieder. Er begann zu schreien, zu jammern, den Arzt anzuklagen:

»Warum hat er mir nicht die volle Wahrheit gesagt! Vielleicht hätten wir sie noch retten können!«

Als er sich besann, daß ihm der Doktor wirklich nichts verheimlicht hatte, fiel er wieder zurück in den Zustand der Trostlosigkeit, der kindlichen Tränen.

Am Morgen des dritten Tages, am Begräbnistag, waren seine Tränen versiegt. Da konnte er nicht mehr. Da war es einfach aus. Man ist ja nur ein Mensch.

Andere hatten die sehr umständlichen Formalitäten mit den österreichisch-ungarischen Militärbehörden für ihn erledigt. Sein Urlaub war, vor zwei Tagen, um drei Tage verlängert worden. Das Telegramm, das man ihm geschickt hatte, war klipp und klar zu verstehen: »nur drei tage bis ... november mittags«.

Vater mußte vom Friedhof an die Front.

Der Sarg stand im kleinen Gebetraum, neben der Leichenhalle. Es war ein langer, schmuckloser Sarg, auf zwei schwarzen Hockern.

Wir, die Söhne der Verstorbenen, weinten.

Alle Frauen, die im Raume waren, weinten.

Der Witwer aber weinte nicht. Er saß in voller Uniform da und weigerte sich wortlos, das Gewehr abzulegen.

Der Rabbiner sprach die Gebete.

Dann wurde der Sarg von vier Männern gehoben.

Man sagte mir, ich solle mittragen, denn das Gesetz schreibe es so vor.

Widerstrebend, ängstlich berührte ich den langen Sarg.

Auch Vater tat so, er ging mit geschultertem Gewehr, Tornister, geschlossenem Waffenrock nebenher.

Die Totengräber stiegen aus dem Grab, es waren zwei alte

Männer. Obwohl es kalt war, es pfiff jetzt ein scharfer Herbstwind um die grauen Steine, hatten sie in Hemdsärmeln gearbeitet.

Über dem Grab bemerkte ich zwei dicke Taue. Es entging mir nicht, daß an diesen Tauen der Sarg hinunterglitt.

Elf Männer, achtzehn Frauen und zwei Kinder umstanden das offene Grab. Sie gaben der Toten das letzte Geleit.

Unbeweglich sprach Vater das Totengebet, er blickte dabei blind auf den stummen Sargdeckel.

Da Hermann und ich das Gebet nicht lesen konnten, weil sich vor unsere Augen ein dichter Tränenschleier geschoben hatte, sprach der Soldat noch einmal jedes Wort hart und klar aus, und wir Söhne wiederholten schluchzend diese Worte.

Dann fielen die Erdschollen hinab in die Grube. Sie fielen dumpf auf, es klang hohl. Ich tat einen Schrei.

Es ist vorgeschrieben, daß die Überlebenden, zum Zeichen der Trauer, am offenen Grab ihre Kleider zerreißen.

Jemand riß uns mit einem Messer ein Knopfloch auf. Bei uns Kindern am dunkelblauen Matrosenanzug, beim Vater das zweite Knopfloch des grauen, ehemals fast hellblau gewesenen Waffenrocks, das zweite Knopfloch von oben.

Der Rabbiner, die Männer, die Frauen – sie alle gingen nach Hause.

Vater aber marschierte an die Bahn.

Er drückte uns Kinder noch einmal an sich. Sein Gesicht war noch immer unbeweglich, aber sein Herz war es nicht. Er fuhr an die österreichisch-russische Front des großen Krieges.

Wir Kinder kamen in »Pflege«.

Was folgte, war eine Jugend, ausgefüllt von heißen Träumen nach Heimat, Verwurzeltsein, nach Freunden, nach der fehlenden Mutter ... Es waren jüdische Träume einer jüdischen Jugend ... Wie habe ich dies alles ersehnt, erfleht, wie habe ich gekämpft – und wie wurde ich betrogen!

Doch dies ist eine Geschichte für sich.

Nachwort

Bald werde ich achtzig Jahre alt sein. Und das Buch, das Sie erst jetzt in Deutschland lesen können, wurde vor ungefähr fünfzig Jahren geschrieben, auf deutsch und in Frankreich.

Ich war und bin immer noch ein politischer Mensch. Es war mir niemals gleichgültig, was in Deutschland vorging. Obwohl es mir gelang, mich zu retten, machte ich mir viele Sorgen um meine Freunde in Deutschland. Manche leben noch.

Talleyrand war der Meinung, Politik verderbe den Charakter. In meinem Falle hat Politik weder meinen Charakter noch mein Gedächtnis verdorben. Ich kann mich sehr gut erinnern. Mein Gedächtnis ist heute noch so gut wie es 1932/33 war, als ich als das jüngste Redaktionsmitglied in der Berliner liberalen Wochenzeitung »Die Welt am Montag« tätig war.

Als ich ins Exil entkommen war, wünschte ich, Deutschland hätte Hitler und seine Gangster zum Teufel gejagt. Ich habe meine politische Meinung von damals nicht geändert. Seit über vierzig Jahren lebe ich in Amerika. Aber ich weiß, daß viele junge Deutsche diese Ansicht mit mir und meinen alten Freunden in Deutschland teilen, die den 3. März 1933, und was nachher kam, überlebten.

Was war an diesem Tag geschehen?

Am 3. März 1933 gaben 17277122 deutsche Wähler das Schicksal Deutschlands und der Welt in die Hände von Hitler, Himmler und Goebbels. Diese erschreckend hohe Zahl habe ich nie vergessen können. Keiner sollte je vergessen, was diese Vollmacht in Bewegung setzte.

Was hat Hitler mit den »Fischmanns« zu tun?

Der Gedanke, ein Buch über die »Fischmanns« (ein von mir erfundener Name) zu schreiben, kam mir, als ich dreißig Meter entfernt von meinem Landsmann Hitler saß und mir seine Hetzrede gegen Juden anhörte. Besonders wetterte er gegen eingewanderte Juden.

Hitler und ich hatten eines gemeinsam: wir waren beide als Österreicher in Deutschland eingewandert. Wir kamen beide aus dem Osten.

Ich wurde in der östlichen Provinz der ehemaligen k. u. k. österreichisch-ungarischen Monarchie des damaligen Kaisers Franz Joseph geboren, in der gleichen Provinz wie Joseph Roth, Manes Sperber, Soma Morgenstern, Elisabeth Bergner, Alexander Granach und viele andere. Alle waren Ostjuden, die dem deutschen Volk mehr gaben als die antisemitischen Hohlköpfe, die sich von dem österreichischen Abenteurer Hitler verführen ließen.

Ich kam nach Deutschland, ohne mein Zutun. Ich habe die Einwanderung als Kind erlebt. Für Erwachsene sind Emigration und die Probleme, die mit Emigration verbunden sind, etwas ganz anderes.

Hitler war ein Abenteurer. Er war kein Kind, als er 1913 in Deutschland einwanderte. Er war ein Erwachsener, vierundzwanzig Jahre alt. Er war in Österreich-Ungarn geboren und aufgewachsen, konnte dort aber beruflich nicht Fuß fassen. Der Kunstmaler Hitler hatte mit seinen Kirchen- und Landschaftsbildern in seinem Heimatland keinen Erfolg. Er war überzeugt, daß es nicht seine Schuld, sondern die Schuld der Juden war, daß er es in Österreich zu nichts gebracht hatte. Er kam nach Deutschland mittellos, halbgebildet, aber mit einer ihn beruhigenden »Weltanschauung«: der Grund für alle Übel, seine und die der Welt, war, daß es einfach zu viele Juden gab, ganz einfach. Wenn es keine Juden gäbe, hätten es er und jedermann viel besser. Hitler kam mit seiner »Weltanschauung« in das für ihn richtige Land. Er fand Gleichgesinnte, und er fand einflußreiche Geldgeber mit skrupellosen politischen Ambitionen. Der Rest ist eine traurige Geschichte. Traurig für Deutschland und die Welt.

Es war Sommer 1932. Ich wollte endlich meinen erfolgreichen Landsmann sehen und hören. Er war zweifellos erfolgreich. Viele haben es vergessen, ich nicht: Im Februar 1932 wurde der eingewanderte Abenteurer von seinen Komplizen in Braunschweig zum Regierungsrat und damit zum deutschen Staatsbürger ernannt. Ich fuhr nach Halle an der Saale, wo Regierungsrat Hitler, in einem Zirkuszelt, auf einer Massenversammlung der Nazipartei eine Wahlrede hielt. Als wären sie hypnotisiert, lauschten Tausende Hitlers Hetzrede gegen den

»Untermenschen«, gegen den Juden. Der Jude habe die Inflation verschuldet und die Verarmung der Deutschen. Der eingewanderte Jude habe Millionen von deutschen Volksgenossen arbeitslos gemacht. Und der Jude, besonders der eingewanderte Ostjude, habe, wie eine Schmarotzerpflanze, das Leben vieler deutscher Kinder und Frauen auf dem Gewissen ... Der Jude! Der jüdische »Untermensch« ...!

Hinter einem Podium zauberte der in Schweiß gebadete »Führer« nach jedem jüdischen »Verbrechen« ein weißes Taschentüchlein aus dem linken Jackenärmel, um sich die Schweißtropfen von der Stirn und unter der dunklen Haarlocke abzuwischen. Keiner erkannte mich, den »schuldigen« Juden. Es ist wahr, daß ich mir ein Hakenkreuz an die Windjacke gesteckt hatte. Alle im Zelt hatten Hakenkreuze an ihren Jacken oder Kleidern oder Armbinden mit dem Hakenkreuz und unterbrachen Hitlers Rede immer wieder mit ohrenbetäubendem »Heil Hitler«-Geschrei. Keiner hatte um mich herum den Verdacht, ich könnte ein »Untermensch« sein. Vielleicht weil ich »arischer« aussah als der dunkelhaarige Hitler?

Schöpferische Prozesse kommen gelegentlich an seltsamen Plätzen in Gang. Für die Geburt dieses Buches war es tatsächlich ein Nazizelt.

Auf einmal wurde ich gewahr, daß ich bereits an Erlebnisse dachte, die ich in meinem Buch verwenden könnte. Wie würde ich beginnen? Mit der Schilderung des Landes, aus dem meine Ostjuden kamen? (So arbeitete mein Gehirn: Es waren bereits »meine« Ostjuden, und ich hatte schon einen Namen für die Familie, die Fischmanns ...) Ich wußte, daß ich so eine Geschichte schreiben konnte. Ich wuchs mit jüdischen Kindern auf, ich war eines von ihnen. Nicht alle waren in Deutschland geboren. Manche waren mit ihren Eltern von Prag, Linz, Krakau, Tarnopol, Brody oder Lemberg in unsere kleine Stadt gekommen. Wir wuchsen zusammen auf. Ich kannte die eingewanderten Kinder. Und ich kannte die eingewanderten Eltern dieser Kinder.

Ich würde nicht nur über Juden schreiben. Ich lebte auch mit Nichtjuden in meiner Stadt, täglich und jahrelang. Ich war Mitglied der Allgemeinen Turngemeinde und spielte leidenschaftlich Fußball, halbrechts. Ich sah mich, allein oder mit anderen, durch den Stadtwald wandern. Ich sah mich mit meinen ersten langen Hosen und meinem ersten Hut. Jemand sagte zum ersten Mal »Sie« zu mir, und am gleichen Tag rauchte ich die erste

Zigarette in meinem Leben und übergab mich prompt. Und ich war ein stolzer, verlegener Jüngling, der mit seiner ersten Freundin stolpernd über die Straße ging.

Oh ja, ich kannte alle möglichen Leute in der kleinen Stadt, die ich beschreiben wollte.

Da war das Realgymnasium, in dem ich mich selten sicher und kaum wohl fühlte, und wo die nichtjüdischen Schüler der Klasse sich amüsierten, wenn der Professor seine Englischstunde mit einem antisemitischen Witz begann auf deutsch, natürlich. Er war nicht der einzige Professor, der sich auf Kosten der wenigen Juden in der Klasse antisemitische Ausfälle erlaubte. Zum Glück hatte ich auch andere Lehrer, sie weckten in mir das Interesse für Literatur und Geschichte.

Meine protestantischen Jugendfreunde gehörten protestantischen Jugendgruppen an, ich war Mitglied einer jüdischen Jugendgruppe. Bis ich eines Tages zur sozialistischen Jugendbewegung kam, der ich wie ein Kriegsfreiwilliger beitrat, als die Nazis in der Stadt, in ihrem Bürgerkrieg gegen Anti-Nazis und Juden, immer gewalttätiger geworden waren ...

Mit »Deutschland erwache! Deutschland erwache!« ging die Versammlung zu Ende, und ich tauchte aus meinen Erinnerungen auf. Mich erstaunte, daß ich nicht das Gefühl hatte, die Nazis um mich herum wären Fremde. Ich kannte sie nur zu gut. Aber kannten diese Nazis die Juden, von denen ihnen der ehemalige Kunstmaler Hitler an diesem Nachmittag ein teuflisches Bild gemalt hatte? Wieviele dieser Nazis hatten je mit einem »jüdischem Teufel« eine Unterhaltung geführt? Ich war überzeugt, daß diese Nazis Juden nur aus Naziflugblättern und Nazihetzreden kannten. (Jahre später, in der Kristallnacht vom 9. November 1938, brachen die Nazis in allen Städten Deutschlands in die Wohnungen von Juden ein. Für die meisten dieser Nazis war dies der erste persönliche Kontakt mit Juden und der erste »Besuch« in Wohnungen von Juden.)

Am 30. Januar 1933 wurde Hitler Reichskanzler, und sein »Drittes Reich« begann mit zwei Konzentrationslagern, Dachau und Oranienburg. Zehn Jahre später gab es Hunderte von Konzentrations- und Vernichtungslagern.

Die »Welt am Montag« wurde, wie viele andere Zeitungen, eingestellt und deren Vermögen beschlagnahmt. Ich war arbeitslos. Aber ich hatte noch Glück im Unglück. An dem Tag, an dem die SA in die Ritterstraße kam und die Redaktion stürmte, war ich in einer Buchhandlung, um mir einen Reiseführer zu kaufen.

Aus zwei Gründen will ich etwas ausführlicher über mein Exil in Lyon erzählen. Erstens, weil ich die »Fischmanns« in Lyon schrieb. Und zweitens, weil viele Deutsche, die nie gezwungen waren, ins Exil zu gehen, sich wahrscheinlich ein falsches Bild vom Flüchtlingsleben machen.

Ich erreichte Lyon am 17. Mai 1933. Ich war sechsundzwanzig Jahre alt, berufslos, in einem frankophonen Land. Ich war ein junger deutschsprachiger Redakteur außer Dienst. Mit sechsundzwanzig Jahren ein »a. D.« zu sein, ist abnorm. Was mir und so vielen wie mir zugestoßen war, war auch abnorm. Ich beschloß, nicht zu träumen. Was früher gewesen, würde nicht über Nacht wiederkommen. Ich dachte an Mussolini, der seit Jahren immer noch Diktator in Italien war, seine Gegner waren tot oder Flüchtlinge in zahlreichen Ländern. Ich faßte den Entschluß, in Lyon in einer Fabrik oder in einer Autowerkstatt zu arbeiten. Das würde mir helfen, mich einzuleben und zu leben, sagte ich mir. Ich war jung und willig, sagte ich mir. Ich hatte vieles zu lernen und noch mehr zu vergessen.

In meiner Jugend hatte ich die Werke von Balzac, Anatole France, Victor Hugo und Emile Zola verschlungen. Mein Schulfranzösisch war nicht schlecht. Aber Frankreich, wie ich es kennenlernte, war ein fremdes Land für mich. Nur wenn ich an Berlin dachte, schien mir Lyon mit seinen ruhigen Straßen und ohne marschierende Braunhemden ein friedliches Paradies zu sein.

Da ich mit etwas Geld ankam, genügend für einige Wochen, empfahl mir die »Liga für Menschenrechte« eine billige Pension. Mir wurde nahegelegt, so schnell wie möglich einen Antrag für eine Identitätskarte und die Arbeitserlaubnis für Ausländer zu stellen. Ohne Arbeitserlaubnis dürfe ich nicht arbeiten.

Nun begannen die tragikomischen Erlebnisse eines aus Deutschland stammenden Flüchtlings. Wie so viele Flüchtlinge erlebte ich, daß für manche Franzosen Flüchtlinge aus Deutschland ebenso »Erzfeinde« waren wie die Nazis, denen sie eben entkommen waren.

Der Beamte der Fremdenpolizei war mißtrauisch. Er war auch höflich. »Vous permettez que je vous parle franchement« (»Erlauben Sie, daß ich ganz offen mit Ihnen spreche«), so begann er jedes Verhör, dem ich mich einmal im Monat unterwerfen mußte.

Diesem Beamten verdanke ich, daß meine Kenntnisse in der französischen Sprache in kurzer Zeit große Fortschritte machten, daß meine allgemeine Menschenkenntnis enorm zunahm. Jedenfalls hatte dieser »fonctionnaire« keinerlei Ähnlichkeit mit Balzac, Anatole France, Victor Hugo oder Emile Zola.

Warum wollte mich dieser Beamte alle vier Wochen sehen? Er erklärte, daß er jedem mißtraue, der aus Deutschland komme. »Zu viele Spione kommen aus Deutschland«, gab er mir zu verstehen. Wie könne er nachprüfen, ob ich keiner sei. Monsieur Hitler oder Kaiser Wilhelm, nichts habe sich geändert. Er wisse noch von seinem Vater, daß die Preußen 1870 erst Spione in Frankreich einschmuggelten und dann den Krieg begannen. Er habe 1871 zwei Onkel in der Schlacht bei Sedan verloren. »Was haben Sie dazu zu sagen?« fragte er mich triumphierend. Ich antwortete, wahrheitsgetreu, daß ich den Heldentod seiner Onkel aufs tiefste bedaure und drückte in meinem höflichsten Französisch noch nachträglich mein Beileid aus. Aber, so fügte ich hinzu, er müsse doch zugeben, daß ich erst fünfunddreißig Jahre nach 1871 zur Welt gekommen sei. »Qui sait?« – »Wer weiß?«, grinste er mich an. »Wer weiß, ob Sie mir Ihr wahres Geburtsdatum angegeben haben? Ihr Geburtsschein? Ich habe genug Geburtsscheine gesehen, die gefälscht waren.«

Nichts half. Ein anderes Mal kam er mit dem Krieg von 1914 an und wollte wissen, ob ich die von Kaiser Wilhelm angeordneten Hinrichtungen von belgischen Zivilisten, die 1914 stattfanden, für richtig hielte. »Oui ou non?« Ich sei, proklamierte ich, gegen Hinrichtungen, nicht nur in Kriegszeiten, nicht nur in Belgien, sondern überall. Er unterbrach meine weltanschauliche Erklärung mit einem ärgerlichen »Je ne suis pas de votre avis« – »Ich bin nicht Ihrer Meinung«, und gab mir wiederum nur eine Verlängerung der Aufenthaltskarte für vier Wochen, aber keine Arbeitserlaubnis.

Ein Mitglied der Liga wollte mich ermutigen. Nicht alle Polizeikommissare seien gleich, versicherte er mir. Ich sei, leider, in die falschen Hände geraten. Jeder in Lyon kenne diesen Beamten – »Un vrai salaud!« – »Ein richtiger Sauhund!« Ich solle mich nicht sorgen. Das sei halt so in Frankreich. Früher oder später würde ich meine Ausweispapiere erhalten.

Nein, ich dürfe nicht verzweifeln. Es gebe auch andere Franzosen, die den Flüchtlingen helfen wollen. Aber ich müsse verstehen, daß viele Franzosen den Krieg mit Deutschland nicht vergessen können. Fast jede Familie in Lyon habe einen Vater, einen Sohn, einen Bruder im Kriege verloren.

Bevor wir uns an diesem Tage trennten, machte er mir einen Vorschlag, den ich mit großer Erleichterung akzeptierte. Er bot mir ein Zimmer an, eigentlich war es nur eine Dachkammer. Dafür müsse ich seinem Sohn jede Woche eine Nachhilfestunde in Deutsch geben.

Ich gab noch am gleichen Tag mein Pensionszimmer auf. Der Umzug war einfach. Ich besaß nur einen kleinen Koffer. In der Tasche hatte ich mein letztes Geld, ungefähr dreißig Francs. Aber ich war reich, ich wohnte jetzt mietfrei!

Mein Glück hielt an. Ich fand sogar Arbeit, ohne Arbeitserlaubnis.

Der Besitzer eines Restaurants in der Nähe des Gare Brotteau konnte sich erlauben, Ausländer ohne Arbeitserlaubnis zu beschäftigen. Die Bahnhofspolizei besuchte sein Etablissement zwar jeden Tag, aber nicht um die Ausweise der Angestellten zu kontrollieren. Das Restaurant servierte jedem Polizisten kostenlos Mahlzeiten und reichlich Getränke. Aus diesem Grunde wollte die Polizei nichts sehen, nichts hören, nichts fragen.

Da das Restaurant keinen Franzosen fand, der bereit war, [illegible] und sonntags zehn Stunden lang an jedem der beiden [illegible] Gläserspüler zu arbeiten, für zehn Francs und drei [illegible]ten pro Tag, informierte der Restaurateur das Komitee [illegible]ga, er wolle etwas für Flüchtlinge tun.

[illegible] wurde ich Spüler.

[illegible]s war nicht nur ein Restaurant, es war auch eine vielbe[illegible]nte Bar. Tag und Nacht warteten Leute auf die Ankunft oder [illegible]bfahrt von Zügen. Und so spülte ich zahllose Gläser, zehn [illegible]tunden lang, Samstag und Sonntag. Ich ließ morgens kaltes Wasser in einen Tank, in den ich auch ein Paket Seifenpulver leerte, ein Paket für zehn Stunden. Einen zweiten Tank füllte ich mit klarem kalten Wasser. In diesem zweiten Tank wusch ich jede Spur von Seife aus den Gläsern. Am Abend war das Spülwasser in beiden Tanks seifig.

Meine Hände gewöhnten sich an die Kanten der Gläser und das seifige Spülwasser, das nach Bier, Wein und anderen alkoholischen Getränken stank.

Samstags und sonntags aß ich mich voll, auf Vorrat. Von

Montag bis Freitag konnte ich mir täglich nur eine Mahlzeit erlauben, ein Mittagessen, in der Heilsarmee. Das kostete einen Franc.

Es war schwer, mit einer Mahlzeit durchzuhalten. Aber mein Magen und mein Kopf gewöhnten sich daran.

Unter keinen Umständen kann ich mein Flüchtlingsleben in Lyon mit dem heldenhaften Leben und Sterben der Geschwister Scholl, der Kämpfer wie Ernst von Harnack, Theodor Haubach und vieler anderer vergleichen. Oder mit dem Leiden und Sterben meines Vaters und anderer Mitglieder der Familie, alle Opfer der Nazis.

Aus diesem Grunde schreibe ich hier nicht viel mehr über meine Exiljahre. Nur was ich für das Verständnis des »Schicksals« der »Fischmann«-Geschichte für wichtig halte.

Der Februar 1934 war kalt und windig in Lyon, und ich saß in Regenmantel und Sweater in meiner Dachkammer.

Es war mir damals nicht erklärbar (und ich kann es mir bis heute noch nicht erklären), was plötzlich über mich kam. Auf einmal hatte ich einen Bleistift in meiner Hand und ein Schulheft vor mir, und ich begann, die Geschichte der »Fischmanns« zu schreiben.

Von diesem Augenblick an, als ich die ersten Sätze niederschrieb, erlebte ich eine sonderbare Wandlung in mir. Ich zerfiel in zwei Personen. Eine der beiden spülte sonnabends und sonntags stinkende Gläser und gab einem unwilligen Schüler montags Nachhilfe. Die andere verließ Lyon und Frankreich. Selbst Deutschland war für eine lange Zeit ein fremdes Land. Sie vergaß die Nazis, vergaß die Wirklichkeit des Jahres 1934, war plötzlich ein kleiner Junge. Und es war das Jahr 1914.

Das Schreiben der »Fischmanns« war für mich von der ersten Stunde an ein verwirrendes Erlebnis, das ich damals nicht verstand, noch kann ich es heute völlig verstehen.

Ich schrieb, auf deutsch, einen deutschen Roman, und Deutschland war für mich verschlossen. Ich hatte – früher einmal – Kurzgeschichten und Reportagen für Zeitungen geschrieben, aber nie ein Buch. Ich fragte mich nicht, für welche Leser ich noch eigentlich schrieb. Ich schrieb nicht für den Büchermarkt, damals wußte ich nicht einmal, was das Wort Büchermarkt bedeutet. Warum schrieb ich eigentlich? Und für wen? Diese Fragen stellte ich mir nie. Ich schrieb.

In meiner Schulzeit mußten Aufsätze nach einem Plan geschrieben werden: Anfang, Hauptteil und Ende. Ich verwarf die Idee eines solchen Plans. Die Geschichte, die ich erzählte, war wie das Leben selbst. Und welches Leben verläuft nach einem Plan?

Ich war der Erzähler. Aber je mehr ich schrieb, desto mehr spaltete ich mich auch in viele andere Personen auf. Ich lebte jetzt Tag und Nacht ununterbrochen und zutiefst verbunden mit fremdartigen Menschen, die ganz offensichtlich und mit Erfolg mein Denken beeinflußten. Manchmal versuchte ich, das Denken und Benehmen dieser Geschöpfe zu ändern, aber sie spielten nicht mit. Sie bestanden darauf, daß ich sie unter keinen Umständen umgestalten dürfe. Sie zwangen mich, sie so leben zu lassen wie sie tatsächlich leben oder einst gelebt hatten, mit allen guten Seiten und allen Fehlern und ohne Beschönigungen.

Es dauerte fast zwei Jahre, es waren sonderbare Jahre. Oft war die Dachkammer heiß wie eine Backstube und im Winter kalt wie ein Kühlschrank. Aber ich fühlte nichts. Die Dachkammer hatte weder eine Gaslampe noch elektrisches Licht. Nachts brannte ich Kerzen, hunderte in diesen zwei Jahren. Ich verbrauchte jeden Franc, den ich besaß – und ich besaß wenige – für Kerzen, Schreibhefte und Bleistifte. Ich hatte kein einziges Buch in der Kammer, nicht einmal einen Duden.

Ganz allein hauste ich hinter einer verriegelten Tür. Nur die »Fischmanns« und alle anderen Personen aus ihrem Leben besuchten mich. Keiner, nur ich, konnte sie sehen oder mit ihnen reden. Keiner, nur ich, konnte verstehen, was sie mir erzählten. Und sie erzählten mir alles, alles. Und ich schrieb alles nieder.

Ich begann die Wanderung mit den »Fischmanns« mitten auf der Landstraße, in einem Leiterwagen. Und die Geschichte endete mit dem Versprechen, daß ich die Erzählung fortsetzen würde. Ich hielt mein Versprechen mit der »Schloßgasse 21«.

In dem Buch »Die Fischmanns«, in dem Erinnerungen an die ostjüdischen Freunde meiner Kindheit in Deutschland mit Entdeckungen meiner eigenen Kindheit und mit Erfahrungen und Phantasie vermischt sind, beschrieben die Personen ihr eigenes Leben selbst. Sie sprechen in dem Buch, nicht ich. Sie diktierten mir, und ich schrieb nieder, was sie mir sagten. Es war ihre Idee, daß ich Jakob Fischmann wurde. Der Roman hatte von Anfang an sein eigenes Leben, ich war nur ein ausführender Erfüllungsgehilfe.

Wenn ich zuweilen zögerte, da ich weder Notizen besaß noch

ein Lexikon oder andere Nachschlagewerke, dann versicherte mir Jakob Fischmann, der Erzähler der Geschichte, daß ich keine Notizen, keine Bücher brauchte. Wenn mich hier und da Zweifel anfielen und ich Aufschreie streichen wollte, zwang mich Jakob Fischmann, bei der Wahrheit zu bleiben. Selbst wenn mir manches wie ein überflüssiger, schriller Protest erschien, belehrte mich Jakob Fischmann, selbst dann hätte ich kein Recht, die Realität zu frisieren. Nicht für einen Augenblick dürfe ich vergessen, daß das Leben der Fischmanns kein romantischer Roman sei.

So entstand mein erster Roman. Ich kann nicht leugnen, daß ich in der Dachkammer oft daran dachte, wie viel besser ich es hatte im Vergleich mit anderen Flüchtlingen. Ich begriff, daß mein Schreiben eine Art von Therapie war, die mir ungemein half, die schweren Zeiten in Lyon zu überstehen. Wieviel schwerer hatten es all die Flüchtlinge, die nicht, wie ich, Zuflucht in einer selbstgeschaffenen Romanwelt finden konnten. Die nicht, wie ich, mit Hilfe der »Fischmanns«, Hitlers Deutschland manchmal vergessen konnten. Die nicht, wie ich, stundenlang und oft tagelang das Elend des Exils vergaßen und statt dessen das Leben anderer Menschen in einer anderen Zeit und in einem längst vergessenen Lande mit ihrer Phantasie und Erinnerungen beschrieben. Ich mußte sehr viel entbehren. Aber ich war ein glücklicher Mensch. Die Welt der »Fischmanns« war meine Schöpfung. Allem zum Trotz.

Wie oft liest man, daß Autoren ein fertiges Manuskript an zwanzig Verleger schicken und dann eine Absage nach der anderen erhalten.

Ich las zufällig in einer Zeitung von einem literarischen Preisausschreiben des Pariser »Schutzverbandes Deutscher Schriftsteller«. Die Manuskripte sollten anonym eingesandt werden, ich befolgte die Anweisungen. Keiner in Paris konnte wissen, wer der Verfasser oder Absender der »Fischmanns« war. Mein Name befand sich in einem versiegelten Briefumschlag in dem Paket.

Monate später kam eine Nachricht: Mein Buch, »Die Fischmanns«, war unter achtzig eingesandten Manuskripten mit dem Ersten Heinrich-Heine-Preis ausgezeichnet worden.

Von diesem Tag an änderte sich mein Leben. Paris wurde mein Wohnort. Und ich war nicht mehr allein. Ich war verheiratet.

Ich erinnere mich lebhaft an »meinen« Abend in Paris, an dem die offizielle Preisverleihung stattfand. Ich hatte gerade begonnen, ein Kapitel aus meinem Roman vorzulesen, als plötzlich die Versammelten (es waren mehrere hundert) mit unerwartetem Jubel, mit Klatschen und begeisterten Zurufen mein Lesen unterbrachen. Der Applaus galt aber nicht dem unbekannten Autor der »Fischmanns«, sondern Arthur Koestler. Der von Franco-Spanien zum Tode verurteilte und endlich begnadigte Koestler kehrte an diesem Abend aus Spanien zurück. Er hatte im Gefängnis in Sevilla nicht vergessen, wo und an welchem Abend deutsche Schriftsteller in Paris zusammenkamen. Ich erinnere mich noch heute, nach beinahe fünfzig Jahren, daß ich mich einerseits sehr freute, mit dem endlich befreiten Koestler das Podium zu teilen, daß ich es aber vorgezogen hätte, Koestler eine Stunde später zu sehen. Soll ich mich nachträglich dieser Gedanken schämen? Keineswegs.

Bald darauf las Hermann Kesten, der literarische Leiter des ersten Exilverlages – Allert de Lange in Amsterdam – die »Fischmanns«. Das Buch wurde dann in der damals noch freien Tschechoslowakei gedruckt und 1938 in Amsterdam veröffentlicht.

Wenn ein Schriftsteller beginnt bekannt zu werden, macht er die Bekanntschaft anderer Schriftsteller, und das ist gut. Er lernt, wenn er Glück hat und einem Meister gegenübersitzt, eine ganze Menge. Ich vergesse nie den Tag, an dem wir, meine Frau und ich, eine Einladung nach Sanary erhielten, von Lion Feuchtwanger. Da war das imposante Anwesen auf einem Hügel, von dem man eine herrliche Aussicht auf das Mittelmeer hatte. Da war Lion Feuchtwanger, der uns in seinem Studierzimmer empfing. Ich erinnere mich noch an einen enormen, hufeisenförmigen Schreibtisch und an seine Bücher, eine lange, lange Reihe von Übersetzungen. Dann zeigte er uns seinen Stolz, eine kostbare Bibliothek, Bücher vieler Autoren und Länder, in vielen Sprachen. Ich hatte Mühe, Worte zu finden. Da stand ich nun, meinen Mund weit offen. Ich hatte ein einziges Buch veröffentlicht.

Lion Feuchtwanger überraschte mich mit einer mündlichen Besprechung meines Buches. Er hatte es gelesen. Er analysierte beide, den Autor und das Buch, und die unerwartete »Untersuchung« war für mich ein großes und nützliches Erlebnis. Ich werde nie vergessen, wie dieser bedeutende und ältere

Autor einen jungen Anfänger empfing, beriet und ihm Mut zusprach. Lion Feuchtwanger war damals etwa fünfundzwanzig Jahre älter als ich und ein prominenter Schriftsteller.

Später wurden wir Lola Sernau vorgestellt, Feuchtwangers Sekretärin. Martha Feuchtwanger servierte Tee, dann brachte sie uns im Auto zurück ins kleine Fischerstädtchen Sanary, ein Ort, der bis zum Kriegsausbruch 1939 ein Sammelpunkt deutschsprachiger Literaten war. Den Abend verbrachten wir mit Ludwig und Sasha Marcuse.

Zurück in Paris, sah ich den amerikanischen Verleger Ben Huebsch. Er nahm die »Fischmanns« an für die Viking Press in New York.

Eine polnische Übersetzung erschien in Warschau. Der polnische Verleger änderte den Titel – »Sie kamen von Strody am Flusse Stryj«.

Dann erschienen die »Fischmanns« in London.

Ein Jahr später brach der von den Nazis angezettelte Krieg aus.

Der zweite Band der »Fischmann«-Geschichte (»Schloßgasse 21«) erschien in den Kriegsjahren, übersetzt, in Amerika und England, und wurde sogar in Blindenschrift übertragen.

Ich zog in den Krieg und kam lebend davon. Nur 268 von 3000 Mann meines Regimentes überlebten den Blitzkrieg. Ich war Kriegsfreiwilliger und riskierte mein Leben. Die Vernichtung des mehr und mehr um sich greifenden Nazi-Krebses konnte ich nicht nur anderen überlassen. Ich fühlte die Verpflichtung, mich zu stellen, besonders für meine Frau und unsere einjährige Tochter.

Mein Landsmann, der Abenteurer Hitler, war ein Feigling. Als er sah, daß er mit dem Schicksal Deutschlands falsch spekuliert hatte und alles verspielt war, verkroch er sich mit seiner Geliebten in einen Bunker unter dem zerschossenen Berlin. Wie ein schmieriger Operettenheld machte er die Eva Braun noch geschwind zu seiner legalen Frau, bevor er sie und sich selbst umbrachte. Nein, er stand nicht seinen Mann. Statt dessen spielte er, wie ein bankrotter Glücksspieler, seine letzte Karte. Er befahl Fünfzehnjährigen Mitgliedern der Hitlerjugend, die einst herrlichen Straßen Berlins gegen die anstürmenden Russen zu verteidigen.

Diese Kinder waren nicht nur die Opfer Hitlers. Sie waren auch die Opfer ihrer dummen Eltern.

Am 10. Mai 1933, nachts um elf Uhr, stand ich in Berlin, eingezwängt in einer riesigen Menschemenge, irgendwo zwischen der Staatsoper und dem Aulagelände auf dem Kaiser-Franz-Joseph-Platz. Es war die Nacht der Bücherverbrennung. Ich erinnere mich noch heute an meinen unbeirrbaren Wagemut eines Journalisten, der – obwohl ohne Chance, veröffentlicht zu werden – keine Gelegenheit auslassen wollte, Zeuge zu sein.

Es war die Nacht, in der die Ungeistigen in Deutschland versuchten, das Denken in Deutschland auszurotten. Auf den Scheiterhaufen, ein Symbol des dunklen Mittelalters, wurden Tausende von Büchern geworfen. Hier und da schleuderten die Nazilümmel die Büste eines ihnen verhaßten Schriftstellers in die Flammen. Ich konnte trotz der Scheinwerfer nicht unterscheiden, welche Köpfe verbrannt wurden. Die Menge um mich herum jubelte, als wäre diese schamvolle Vernichtungszeremonie ein fröhliches Volksfest.

Ich weinte, aber ohne Tränen. Ich verstand auf einmal, daß es zwecklos sei »abzuwarten« und mein Entkommen zu verschieben. Es war, als ob alle Verrückten in Deutschland aus dem Irrenhaus entwichen wären, denn genauso führten sich diese Menschen in dieser Nacht auf. Die Nazis verbrannten Bücher, aber sie sollten eine Antwort bekommen. Freie Schriftsteller würden entkommen und im Ausland jedes verbrannte Buch durch mindestens ein neues Buch ersetzen.

Das redete ich mir in dieser Nacht ein. Ich kann nicht behaupten, daß ich sehr zuversichtlich war. Aber ich wollte wenigstens hoffen. Ich hoffte für die Schriftsteller der verbrannten Bücher, und gleichzeitig sprach ich mir Mut zu. Ich brauchte Mut. Jeder, der nicht ein brauner Irrer war, brauchte in dieser Zeit Mut. Deutschland war in einem Delirium. Abenteurer, Rappelköpfe, Geistesgestörte mit irgendwelchen Spleenen und sonst nichts im Kopf, hatten das arme Land erobert.

Zum Glück retteten sich Hunderte von Schriftstellern ins Ausland.

»Die Fischmanns« und »Schloßgasse 21« sind zwei von Tausenden von Büchern, die im Exil geschrieben wurden.

Deerfield Beach / Florida,
im Frühjahr 1985 H. W. Katz

EXIL

Literarische und politische Texte aus dem deutschen Exil 1933–1945

Herausgegeben von Ernst Loewy
unter Mitarbeit von Brigitte Grimm,
Helga Nagel und Felix Schneider

Diese Dokumentation über das literarische Exil während der NS-Zeit bringt insgesamt 230 ungekürzte Texte (vom Gedicht zum Romankapitel, von der politischen Rede zum Offenen Brief) von hundert verschiedenen Autoren – von prominenten wie fast vergessenen, auf die sie vor allem aufmerksam machen möchte.

Band 1
Mit dem Gesicht nach Deutschland
Fischer Taschenbuch Band 6481

Band 2
Erbärmlichkeit und Größe
Fischer Taschenbuch Band 6482

Band 3
Perspektiven
Fischer Taschenbuch Band 6483

Fischer Taschenbuch Verlag

fi 57/1

10. Mai 1933

Bücherverbrennung in Deutschland und die Folgen

Herausgegeben von Ulrich Walberer
Fischer Taschenbuch Band 4245

Mit Beiträgen von
Wolfgang Benz, Ursula Büttner, Volker Dahm, Hermann Glaser, Erich Kästner, Gabriele Krämer-Prein, Hans Mayer, Manfred H. Niessen, Gerhard Sauder, Ralf Schnell, Hans-Wolfgang Strätz, Frithjof Trapp und Hermann Weiß

Vor fünfzig Jahren wurden in Deutschland Tausende von Büchern verbrannt. Hochschulprofessoren hielten völkische Jubel-Reden. Wenig später wurden Menschen in Millionenzahl verbrannt.
Mit diesem Band wird eine Summe bisheriger Detail-Forschung gezogen. Fachleute aus mehreren wissenschaftlichen Disziplinen behandeln in ihren kritischen Beiträgen den Forschungsgegenstand aus verschiedenen Perspektiven und legen hier ihre erschütternden Ergebnisse einem breiten Publikum vor – Ergebnisse, an denen sich künftig niemand mehr wird vorbeistehlen können.
Warum die Anstrengungen fünfzig Jahre danach? Damit in Deutschland und anderswo keine Bücher ins Feuer geworfen werden. Denn: Wo man Bücher verbrennt, da könnte man bald auch wieder Menschen verbrennen.

Fischer Taschenbuch Verlag

fi 43/1